변화와 성장의 골든키
3P바인더

변화와 성장의 골든키

3P바인더

초판 1쇄 인쇄 _ 2023년 3월 20일
초판 1쇄 발행 _ 2023년 3월 25일

지은이 _ 권혜란, 박송미, 박원태, 서성미, 석윤희, 윤서아, 정국환, 조소연, 최서연

펴낸곳 _ 바이북스
펴낸이 _ 윤옥초
책임 편집 _ 김태윤
책임 디자인 _ 이민영

ISBN _ 979-11-5877-338-0 03190

등록 _ 2005. 7. 12 | 제 313-2005-000148호

서울시 영등포구 선유로49길 23 아이에스비즈타워2차 1005호
편집 02)333-0812 | 마케팅 02)333-9918 | 팩스 02)333-9960
이메일 bybooks85@gmail.com
블로그 https://blog.naver.com/bybooks85

책값은 뒤표지에 있습니다.
책으로 아름다운 세상을 만듭니다. — 바이북스

미래를 함께 꿈꿀 작가님의 참신한 아이디어나 원고를 기다립니다.
이메일로 접수한 원고는 검토 후 연락드리겠습니다.

변화와 성장의 골든키

3P
바인더

권혜란 박송미 박원태
서성미 석윤희 윤서아
정국환 조소연 최서연

바이북스
ByBooks

I. Before : 비비비불

앙겔라 메르켈 독일 총리가 마트에서 카트를 밀며 장 보는 모습이 신문에 실렸다. 입꼬리를 올리며 훈훈한 사진을 몇 번이고 쳐다봤다. 특별한 사람의 평범한 일상은 뉴스가 된다. 평범한 사람들의 특별한 삶 역시 뉴스가 되어야 한다. 저성장, 불확실한 위기의 때에는 더더욱!

아홉 저자들의 감동적인 스토리에는 비난, 비교, 비판, 불평, 절박함, 조바심, 위기감, 불편, 짜증, 삶의 불균형, 불안… 등이 공통적인 에너지였다. 그 결핍과 역경이 출발점이 되어 돈을 쓰고 시간과 에너지를 쓴다. 이렇게 열정을 쏟았기에 때로 쌍코피도.

II. Process : 4성

자기경영 프로 과정(8시간), 독서 기본 과정(8시간), 코치 과정(3개월), 독서 리더 과정(3개월), 마지막 마스터 과정(4개월/강사 과정)은 3P자기경영연구소의 꽃이자 핵심과정이다. 시간도 비용도 만만찮다. 회사 일이건 집안일이건 모두들 아주 많이 바쁘게 정신없이 살아간다.

그럼에도 불구하고, anyway!

계란이 안에서 깨면 생명 '병아리'가 되고, 밖에서 깨면 '후라이'가

되지만, 안에서도 밖에서도 깨지 않으면 '썩은 달걀'이 된다. 인생 전반전에 분명 학교를 다녔고 등록금도 냈다. 졸업 이후 오로지 일만 한다. 급한 대로 쓰인다. 부지깽이로. 기둥이나 서까래로 쓰이지 못하는 이유는 성장하지 못했기 때문이다. 일과 공부는 한 세트여야 한다. 일만 하면 어느 조직 누구도 6개월 안에 바보가 된다. 평생 학습 외에는 인생에 답이 없다. 코치나 마스터 과정의 축복은 자격증이나 수료증에 있지 않다. 과정 중에 단기 성과를 내는 분도 있지만, 변화를 시작으로 성과, 성장, 성공, 성숙의 4성 – 골든키의 주인이 된다. 진정한 공부가 시작된다. '자기관리'의 표준을 내면화시킨다. 지속가능sustainable 여부가 문제이자 화두다. 바인더란 도구가 있기에 그것이 가능하다.

　시간의 가계부를 쓰고 자신을 객관화시키며 인생을 기록한다. 인풋Input 2가지(보기, 듣기), 아웃풋Output 2가지(쓰기, 말하기) 중 대가들은 아웃풋에 집중한다. 바인더는 바로 그 아웃풋의 시작이다.

III. After : 평범에서 비범 넘어 위대함!

1단계

고깔: 그게 뭔데? 해봤는데 안 돼. 귀찮아.

지금 내 안전지대가 좋아. 시간이 없어, 돈도 없고.

2단계

사일로Silo: 곡물이나 사료를 저장하는 원뿔형 저장

고다. 자기경영 프로 과정과 독서 기본 과정에서 지

식을 무섭게 채우기 시작한다.

(사일로 효과Silo Effect : 오래 저장하면 썩는다.)

3단계

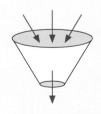

깔대기: 여전히 인풋이 많지만 사일로 효과를 차단

하기 위해 끄트머리를 잘라 일부를 나누고 소통하고

코칭한다. 코치 과정, 독서 리더 과정이다.

4단계

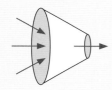

메가폰: 인풋보다 아웃풋이 많아진다. 리더십은 영향력이다. 그것이 증폭된다. 바로 이 책의 저자들이 수료한 마스터(강사) 과정이다.

이 책의 저자 아홉 명의 마스터(권혜란, 박송미, 박원태, 서성미, 석윤희, 윤서아, 정국환, 조소연, 최서연)들은 마스터 17기 동기생으로 끝나지 않고 매달 한 번씩 모이며 평생동지가 되었다. 평범한 사람들의 특별한 이야기를 넘어섰다. 평범에서 비범으로 그리고 위대한 삶으로의 여정이 시작되었다. 마스터들이 하는 일의 열매가 다른 사람들의 나무에서 열리기 시작했다. '공부해서 남을 주자'는 슬로건을 삶으로 살아내는 마스터 제자들은 죽음 앞에서 '동양평화론'을 외쳤던 안중근 의사처럼 독립군스럽다. 소모적이고 무능하고 세금 도적질하는 여의도보다 100만 배는 훌륭하다.

꿈과 비전을 잃은 사람들을 돕고 살려내는 이 시대의 적정 리더 저자 아홉 분을 응원하고 축복드린다.

변화와 성장의 골든키, 이 책을 돌리시라.

열린 문으로!

(사)대한민국독서만세(독서포럼나비) 회장

강규형

이제 그만해야겠다 싶으면서도 또 일을 벌인 이유는 함께하는 사람들이 좋기 때문입니다. 2021년 3P바인더 마스터 17기 수업이 끝난후, 매달 한 번씩 기수 모임을 이어오고 있습니다. 1년째 되던 2022년 여름, 오프라인 모임을 가졌어요. 의미 있는 작업을 해보고 싶어서 제안한 공저 프로젝트에 흔쾌히 동의해준 동기들과 글을 썼습니다. 글을 처음 쓰는 사람이 힘들어할 때면 이미 책을 낸 경험이 있는 사람이 선배가 돼서 알려줍니다. 기한에 맞춰 작업을 해야 하므로 한 명만 늦어도 전체 일정에 차질이 생기는데, 그런 일이 없도록 서로 응원도 해줍니다. 그야말로 3P의 문화인 '선배님'이 돼서 서로 배우고 성장하는 경험을 했습니다.

3P 마스터 중 바인더 강사로 이미 활동하는 분이 많습니다. 강사들은 각자 자신만의 스타일로 수업을 진행합니다. 수업에서 중요한 교재는 바로 자신의 바인더입니다. 그동안 어떻게 기록해왔는지 보여주기만 해도 그 사람을 알 수 있죠. 왜 바인더를 써야 하고, 어떻게 효율적으로 사용해서 성과를 낼 수 있는지 알려주면 됩니다. 즉, 일과 삶이하나가 되도록 돕는 것입니다. 이 글을 쓰는 지금도 저는 바인더를 펼

처놓았습니다. 글을 쓰다가 떠오르는 아이디어나 해야 하는 일을 후 딱 적어야 하거든요. 책을 쓰면서도 수시로 바인더를 뒤적거리며 지난 시간을 되짚었어요. 강사 최서연이기 전에 바인더 사용자로서 어떻게 살아왔는지 정리하는 시간도 가졌답니다.

그런 경험을 토대로 3P바인더를 처음 사용하는 분, 사용하고 있지만 성과가 없는 분, 한 단계 도약을 꿈꾸는 분들께 도움이 될 내용으로 9명의 3P바인더 선배이자, 공저 작가들이 한마음으로 책을 썼어요. 같이 공저 작업을 기획해준 서성미 작가님, 반장 석윤희 작가님, 서기 조소연 작가님, 진정성의 아이콘 정국환 작가님, 한다면 하는 박원태 작가님, 멋진 부자언니 윤서아 작가님, 도전하고 해내는 박송미 작가님, 똑소리 나는 권혜란 작가님과 함께 작업할 수 있었음에 감사합니다.

"저 이거 해볼래요."라고 말하면 언제나 든든한 지원군이 돼주시는 자이언트 북컨설팅 이은대 작가님, 공저 기획 도와주셔서 감사합니다.

책《변화와 성장의 골든키 3P바인더》의 내용은 바인더를 만나게 된

계기, 사용하면서 경험한 변화, 3P바인더 활용법과 노하우로 구성됐어요. 책을 읽다 보면 아마 겹치는 내용도 있을 거예요. 그렇다면 그 부분은 정말 중요하다는 뜻입니다. 9명의 마스터가 입을 모아서 이야기했다는 거니까요. 복습이라 생각하시고 중복되는 부분도 즐겁게 읽어주세요.

바인더binder에서 'bind'는 엮거나 묶는다는 뜻이죠? 20개의 구멍이 뚫린 종이를 링이 박힌 케이스에 넣는다는 표면적인 의미를 넘어서, 삶과 꿈을 이어 엮어주는 도구라고 생각해요. 어떠신가요? 매일 시간에 쫓기며 바쁘게 살았지만 내가 왜 이렇게 사는지 허무함이 밀려올 때, 바쁘기만 하고 해놓은 것이 없다고 느낄 때, 막연한 미래가 불안할 때 있으시죠? 그럴 때 3P바인더에 기록을 해보세요. 도움이 필요하면 생동감 넘치는 3P바인더 마스터들의 글을 읽어보세요. 꿈이 꿈으로만 끝나지 않게 도와드릴게요.

3P바인더로 삶을 기록하는
최서연 마스터

PART 1
운명 같은 3P바인더와의 만남

운명 같은
3P바인더와의
만남

내 인생의 전환점을 맞이하다

24시간도 모자랐다. 하루하루 바쁘게 살았다. 뚜렷한 목표도 없이 분주하기만 했다. 중요한 일은 놓치고, 덜 중요한 일에 에너지를 쏟아붓고 있었다.

'이대로는 안 되겠어!'

2019년 7월. 온전히 '나'를 위한 일에 집중해보기로 했다. 취미 활동이든 배움이든 새로운 목표를 정하고 몰입하고 싶어졌다. 오랫동안 일해온 분야가 초등교육이어서 취미, 특기, 관심사가 자연스레 교육 분야로 이어졌다. 이왕이면 우리 아이들에게도 도움이 될 수 있는 일들을 찾았다. 흥미롭고, 배우고 싶은 주제가 많았다. 한동안 손 놓고 있던 스페인어도 다시 공부하고 싶었다. 에버노트와 노션 교육, 유튜브 제작이나 편집 등 배우고 싶은 일들을 모두 목록화하고 우선순위를 정했다. 첫 목표로 세운 것이 독서지도사와 신문활용교육NIE 자격증 취득이었다. 공부를 위해서는 어느 정도 시간이 확보되어야 했고, 매일 적어도 세 시간은 필요했다. 아이들이 9시에 잠자리에 든 후 공부를 시작했지만, 일찍 잔 아이들이 이른 기상을 해서 나도 너무 늦지 않게 잠자리에 들어야 했다. 결국 내게 절실했던 것은 '새벽기상'과 '시간관리'였다.

당시 나는 '저녁형인간'이어서 새벽기상이 힘들었다. 첫 한 달은 거의 좀비나 다름없었다. 처음엔 죽을 것 같더니 한 달이 지나고 시간이 지나면서 조금씩 익숙해졌다. 이후 새벽 시간을 즐기게 되면서 '온전히 나만을 위한 1시간'이 부족함을 느꼈다. 나 혼자만의 시간을 더 즐기고 싶어 기상 시각을 앞당겼다. 그렇게 해서 5시 기상이 습관이 되었다. 처음에는 깨어 있는 것조차 쉽지 않았다. 잠을 깨기 위해 미드나 재미있는 영상을 보며 시간을 보냈다. 새벽기상도 벅찬데 일어나자마자 공부하는 게 쉽지 않았다. 공부는 새벽기상에 적응이 되면서부터 시작했고, 그때부터는 시간관리가 더욱 절실해졌다.

시간관리를 위해 인터넷 검색을 하다가 유튜브에서 3P자기경영연구소 강규형 대표의 영상을 보게 되었다.

'3P바인더가 뭐지?'

영상을 본 후, 제일 먼저 강규형 대표의 도서 《성과를 지배하는 바인더의 힘》을 구매했다. 3P바인더가 뭔지 자세히 알고 싶었고, 직접 써보고 싶었다. 책에 방법이 간단히 나와 있긴 했지만, 누군가 옆에서 가르쳐주면 더 좋겠다는 생각이 들었다. 인터넷 검색을 통해 '3P바인더 한 달 쓰기' 프로그램을 알게 되었다. 현재는 운영되지 않는 프로 그램인데, 당시 나는 3기에 참여했다. 온라인으로 매주 녹화된 영상을 보며 방법을 배웠고, 한 달 간 쓰면서 온라인 카페에 인증을 올리면 멘토들이 피드백을 주었다. 3P바인더 교육 중 가장 기본과정이라 월 간계획표와 주간계획표를 중심으로 몇 개의 주요 기능만 배웠을 뿐인 데, 뭔가 달라지는 느낌을 받았다. 그렇게 몇 개월 동안 써보다가 나와 잘 맞는 것 같아서 꾸준히 활용하게 되었다.

3P바인더에는 '워크work'와 '개인' 두 개의 큰 섹션이 있는데, 그때 나는 일을 하지 않아서 '개인' 섹션만 활용했다. 자격증 취득을 목표로 공부를 주 업무로 하고, 집안일 등 개인 스케줄 위주로 썼는데 내 시 간이 관리되기 시작했다. 중요한 가정 행사나 아이들 스케줄이 있으 면 함께 관리했다. 내 개인 목표뿐 아니라 가정일 관련 스케줄까지 바 인더 한 권으로 관리되니 편리하고 유용했다. 개인 섹션만 잘 써도 유 용한데, 비즈니스 섹션은 어떻게 활용하는지도 궁금했다. 그중 한두 개만이라도 적용해 효과가 있으면 비싼 교육비 이상의 가치가 있다고 생각했다. 그래서 등록한 박현근 마스터의 3P바인더 프로 교육!

2020년은 코로나 첫해로, 오프라인 강의가 연속 취소되며 온라인 교육으로 오픈되었고 나는 그 덕에 수강할 수 있었다. 코로나로 종일 집에 있는 두 아이들을 두고 장시간 외출하기 힘든데 온라인으로 교 육이 열리니 좋은 기회라고 생각해 곧바로 신청했다. 토요일 아침부 터 저녁까지 하루 9시간을 온전히 바인더와 함께했다. 서로의 꿈을 이

☐ Review yearly ☑ 종의한 일 ☑ 진행중 ☑ 완료 ☐ 취소 ☐ 연기 예정

Don't forget
- ☒ Hanuri 결제 (8/9)
- ☑ '하루한컵 그림책' Project (8/1~9/6)
- ☐ 미네랄라이프 project (8/5~)
- ☑ 미라클모닝라이프 (8/1~)

Objectives
- / H 75의 ~1375
- / E 낭독 ~Day 20
- / D. Money 점검&기록 (주1회)
- / B. Drama 작성&기록 (주1회)

홍보 주요비사
- / '하루한컵 그림책' 시작&기록
- / 1일3머니가 시작&기록
- / 3P 바인더 기록

Study & Book
- / 컬러의 동화부
- / 배움을 돈으로 바꾸는법
- / 부의 추월차선
- ☒ 네이버 전자 보기(강의심사)
- ☐ 브레드 브런 , 머니트 투자

SUN	MON	TUE	WED	THU	FRI	SAT
				1	2	3
				•Hubby H-Reading 메이크업 ~#/6	"Robot 2play" @광명동굴 w/Hubby	•여름 사랑나 camp 8:30~4:30P.M Pickup!
4	5 Day1 N.Band 엄마표리딩 100시간	6 E.Day2	7 E.Day3	8 E.Day4	9 E.Day5	10 E.Review
	6 Minimal Life (1일3버리기) Start!					
시험상두라 계획 0 실행		청혼&독서 도 계획 0실행중		관심 10:30am @Family sports (MJ 수영&피아노)		
11 E.Review	12 E.Day 6	13 E.Day7	14 E.Day8	15 E.Day9	16 E.Day10	17 E.Review
	•하루한컵 그림책3 start! ~9/10	Dream Money 75의+기록 1회	Book Review 75의+기록 1회		JonBurgermen 저녁비 3시~	Sleepover @ Rony's (16~19E
			•"1일1독서" 아무것도아닌가까 상관없다!(완독)			
18 E.Review	19 E.Day11 Hanuri Lecture 175	20 E.Day12 H.L2	21 E.Day13 H.L3	22 E.Day14 H.L4	23 E.Day15 H.L5	24 E.Review H.L6
		Dream Money 점검&기록	•"1일1독서" 배드타임 start! ~9/11	Book Drama 작성&기록		
★ 배움을 돈으로 바꾸는법	•Brunch W/레베카 10:30a.m @ Wall Paper	★ 바닐라운딩 비밀 준비				
25 E.Review H.L7	26 E.Day16 H.L8	27 E.Day17 H.L9	28 E.Day18 H.L10	29 E.Day19 H.L11	30 E.Day20 H.L12	31 E.Review H.L13
		Dream Money 작성 & 기록		Book Drama 작성 & 기록		
★ 우리주영이 공부 pickup 2:30 @ 집앞 (세벌언적먹임!!)						

"Avatar System"

" 이 세상 최고의 투자 종목은 바로 자신이다." By Warren Buffett

★ 진정한 공부란?? = 내가서 지적능력과 가능성들 최대치로 끌어올려주는 것은 공부!

○ 수업일정 main ○ 조직일정 Sub ● 개인일정 Social Holiday …

©3P BINDER

한 달 쓰기 과정 중에 작성했던 월간계획표

야기하고 나누는 부분이 특히 좋았다. 혼자 쓰다가 함께해보니 시너지도 나고 큰 도움이 되었다. 이어지는 한 달간의 실습시간을 통해 중요한 자료들을 수집하고, 분류하고, 궁금한 부분도 해결했다.

'성장'이라는 키워드로 함께 달리니 꾸준히 할 수 있었다. 쓰다가 조금이라도 해이해지는 것 같으면, 재수강을 했다. 코로나 시국이라 아이 둘을 챙기면서 집에서 수강할 수 있는 점이 상당히 매력적이었다. 후에 코로나 상황이 나아져 오프강의가 열렸을 때 아이들을 친정에 맡기고 3P 본사에서도 재수강을 했다. 오프라인 강의의 묘미는 현장 분위기와 열기다. 성장하고자 하는 이들이 모여 뿜어내는 그 열기란! 온라인 교육을 통해 단체 채팅방에서만 교류하고 직접 만나지 못했던 이들을 실제로 만나는 기쁨 또한 컸다.

3P셀프리더십 프로 교육을 받으면서 시간관리, 목표관리, 기록관리, 지식경영에서 점차 가시적인 성과로 이어졌다. 나의 삶이 나아지는 게 보이자, 다음 과정도 욕심이 났다. 도대체 어떤 보물이 숨겨져 있기에 교육비가 몇 백이나 하는지 궁금했다. 호기심에 열정이 더해져 2021년 3P독서경영 리더 과정과 셀프리더십 코치 과정을 동시에 수강하고, 3P의 꽃인 마스터코치 과정까지 모두 이수했다.

나에게 3P바인더 코치 과정은 인생의 전환점을 마련하는 계기가 되었다. 백 권이 넘는 서브 바인더를 만들어 다양하게 활용 중이다. 번잡하게 흩어져 있던 삶이 체계적으로 정리되었다. 정신 산만한 책상도 정리를 마치고 나면 마음까지 개운하듯이, 일상 모든 것들을 가지런히 정리한 덕분에 중요한 일에 집중할 수 있는 에너지를 모을 수 있었다. 덕분에 나는, 우선순위를 정하고 해야 할 일을 제대로 하며 시간 낭비하는 일을 줄이는 등 '하루'라는 인생이 정돈되기 시작했다. 과거의 나는 혼잡했다. 지금의 나는 명료하고 힘이 넘친다. 당연히 지금의 삶이 만족스럽고 좋다. 아울러, 앞으로 내가 얼마나 더 나아갈 수 있을지 기대도 된다.

이 모든 것이 3P바인더 덕분이다.
터닝포인트!
3P바인더를 만나 새로운 인생을 누리고 있다.

서브 바인더, 세렌디피티

'도대체 어떻게 하란 말이야!!!'

나는 또 의문에 휩싸였다. 슬슬 짜증이 난다. 자료 정리가 문제다. 세미나를 갈 때마다 선물처럼 받았던 자료들이 집에만 오면 애물단지가 된다. 매주 진행되는 회의는 어떤가. 생활 속에서 접하는 수많은 정보는 또 어떻게 관리해야 할까.

어떤 일을 하든지 그 일과 관련된 자료를 분류하고 정리하는 일은 항상 있기 마련이다. 그러나 그렇게 필요한 작업에 직접적인 도움을 주는 사람을 만나기가 쉽지는 않다. 대신에 '잘해야지', '알아서 해야지'라는 충고는 애쓰지 않아도 쉽게 만날 수 있다. 이런 말들은 공부가 어려운 학생에게 마냥 '공부해야지'라며 격려는커녕 힘만 빠지게 하는 것과 같다. 관리되지 못하는 자료들을 사용할 방법이 필요했다.

나에게 '자기관리', '자기경영', '시간관리' 혹은 '리더십'이란 말은 생존이다. 가난했던 대학 시절, 수많은 활동과 함께 경제적인 문제를 해결해야 했다. 짧은 시간이라도 허투루 보낼 여유는 없었다. 그때부터였다. 일기를 쓰기 시작했던 것은.

〈응답하라 1997〉처럼 드라마 속 캠퍼스는 무척이나 낭만적이다. 하지만 내가 밟은 교정의 기억은 매일의 생계를 해결해야 하는 막연함으로 남아있다. 1996년 캠퍼스. 스무 살 청년에게는 낭만보다는 현실이었고, 부담이었다. 이 집 저 집 얹혀살면서 힘겹게 학업과 씨름했었다. 어떻게 새내기를 보냈으며, 무엇으로 생활비와 학비를 해결했었는지, 애써 외면하고 싶었는지 아니면 너무 큰 충격이었는지 대학 새내기 시절에 대해서는 막연함과 두려움 그리고 절망감 외에는 딱히 추억이 없다.

'내가 이 학업을 잘 마칠 수 있을까?'

여러 사람의 반대에도 불구하고 진학한 대학치고는 너무나 초라했다. 그래서 불안감이 더 컸었는지도 모르겠다. 내가 선택한 전공이 멋있고 재밌을 것 같았다. 유일하게 원서를 냈지만, 기대와는 달리 현실은 막연했고 성공할 것이란 호기를 부릴 만한 여유를 주지 않았다. 그렇게 높은 장벽들이 나의 마음을 좌절시킬 때, 어디에 하소연할 길이 없어서 펜을 들었다. 끄적끄적 내 마음속 생각들을 대학 노트 위에 옮겼다. 때마침 수업 시간에 배운 '제도'를 빈 곳에 실습해 보기도 했다. 힘들면 적었고 생각이 많아도 적었다. 생각이 막히면 적었고, 생각이 없어도 적었다. 내가 좋아하는 지도자는 "담벼락에 대고 욕이라도 하라”고 했는데, 나도 그랬다. 거창한 건 아니었지만, 스무 살 청년의 좌절과 한탄 그리고 감정의 쓰레기들을 담벼락이 된 노트 위에 던지고 또 던졌다. 그래야 숨을 쉴 수가 있었기 때문이다. 이것이 소위 자기계발에서 말하는 기록의 출발이었다.

뒤돌아보면 '기록'은 나에게 삶의 동반자였고 산소호흡기 같은 것이었다. 사면이 막혀 절박한 사람에게 가로막히지 않은 하늘을 쳐다보며, 숨을 쉴 수 있는 여유를 제공했기 때문이다. 비록 잠시 후면 아무것도 변한 것이 없는 세상과 다시 마주하고 무력함을 느꼈지만, 외로움과 두려움에 휩싸인 스무 살 청년에게는 사치스러울 정도로 감사한 시간과 공간이었다.

그래서일까 내 글은 직설적이고 솔직하다. 화려하게 문장을 꾸밀 사치와 여유가 없다. 내 생각과 감정을 던지기 바쁘다. 마치 코로나를 겪으면서 짧아진 호흡처럼 생각을 들이쉬고 글을 내뱉는다. 계단이라도 오르고 나면 가빠진 호흡처럼 내 글이 그렇다. 생각하면 오히려 펜은 멈춘다. 그렇게 쓰고 버리고를 20년째 하고 있다. 누구에게 보이기 위한 것도 아니고, 남겨서 활용할 자료도 아니다. 다시 본다는 생각은 더더욱 없었다. 그런데 이렇게 내뱉기만 하던 기록들이 어느 정도 분량이 되니 자료가 되기 시작했다.

삶의 추억은 물론이고 메모, 아이디어, 예화 그리고 수많은 참고자료 등이 기록의 성격에 따라 분류와 보관을 요구했다. 이는 마치 '엔트로피entropy'처럼 가만히 두면 무질서 상태가 심화하는 것과 같았다. 자료가 늘어나면 어느 순간 손을 놓게 했다. 분류와 보관은 꽤 까다로운 작업이었다. 그러나 언젠가는 한 번 마주해야 하기에 미룰 수도 없는 일이기도 했다.

밀레니엄 시대란 말을 들었다면 나처럼 어느 정도 인생의 연륜이 있으리라 예상된다. 2000년은 디지털 시대로의 전환기였다. 공대를 다녔던 나였지만 '인터넷'은 생소했고 CAD, MAX 등 전공 관련 기술의 발달은 또 다른 도전이었다. 그래도 생활의 전반은 아날로그였다. 나는 여전히 일기를 쓰고 있었다. 학과에서는 학생회 활동을 하고 기독교 동아리에서는 임원 활동을 하면서 대외적으로 글을 쓰고 발표하는 일이 더 많아졌다. 대학 노트 속에는 다양한 자료들이 목차도 없이 차곡차곡 쌓였다. 그나마 인덱스가 있었기에 과목 정도는 분류할 수 있었지만 '늘어난 필기량이 인덱스를 벗어나면 어떡하지?' 하며 걱정했다. 이것이 아날로그의 아쉬운 점이다. 정약용의 '수사차록법'은 알았으나 그의 분류는 배우지 못했으니, 자료의 활용도는 떨어질 수밖에 없었다. 기록물을 입체적으로 사용하기보다는 평면적으로 보관하는 정도에 머물렀다.

학과와 동아리 활동 등 대외 활동이 늘어나면서 대중 연설을 할 일들이 더 많아졌다. 특히 종교적인 면에서 메시지를 전할 때면 나의 기록관리는 한계를 여실히 보여주었다. 메시지는 다양한 예화와 근거 자료를 통해서 내용을 전달해야 한다. 이를 위해서는 평상시에 자료를 주제별로 수집하고 분류 보관해야 한다. 주제에 맞는 자료를 적재적소에 가져다 쓰는 것만큼 당장 사용하지 않는 것을 따로 보관하는 것도 필요했다. 문제는 '어떻게 할 것인가'였다. 현재 나는 대학생들에게 기독교 신앙과 관련된 교육과 훈련을 제공하는 일을 하고 있다. 업무의 환경이 바뀌었지만, 정도의 차이만 있을 뿐 자료 수집, 분류, 보관 등은 여전한 숙제이다.

기록관리에서 시작된 나의 자기관리는 수첩과 다이어리를 걸쳐 P사의 유명한 다이어리에까지 손을 뻗었다. P사에서 제시하는 자료관리법은 하나의 폴더에 일 년 치를 보관하는 식이었다. 처음에는 획기적인 방법이었다. 그러나 분류하고 보관해야 하는 일이 생길 때면 주제별로 자료가 관리되지 못하는 아쉬움이 여전히 숙제로 남았다.

한편, 나는 많은 경험을 통해서 '문제는 문제가 아니다'라는 확신을 갖게 되었다. 왜냐하면 문제를 고민할 때 그 사안에 관한 생각이 깊어지고 선명한 판단력을 기를 수 있기 때문이다. 내가 겪었던 자료 정리와 분류에 대한 이때의 고민은 우연한 기회였지만 해결책과 필요성을 찾게 하는 통찰력을 준 기회이기도 했다.

"저는 이 바인더를 통해서 꼭 성공하려고 합니다."

함께 수업을 들었던 후배가 식사 중에 3P바인더를 들이대며 확신에 찬 음성으로 나에게 말했다. 다이어리라면 나도 나름대로 일가견이 있기에 시큰둥하게 후배의 바인더를 살폈다. 사실 나는 성공이니 돈이니 하는 말을 크게 신경 쓰지 않는 편이다. 그렇게 후배와 헤어지고 2년이 지났다. 대학원을 졸업하고 여러 가지 프로젝트 구상에 흥분

SUB바인더 사진

[1] 보존구역 : 좌측상단
A5, B5(노트 필기에 적합)

[2] 보존구역 : 우측상단
A4 공문서, 행사자료

[3] 보관구역
1열 : 사전업무 I 진행 중인 업무
2열(우측) : 연구과제

해 있던 나에게 코로나는 절망 속에서 또 다른 기회를 주었다.

경상도에는 이런 말이 있다. '노니 개라도 패라!' 조금 거친 표현이지만 나는 이 표현을 즐겨한다. 환경의 장애가 있을 때마다 동기부여와 회복력을 주기 때문이다. 코로나의 장기화가 예상될 무렵 이렇게 가만히 있기보다는 나의 일과 관련해서 나를 성장시킬 수 있는 것이 무엇일까를 고민했다. 그때 불현듯 '3P바인더'를 설명하던 후배가 생각났다. 즉시 인터넷에서 찾아 강규형 대표의 《성과를 지배하는 바인더의 힘》을 구매했다. 쉽게 핵심만 정리된 책이 인상적이었다.

순식간에 읽었다. '기록관리' 부분에서 무릎을 쳤다.
그렇게 원했던 자료 분리와 보관이 '서브 바인더'라는
간단한 개념을 통해서 정리되어 있었기 때문이다.
나는 그렇게 '3P바인더'를 만났다.

제자가 준비되면 스승이 찾아온다

혼자 책을 읽다가 심심해졌다. 1인 학원장이라 일터에 나가도 어른이 없었다. 마침 지역 맘카페에서 독서모임 회원을 모집한다는 글을 봤고 선착순에 들었다. 큰 기대 없이 나갔는데 모임장이 하늘이 내게 보내준 천사 같다. 모임 운영을 잘한다. 매일 읽은 책을 단체 메시지 방에 정해진 방식대로 인증하게 해서 책을 제대로 읽게 만든다. 한 달에 한 권씩 지정 도서를 회원별로 돌아가면서 정하는데, 모임장이 첫 책을 습관에 관한 것으로 정했다. 그렇게 교육을 하니 안 할 수가 없다. 회비도 벌금도 없는 독서모임인데 전 멤버가 꼬박꼬박 독서 인증을 한다. 나는 출석 담당자였는데 전체 회원이 거의 100% 인증이었다. 이 언니 뭐지? 공무원이라 그런가? 애 셋을 키우고 직장일 하며 책도 많이 읽는다. 거기다 건강도 챙기고 외모도 가꾼다.

한 달에 한 번 있는 오프 모임에 모임장 언니가 두툼한 수첩을 들고 나온다. '저 언니는 다이어리도 열심히 쓰는구나. 어찌 저리 무거워 보이는 걸 굳이 매번 들고 나오나, 있어 보이려고 저러나? 그렇다, 멋 있어 보인다. 저 언니는 뭐든 열심히 하니까 수첩도 열심히 쓰는구나. 독서록을 거기다 쓰는구나. 두꺼워서 불편할 것 같은데, 저 안에 뭐가 다 들어가니 좋겠구나.' 궁금하지만 물어볼 수가 없었다. 초면에 무례 하게 굴 수 없었다. 그 언니의 비밀 같았다.

나도 매년 다이어리를 사서 쓰고 있고, 독서 노트는 언니가 들고 다니는 크기와 딱 같은 것으로 쓰니 언니랑 통하는 게 있다. 저 멋진 언니랑 공통점이 있다니 기분이 좋다. 나의 독서 생활을 충만하게 만 들어준 모임은 2019년 여름에 시작되어 잘 유지되었고 해를 넘기게 되었다. 새해를 맞아 그즈음 정착한 '양지다이어리 퍼스널32'를 샀다. '아, 또 같은 내용을 반복해서 써야 하는군.' 새 다이어리로 바꿀 때마 다 불편하다. 수첩에 원하는 바를 써서 그새 많이 이루었고, 새해를 맞 았으니 그 정도 수고야 감당할 수 있다. 괜찮다 하면서도 아쉽다. 그렇 다고 대안도 없다. 링으로 연결된 프랭클린 플래너, 잡지 부록으로 나 오는 월별 플래너, 보험사 수첩을 거쳐 드디어 정착한 것인데도 여전 히 만족스럽지가 않다.

사실 어떤 다이어리를 쓰느냐가 큰 문제는 아니었다. 40평 학원 공간에 일부만 쓰는 저소득 1인 원장이지만 괜찮은 날들이었다. 4년 간 전업맘으로 지내다 다시 시작한 일이 있었고, 매일 나의 독서 인증 을 봐주고 인정해주는 사람들이 있어서 좋았다. 새벽에 일어나서 40

분 걷고, 한 시간 이상 책을 읽는 생활에 한창 재미가 들려 있었다. 그런데 2020년 2월 24일, 코로나로 학원이 멈췄다. 다시 일을 시작한 지 3년, 학원으로 확장한 지 1년 되던 때였다. 학생이 많아서 확장한 것이 아니라, 잘해 보겠다고 넓혀 놓았다. 지금 생각하면 무슨 자신감이었나 싶다. 혼자 하는 일터라 챙겨야 할 선생님이 안 계시는 것이 오히려 다행이었다. 처음에는 오랜만에 휴가를 맞은 것 같아서 집에서만 보내는 생활을 '집캠프'라 하며 좋아했다. 주말 부부라 드문드문 만나는 남편과 6살, 11살이던 두 아이와 '밀양 한 달 살이'라며 베란다에 텐트를 치고, 배달 장보기와 배달 음식을 즐겼다. 밀키트 요리는 소꿉놀이의 어른 버전이라 밥하는 것도 재밌었다.

시간이 많아졌다. 내내 집에 있으니 고스란히 다 내 시간이다. 아이들도 제법 커서 나에게 엉겨 붙지 않았고(네, 저는 육아가 힘들었습니다), 새벽기상이 습관이 들어 있던 때라 놀 시간, 생각할 시간이 많았다. 무엇이든 끄적거리고 생각을 정리하고 싶어졌다. 쓰면 이루어진다는 것을 몇 번 겪어봐서 큰 목표는 새해 다이어리 표지 뒤에 써두었다. 3월이라 이미 새 다이어리를 두 달이나 썼지만 그 언니의 다이어리가 여전히 궁금했다. 직접 물어보기에는 그렇게 친하지 않았고 그녀만의 비밀 같아서 물어볼 수가 없었다. 한 달에 한 번 오프라인 모임에 그 두꺼운 걸 매번 챙겨 오니, 엄청 중요한 것이 맞다. 용기 내어 언니가 있는 독서모임 단체 채팅방에 문의를 해두고 혼자 검색을 시작했다. 소심했다. 안 가르쳐주면 어쩌나 싶어서 집중해서 찾기 시작했다. 그냥 다이어리는 아닌 것 같고 뭐라고 검색해야 할지 몰랐다. 얼핏 '바인더'라는 말은 들은 것 같다. 검색 끝에 바인더의 기원지 3P자기경영연구소를 찾아냈다.

'바인더 한 달 쓰기' 프로그램이 보였다. 5만 원에 책 한 권, 바인더 한 달 체험분, 강의까지 있다 하니 괜찮은 것 같다. 마음에 안 들면 원래 쓰던 9,000원짜리 '양지다이어리'로 돌아가면 되니까. 더 비싼 다이어리에 가죽 커버도 해봤으나, 전업주부 생활을 하면서 지출을 최소화했다. 그러던 내가 3P바인더를 만나 밀양에서 서울까지 오가고, 바인더 교육, 독서 교육을 수강하느라 1,000만 원을 더 썼다. 지나고 보아도 나와 가족, 일터를 위한 좋은 투자였다.

나는 대학교 4학년부터 학원강사였다. 지방대를 졸업한 촌부의 큰딸이 취하기에 적절한 일이었다. 임용 시험을 준비할 성품이 준비되지 않았고 게을렀다. 그러나 다행히 고등학교 때부터 '나는 하고 싶은 일을 하면서 살 거야. 그래서 내가 하고 싶은 일이 뭐지?'를 스스로에게 물으며 살았다. 학원강사 일은 그에 대한 답으로 구한 일이라 직업 만족도는 괜찮았다. 부모님의 기대에 미치지 못했다는 것이 내내 마음에 남았으나 나대로 좋은 점이 많다며 잘 지냈다.

드디어 원하는 대로 집앞에 일터를 마련하여 조금씩 나아가던 중에 코로나로 휴원을 맞았다. 어쩌면 지금이 재정비를 할 수 있는 좋은 기회다, 몸도 마음도 건강하고 행복하게 100명 원생과 함께할 수 있는 괜찮은 학원을 준비하기에 좋은 때다, 뭐든 배우고 익혀두자 싶었다.

2020년 4월, '바인더 한 달 쓰기'를 시작했다. 유튜브 링크로 전해지는 강연자는 자꾸 화를 내는 것 같았다. 그런데 왜 이렇게 유익한가. 추천도서도 좋고, 일에 대한 생각을 다잡게 한다. 한번 시작한 것이니 매일 바인더 쓰기 인증을 했다. 독서 인증으로 길들어 있어서 할 만했다. 매일 내가 쓰는 시간을 기록하는 것, 할 일을 쓰고 그것을 지워나가는 것이 좋았다. 일이 없어서 불안한 중에도 바인더 양식지에 따라 감사 일기 한 줄을 쓰며 하루를 마감했다.

휴원 기간이 길어질수록 걱정도 깊어갔다. 걱정이 꼬리를 물고 늘어나니 뭔가 해야 했다. 그때 내 앞에 나타난 것이 3P바인더였다. 마음속에 절실함을 품고 있으니 저절로 나타났을지도 모른다. 서른 넘어 영어를 다시 배우려고 할 때 스승님이 나타나서 나를 키워준 것처럼 이번에는 그 언니가 나타나 나에게 바인더를 알려준다. 제자의 절실함에 스승이 나타난 것이다. '궁즉통'이다.

어떤 일이든, 해야 하니까
할 수 있게 만들어준 고마운 바인더.
만나서 반갑습니다.

두 번째 찾아온 바인더

'열심히 산다고 살았는데, 왜 이렇게 해놓은 것이 없지?'

치열하게 보냈던 20대의 한복판, 친구에게 물었다. 친구 역시 뭐라 답하지 못했다. 그리고 얼마 지나지 않아 군에 입대하게 되었다. 훈련장의 흙먼지를 뒤집어쓰고 내무반에 들어서던 어느 날이었다. 그 날 따라 책꽂이 한쪽에 꽂혀 있던 책이 눈에 들어왔다. 아무도 보지 않는 낡고 해진 책이었다.《성공하는 사람들의 7가지 습관》…. 저자 스티븐 코비.

서문에서 저자는 "효과적인 시간관리를 위해 우선순위를 설정하고 소중한 것부터 먼저 하라"고 했다. 당장 반발심부터 들었다. '우선순위라고? 바쁜데 급한 것부터 해야지, 그런 것을 챙길 여유나 있겠어?'

전역을 한 달 앞두고 답을 찾았다. 스티븐 코비가 만들었다는 다이어리에서였다. 그 이름부터 '프랭클린 플래너'라니 왠지 범상치 않았다. 일반 다이어리와 다른 점이 많았다. 첫 페이지는 인생의 목표(사명)를 적는 것부터 시작했다. 이어서 연간계획, 월간과 주간계획을 쓰게 되어 있었다. 다이어리와 비슷하게 생겼지만, 개념은 완전히 달랐다. 제대 후에도 플래너를 꾸준히 썼다. 삶은 계획적이었고, 시간은 관리되기 시작했다. 모든 것이 달라질 것 같았다. 하지만 부지런함은 오래가지 못했다. 시험공부로 바빠지자 계획을 미루기 시작했고, 얼마 지나지 않아 계획 자체를 포기했다.

10년이 흘렀다. 플래너의 존재조차 뇌리에서 희미해지던 어느 날이었다. 자기계발에 열을 올리며 책에 대한 강의를 듣던 중이었다. 앞자리 청년이 눈에 들어왔다. 동그란 금테 안경에 말끔하게 올린 머리 모양이 세련되어 보였다. 책상 위에는 검정 다이어리가 놓여 있었다. 반가웠다. 오래전 내가 쓰던 플래너와 많이 닮아 있었기 때문이다.

"이게 뭐예요?"

"이거요? 3P바인더라고 제가 쓰는 다이어리에요."

"한 번 봐도 될까요?"

"그럼요!"

얼른 펼쳐 보았다. 플래너를 닮은 것 같기도 했다. 하지만, 한 장 한 장 넘기다 보니 다른 점들이 눈에 들어왔다. 크기도 차이가 있었다. 일주일 계획을 한눈에 볼 수 있다는 점도 큰 차이였다. 회사 업무와 개인 업무의 목표를 각각 정할 수 있다는 점도 새로웠다.

"다이어리가 예쁘네요. 저도 예전에 비슷한 것을 썼었거든요. 프랭클린 플래너라고…."

"아, 프랭클린이요? 저도 오래 썼었는데. 근데 이게 훨씬 좋아요."

그는 가방에서 주섬주섬 뭔가를 꺼냈다. 바인더에 종이들을 철해놓은 서류 묶음이었다. 몇 권을 책상 위에 쭉 펼쳐놓았다. 각각의 바인더마다 다양한 것이 들어 있었다. 어떤 것에는 일주일 계획, 어떤 것에는 어린 시절부터 그가 받았다는 상장, 사진들, 그가 하고 있다는 코칭 관련 자료들. 꽤 많았다.

"이게 다 제 재산이랍니다. 이것들도 원래는 3P바인더에 모아두었던 자료들이죠. 그것들이 두꺼워지면 이렇게 별도의 바인더로 옮겨서 책처럼 소장해요."

프랭클린 플래너를 그렇게 열심히 써봤지만 지금 내게 남은 건 없었다. 단지 그 시절 끄적여두었던 몇 장의 메모와 계획들이 전부였다. 그런데 그가 모았다는 자료들은 놀라울 정도로 많았다. 집안 구석에 쌓아둔 종이들도 저렇게 정리해두면 좋겠다는 생각이 들었다.

"대단하시네요! 이렇게 많은 자료를 직접 정리하신 거예요? 저는 어렸을 적 상장이 어디 있는지도 모르는데…. 근데 이걸 어디 가면 살 수 있어요?"

"아, 문정동에 본사가 있어요. 저도 3P바인더를 가르치는 코치인데, 언제 한번 같이 가보실래요?"

그가 건넨 명함에는 '습관 코칭 센터 박현근 대표'라고 적혀 있었다.

얼마 후 우리는 문정동에서 다시 만났다. 덕분에 3P바인더의 제작자 강규형 대표를 만났고, 그로부터 바인더 쓰는 방법도 배웠다. 10년 만에 인생 목표와 계획을 다시 써보게 되었다. 얼어 있던 열정이라는 빙하가 밑동부터 서서히 녹는 느낌이었다. 다시 뭔가 해볼 수 있을 것 같았다.

회사에 와서도 며칠간 바인더에 빠져 있었다. 살아가는 이유부터 여러 가지 이루고 싶은 목표들을 써나갔다. 한 달, 일주일, 하루를 미리 계획하다 보니 실행이 한결 쉬워졌다. 인생을 다시 사는 느낌이었다.

내친김에 바인더를 가르치는 코치 양성 과정까지 이수했다. 그 덕에 같이 바인더를 쓰는 동료가 몇 명 생겼다. 바인더에 대한 열정이 식어갈 때쯤 동료들의 격려는 큰 힘이 되었다. 집안에 굴러다니던 서류들을 차근차근 정리하고 서브 바인더로 모았다. 쓰레기가 될 뻔했던 종이들은 나름의 체계를 갖춰 책꽂이에 꽂혔다.

인간은 기억이라는 능력을 갖추고 있다. 그러나 망각이라는 더 위대한 기능도 있다. 모든 것을 기억에 의존하는 것은 위험하므로 기록하는 습관이 필요하다. 그 기록을 언제든 찾아볼 수 있는 체계를 갖출 때 기록은 활용도가 극대화된다. 내가 원하는 인생을 계획함과 동시에, 매일 접하는 정보를 적절히 분류할 수 있다면 얼마나 좋을까? 이렇게 질문하던 시점에 나는 3P바인더를 만났다.

학창 시절 그 많던 유인물, 어른이 되어서 그렇게나 열심히 만들었던 서류들이 다 어디 갔는지 궁금하다. 이것들을 적절히 나눠서 이름표만 붙여놨어도 좋았을 것이다. 지금쯤 소중한 인생의 흔적, 지식의

보고가 되었을 것이다. 머릿속을 스쳐 지나갔던 아이디어들은 사업 아이템이 되었을 것이다. 그것들을 잘 모아두었다면 얼마나 좋았을까. 과거는 과거일 뿐! 이제 다시 시작이다.

20년 전에도 열심히 살았지만 남는 게 없었다. 20년이 지나서 만난 두 번째 바인더는 내게 많은 것을 남기고 있다. 살아가는 흔적을 책꽂이에 남길 수 있게 되었고, 머릿속에만 있던 지식도 좋은 매뉴얼이 되고 있다. 앙드레 말로는 "오랫동안 꿈을 그리는 사람은 마침내 그 꿈을 닮아간다."라고 말했다.

이제는 나도 새로운 꿈을 꾼다.
그 꿈이 눈앞에 현실로 나타날 때까지
그것들을 바인더에 그려갈 것이다.

평생지기 나의 비서, 3P바인더

"이 책 한번 읽어보세요!"

묻지마 투자로 사기를 맞아 절망과 죄책감에 무너졌을 때 심적으로 의지했던 지인이 책을 한 권 추천해줬습니다. 책 제목이 《본깨적》이었습니다. 제목이 낯설고 어떤 내용인지 제목만 봐서는 감이 오지 않았습니다. 일단 추천해준 책이니 감사하는 마음으로 구입해서 읽었습니다. 책을 쓴 저자도 어려운 가정환경과 사업실패로 인해 어려움을 겪었다고 했습니다. 한강에 뛰어들고 삶의 끈을 놓을까 생각할 정도로 절박한 상황을 살아내야 했습니다. 그 당시 저자가 만났던 인생 멘토는 3P자기경영연구소 강규형 대표님이었습니다. 책의 핵심 내용인 독서를 어떻게 해야 한다는 방법론보다 책에서 언급한 강규형 대표님을 만나고 싶었습니다. 어디서부터 다시 정신 차리고 시작해 나가야 하는지 만나게 되면 답을 알 수 있을 것 같았습니다.

그렇게 3P자기경영연구소에서 진행하는 토요일 8시간 셀프리더십 교육을 받기 위해 세 아이를 시어머님께 맡기고 서울로 교육을 받으러 갔습니다. 셀프리더십 교육을 들을 뒤 억울한 마음이 먼저 들었습니다. 36년 동안 내가 어떤 삶을 살고 싶어 하는 사람인지, 꿈은 뭐였는지, 주어진 시간을 어떻게 사용해야 되는 건지, 살면서 정말 필요한 내용인데 이제야 알았다는 후회 때문이었습니다. 반면 지금이라도 알게 되어 다행이라는 양가감정도 들었습니다. 무엇보다 돈을 삶의 목적으로 삼고 목적 달성을 위한 방법과 목적 달성 이후의 삶에 대해 고민하지 않았음을 반성하게 되었습니다. 교육 당일 새벽부터 진행되는 독서포럼에서 《김밥 파는 CEO》 김승호 저자님을 모시고 저자특강을 진행했습니다. 문화회관을 대관해서 진행할 만큼 많은 분들이 저자특강을 듣기 위해 새벽부터 모였다는 사실에 충격을 받았습니다. 눈앞에서 김승호 회장님이 지나갔는데 그분이 작가인지, 얼마나 유명한 사람인지도 그 당시에는 몰랐습니다.

교육을 받기 전에 기대했던 바가 있습니다. 지금 제가 처해 있는 상황을 극복할 수 있는 솔루션을 얻고 싶었습니다. 그러면 제 삶이 바뀌고 희망찬 미래가 있을 것 같았습니다. 교육을 통해 단기간에 전세 역전을 위한 뾰족한 솔루션을 얻을 순 없었지만 그보다 더 값진 현실을 바라보는 생각의 프레임을 바꾸고 꿈 리스트 실현에 대한 동기부여를 받을 수 있었습니다. 당시 셋째 딸아이를 낳고 육아휴직 1년 끝에 직장에 복귀한 지 몇 달 되지 않은 시기였습니다. 빚을 내 투자했던 실패를 극복하기 위해 세 아이 육아를 핑계로 직장을 그만둘 수도 없는 처지였습니다. 세 아이 양육과 직장일과 살림, 추가로 목표 달성을 위한 자기계발 시간까지 셀프리더십에서 배웠던 시간관리를 바로 적용해서 사용할 수 있었습니다. 하루하루 주어진 과업을 급한 대로 쳐내는 시간관리에서 짧게는 하루 플랜, 3일 단위 목표관리, 주간 목표관리 개념으로 시간을 사용하게 되었습니다. 8시간 교육 중에 독서경영이라는 교육과정이 있었고 90분 강의 내용을 토대로 나도 독서모임을 만들어 보고 싶다는 열망이 생겼습니다. 워킹맘 커뮤니티를 운영했던 경험과 SNS 채널로 블로그를 운영하고 있었기에 안산 반월공단 직장인을 대상으로 독서모임 회원 모집을 도전했습니다.

하루하루 살아낼 수 있는 에너지만큼 사용하고 간신히 잠들고 내일을 기약하던 삶에서 진취적이고 주도적으로 도전하는 것이 생겼다는 것이 스스로도 놀랍고 신기했습니다. 독서모임을 운영하는 제가 어떤 사람인지 검증도 되지 않았는데 모집 글만 보고 함께하고 싶다고 모인 회원들이 있다는 것도 신기했습니다. 그렇게 한 달에 2번 반월공단역 근처 커피숍에서 모임을 진행했습니다. 공단 직장인, 자기계발을 원하는 사람들이라는 공통점을 가지고 다양한 경험과 생각을 가진 사람들이 모여 함께 나누는 이야기는 또 다른 세상이었습니다. 셀프리더십이라는 게 있는지도 몰랐고 어떻게 써야 하는지도 몰랐던 그 시절, 배우고 바로 실천에 옮긴 저의 천성적인 긍정 마인드를 칭찬해주고 싶습니다. 배우고 익히는 시간을 현장경험으로 쌓아갈 수 있었던 값진 시간이었습니다. 삶의 활력소가 되는 시간이었다는 것을 진행할 때는 리더의 책임감 때문에 충만히 느끼지 못했는데 돌이켜보니

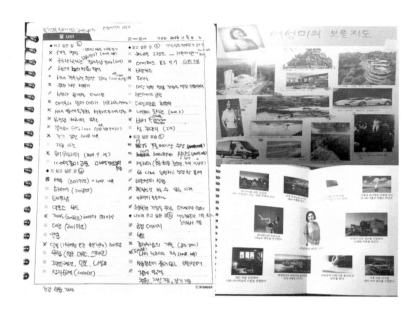

성장의 밑거름이 된 시간이라 생각됩니다.

3P바인더는 그렇게 가장 낙담되고 어려울 때 든든한 지원군이자 활력소로 제게 다가왔습니다. 3P마스터코치가 되고 누군가에게 셀프리더십을 교육하는 강사가 되어 제 바인더를 소개할 때 "저의 비서입니다."라고 소개합니다. 저의 외장하드이자 없어서는 안 될 든든한 친구이자 비서입니다. 소중한 것은 있을 때는 그 소중함을 모르고 잃어보면 안다고 하듯이 최근에 바인더를 분실한 적이 있었습니다. 올 한해 저의 미팅 기록, 코칭 기록이 고스란히 담긴 바인더를 분실해 보니 내가 얼마나 의지하고 있었는지 확인할 수 있었습니다. 다행히 바

인더의 가치를 알아봐준 멋진 분께서 연락을 주셔서 찾을 수 있었습니다.

반려동물, 반려식물처럼 3P바인더는 이제 나에게 없어서는 안 될 둘도 없는 친구입니다. 힘들 때 곁을 지켜준 고마운 바인더 덕분에 오늘도 주어진 하루의 시간을 제 사명에 맞게 한 걸음 더 가깝게 다가가는 시간을 살아갑니다. 어떨 때는 피드백을 통해 내가 보낸 시간에 대해 옳은 소리도 해주고, 바른 길로 갈 수 있도록 소리 없이 채찍질을 해주기도 합니다.

여러분은 이런 친구 있으신가요?

잘하고 있다며 응원해주는 친구, 힘들겠다 공감해주는 친구,

'다시 한 번 생각해 볼래?'

야단치거나 가르치지 않고 스스로 성찰할 수 있도록

믿고 기다려주는 친구.

저에게 바인더는 이런 친구랍니다.

새로운 기회의 문을 열다

며칠 동안 잠을 못 잤더니 눈 밑에 다크서클이 생겼다. 생기를 잃은 눈빛을 가진 여자가 거울 속에 있었다. 지쳐 보였다. 어쩌다 내가 이렇게 되었을까.

잠을 줄여가며 새벽까지 강의를 준비하고 강의 계획서를 쓰느라 힘들었다. 만족스럽게 강의를 하지 못했을 때 속상했고 생각처럼 강의가 안 풀렸을 때에는 좌절하기도 했다. 하지만 곧 털고 일어나 다음을 준비했었는데 이번에는 좀 달랐다. 바쁘다, 힘들다는 말을 달고 살기 시작했다. 게다가 수면시간을 줄여가며 일을 하다 보니 피로가 쌓여 갔다. 가족들에게 짜증을 내기 시작했고, 강의가 끝나고 나면 쓰러지듯 침대에 눕는 일들이 반복되었다. 남편이 도와주기는 했지만 내일 이외의 집안일이나 아이들을 돌보는 일들이 우선순위에서 밀리기 시작하면서 집안도 엉망이 되어갔다. 나에게 주어진 일을 열심히 하는데도 늘 제자리 같았다. 나 자신이 하루하루를 겨우 살아가는 '하루살이'처럼 느껴졌다. 급기야는 지금 하는 모든 일을 그만두고 싶은 생각까지 들었다.

슬럼프? 내가 지금 슬럼프에 빠진 건가?

슬럼프의 의미를 국어사전에서 찾아보았다. 슬럼프란 '자기 실력을 제대로 발휘하지 못하고 저조한 상태가 길게 계속되는 일'을 뜻했다. 내가 슬럼프에 빠지다니! 부모교육과 청소년교육 강사로서 제2의 삶을 살기 시작한 지 7년 만에 덮친 슬럼프는 너무나도 가혹했다. 남들은 꽤 괜찮게 살아가는데, 나 혼자 끝없는 수렁으로 빠지는 느낌이었다. 새벽까지 강의를 준비하고 소파에서 잠들었던 어느 날, 그날은 유독 피곤했던 것으로 기억한다. 추위를 느끼며 차가운 소파에서 눈을 떴을 때의 느낌! 편히 잠을 자지도 못하는 내 처지가 서글펐다. 갑자기 서러움이 밀려왔다.

'왜 이렇게 살아야 해? 도대체 뭐가 문제야?'

'내가 좋아하는 일을 하는데, 왜 행복하지 않지?'

'왜 늘 쫓기듯 빠듯하게 일을 해 나가는 거지?'

더 이상 이렇게 살 수는 없었다. 뭔가 특단의 조치가 필요했다. '지금 나한테 가장 필요한 것이 뭘까?' '어떤 방법을 써야 이 상황에서 벗어날 수 있을까?' 이 두 질문을 끊임없이 스스로에게 하고 있던 나에게 갑자기 떠오르는 단어가 있었다. 바로 '시간관리'였다. 인터넷 검색창에 시간관리, 시간관리 잘하는 법, 시간관리 배울 수 있는 곳 등과 같이 시간관리에 관련된 내용을 검색하기 시작했다. 검색을 통해 알게 된 것이 3P바인더였다. 3P바인더 사용방법을 알려주는 곳과 네이버 카페도 찾았다. 해당 네이버 카페에 가입하려 했더니 이미 2020년 3월에 가입되어 있었다. 가입한 사실도 잊고 있었다니! 당시 3P바인더가 아닌 다른 다이어리를 쓰고 있었던 것을 보면 네이버 카페 가입 목적이 3P바인더에 대해 지속적인 관심이 있었던 것은 아니었으리라.

시간관리를 할 수 있는 방법을 찾았으니 더 이상 망설일 필요가 없었다. 빨리 배워야겠다는 생각에 3P바인더 교육을 하는 곳인 3P자기경영연구소의 홈페이지를 찾아 들어가 강좌를 검색했다. 3P바인더 기본과정과 독서경영 기본과정이 통합된 교육 패키지가 있었다. 3P캠퍼스 오픈이벤트 패키지였다. 게다가 평일에 열리는 과정이라 주말에 교육받기 어려운 나에게는 좋은 기회였다. 하지만 이미 한 주 전에 강의가 시작된 과정이었다. 망설일 여유도 없이 바로 전화했다.

"3P자기경영연구소입니다."

"안녕하세요. 홈페이지를 보니 3P바인더 기본과정과 독서경영 기본과정 통합 패키지 교육이 있더라고요. 이미 시작은 했던데, 아직 신청할 수 있나요? 이번에 꼭 참여하고 싶어요."

과정을 담당하시는 분과 통화를 한 후 바로 결제하고 등록했다. 3P바인더를 쓰는 방법을 알려주는 강의라는 것, 시간관리를 잘할 수 있는 방법을 알려주는 강의라는 것, 그리고 독서를 잘할 수 있는 방법을 알려준다는 것 이외에는 무엇을 더 배우는지도 몰랐다. 쇠뿔도 단김에 빼라고 하지 않는가. 딱 그 마음뿐이었다.

이렇게 시작된 3P바인더와의 인연!

열심히 해도 제자리걸음이고, 어떤 일을 해도 나 자신이 만족스럽지 않은 이 상황을 극복하고 말겠다는 강한 의지는 이 과정에 나를 완전히 빠져들게 만들었다. 강의를 듣고 나면 바로 복습했고, 꾸준히 3P바인더를 사용하기 위해 작성한 주간계획표를 인증하는 습관 챌린지 프로그램에도 합류했다. 열심히 했다. 절박했기 때문이었다. 때마침 열린 3P코치 과정! '3P바인더를 통해 제대로 성과내고 싶은 분들을 위한 심화 강의'라는 안내 글이 눈에 쏙 들어왔다. 기본과정과 비교하면 몇 배는 비싼 교육비를 지불해야 했지만 망설이지 않고 등록했다. 위기에서 벗어나고 싶은 몸부림이었다. 그때까지만 해도 3P바인더와의 만남이 내 삶의 변화와 성장을 이끄는 골든키가 될 줄 몰랐다.

이후 그 동안 경험해보지 못한 많은 경험들을 하기 시작했다. 나와 비슷한 목적을 가지고 3P바인더를 쓰는 분들과의 공동체! 그동안 내가 살아온 세상과는 전혀 다른 세상이었다. 내가 경험하지 못한 라이프 스타일을 살아가는 사람들과의 만남은 놀라운 경험이었다. 새벽에 일어나 독서나 필사를 하는 사람들, 무언가를 늘 규칙적으로 하는 사람들, 독서노트를 쓰는 사람들, 명상을 하는 사람들! 방법은 달라도 결국 지금의 자신보다 한 걸음 더 나아가기 위해 꾸준히 무언가를 하는 사람들과의 만남은 바쁘게만 살아온 그동안의 삶을 돌아보게 했다. 나보다 한 발 먼저 가는 사람들이 하는 이 모든 것들을 우선 해보기로 했다.

역시 이 중 최고는 나의 시간을 꾸준히 계획하고 적는 것이었다.

이런 나의 노력들이 이후 내가 원했던 기회,

미처 생각하지 못했던 기회를 줄 것임을 알지 못했다.

심쿵! 바인더, 너를 만나다

상가임차인에게 연락이 왔다. 계약 만기 전에 개인적인 사정으로 점포를 내놓겠다는 전화였다. 내가 직접 출근하면서 운영하기에는 직장과 겸하기가 부담스러웠다. 그래서 무인 카페나 점장을 고용해서 운영하는 방식으로 결정했다. 그러고 나니 주변 사람들이 온라인 홍보가 중요하다고 귀띔을 해주었다. 상가 월세를 받다가 직접 운영하려고 보니 마케팅에 대한 준비가 되어 있지 않았다. 그래서 무엇을 먼저 해야할까 고민하다 블로그 강의부터 듣기로 결정했다. 온라인 마케팅 입문이었다.

블로그 강의는 전문 마케터 출신 강의를 시작으로 유명 강사들의 강의는 다 들으러 다녔다. 교사로 이십여 년을 근무하면서 온라인 홍보나 마케팅에 대해서는 무지했다. '왜 진작 하지 않았을까?' 후회가 밀려왔다. 사람은 역시 배워야 하는구나. 블로그에 입문하자 또 다른 온라인 마케팅에 대해 눈을 뜨게 되었다. 오픈 대화방에 참여하고, 줌을 활용한 온라인 강의를 듣기 시작했다. 독서법, SNS, 마케팅, 고객관리 등 닥치는 대로 흡수하였다. 그즈음 강남 독서모임에서 강규형 대표의 바인더 특강을 들었다. 이 강의는 그동안 내가 해오던 자기관리가 얼마나 편협하고 조잡한 방법인지를 깨닫게 했다.

직장과 부동산 투자로 10여 년을 지내오면서 주로 에버노트라는 정리 툴을 사용하고 있었다. 부동산 임장을 다니다 보면 사진, 위치, 지도 등을 야외에서 정리해야 하는 일이 많다. 핸드폰에서 바로 정리가 되고, 음성녹음 기능도 있고, 구글포토를 연동해서 실시간으로 이미지 업로딩도 된다. 지금도 부동산 임장에서는 에버노트를 따라올 도구가 없다고 생각한다. 하지만 에버노트는 목표나 시간관리 도구로 활용하기에는 다소 아쉬운 터였다. 시간관리 도구가 절실할 때 강규형 대표를 만난 것이다. 독서법 강의에 가까웠는데 그때 나에게는 시간관리에 대한 내적 욕구가 컸을 때라 그 부분이 더 깊게 남았다.

상가점포를 직접 운영하게 되면서 정신없는 나날이 계속되었다. 물론 점장을 고용했기에 위탁 운영의 성격이었지만 내가 전체적으로 총괄해야 할 일들도 있었다. 이러다가는 도저히 직장과 점포관리를 동시에 하기는 어렵겠다는 걱정이 밀려왔다. 그때만 해도 나는 직장을 그만둘 생각이 없었기 때문이다. 그래서 3P바인더 프로과정을 들으면 나도 시간관리를 잘할 수 있지 않을까? 하는 마음에 프로과정에 입문하게 되었다.

처음에는 온라인 과정으로 3P바인더 프로과정에 참여했다. 온라인교육의 한계인지, 나의 집중력 한계인지 도대체 무슨 말인지 모르는 부분이 많았다. 이론적으로는 알아들었지만 도무지 체화되지 않았다. 특히 지식기록관리에서 업무관리를 적용하는 게 힘들었다. A4나 A5 바인더에 컬러별, 주제별로 정리를 한다는 것인데 바인더 구매금액부터 부담스러웠다. 수십만 원 정도 비용이 발생하는 부분이라 '그만큼의 가치가 있을까?' 하는 의구심도 들었다. 지금은 수천만 원의 성과를 내고 있지만, 초짜였던 그 당시 나에게는 비용적인 부분만 크게 느껴졌다. 학교에서 무료로 나누어주는 바인더도 있었고, 출판사에서 해마다 선물로 보내주는 다이어리 형식의 바인더들도 넘쳐났기 때문이다.

아는 만큼 보인다고 했던가. 3P바인더 가치를 제대로 보지 못했던 나는 A5 크기의 작은 종이, 0.38 내외의 볼펜심, 서브 바인더 구입비용 등이 입문 여부를 결정할 때 걸림돌이 되었다. 3P바인더 가치는 자기경영 습관화에 있다. 그럼에도 초보 입문자였던 나는 본질보다 곁가지들에 신경을 쓰는 우를 범했다. 3P바인더 프로과정을 시작하고도 바인더를 쓰다 말기를 반복했다. 평소보다 작은 글씨체로 A5 크기의 weekly, monthly 양식지에 일정을 쓰고 관리한다는 것이 불편했다. 글씨체가 큼직한 나로서는 0.28 혹은 0.38 크기의 볼펜심은 부러지기 일쑤였다. 이러다가는 도구사용에 지쳐서 정작 목표인 시간관리는 시작도 못 해볼 상황이었다. 그럼에도 3P바인더를 손에서 놓지 못했던 것은 기록의 힘, 확언의 힘을 믿었기 때문이다. 강규형 대표의《성과를

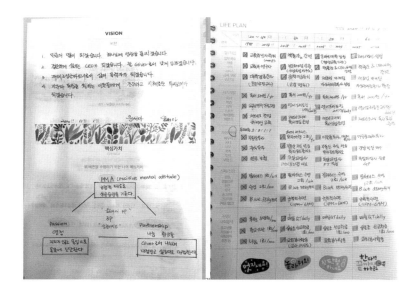

지배하는 바인더의 힘》을 읽고 3P바인더만의 진정한 가치를 확신했다. 3P바인더 프로과정을 서너 번 더 참여하면서 목표, 시간, 지식, 기록관리 분야에 대해 하나씩 파헤쳐보자는 각오를 다졌다.

3P바인더 프로과정은 기본과정이다. 기본도 부족한 듯했지만, 본사에서 진행하는 3p코치 과정을 등록했다. 성장을 향한 도전이었다. 첫 온라인 미팅이 있었던 날, 그날은 인생에서 잊지 못할 날이 되었다. 오프닝 시간, 자기소개를 위해 카메라를 켜고 한 사람씩 다른 사람이 되어 나를 소개하는 시간을 가졌다. 앞의 선배들이 발표할 때마다 울먹였다. 나도 내 차례가 되기 전까지는 울 거라고 생각지 않았다. 처음

보는 사람들 앞에서 목이 메어 숨이 막힐 뻔했다. 어떻게 끝냈는지 기억조차 생각나질 않았다. 3P바인더는 감동과 전율로 내게 왔다. 속에 있는 이야기를, 낯선 이들 앞에서, 그렇게 술술 끄집어낼 수 있었다는 사실만으로도 신비로웠다. 마음이 열린다는 것, 새로운 경험이었다.

3P바인더의 구체적 내용이나,

그 효과에 대해서는 아직 제대로 알지 못했지만,

내 마음은 이미 3P바인더에 최선을 다하라고 권하고 있었다.

오랜만에 느껴보는 '심쿵'이었다.

바인더는 사람을 통해

"그건 뭐예요?"

봄 햇살이 집 베란다 창문을 통해 거실까지 환하게 비추고 있었다. 답답하던 차였다. 때마침 이웃에 사는 엄마가 오라고 하여 차 한 잔 마시게 되었다. 손에 쥐어져 있던 회색빛 바인더.

"아, 이거요? 3P바인더라고 하는 건데, 한번 보실래요?"

얼핏 봤는데도 눈이 뒤집혔다. 체면이고 뭐고 냉큼 집어들었다. 이리저리 살펴댔다. 해야 할 일을 기록해 놓고 있었다. 하루의 일을 시간 별로 기록해 놓고 있었다. 화살표가 보였다. 언뜻 봐도 기존에 내가 보아오던 양식과는 사뭇 달랐다. 역대 최고라고 해 삼 주 전에 구매한 P 회사의 다이어리가 순간 눈앞을 지나갔다. 조금만 더 있다가 살 걸. 십 만 원이 아까웠다.

3P바인더에 대한 이웃 엄마의 이런저런 설명을 들었다. 한 주간의

목표를 먼저 정한다고 했다. 월별로 목표를 세운다고 했다. 일 년의 계획과 평생의 계획도 한다고 했다. 메모만 적는 부분도 있었고, 읽었던 책을 정리해 놓는 부분도 있었다. 이거다! 시간이 없어 고민하며 계획적 삶이 필요했던 나에게, 삶의 방향을 고민하던 나에게 그날의 봄 햇살처럼 다가온 것이 바로 3P바인더였다.

암울했다. 겉으로는 웃었지만, 속은 늘 답답했다. 뒤처지고 있는 건 아닌지 초조했다. 앞날이 걱정되었다. 마음이 그러하니 짜증이 폭발하는 날이 종종 있었다. 스스로 제어가 힘들 때도 있었다. 내가 이렇게 된 게 남편과 아이들 탓인 양 남편과 아이들에게 화를 냈다.

2019년, 육아 휴직 중이었다. 둘째를 낳으면서 시작한 육아 휴직은 그해 오 년째 계속되던 중이었다. 2021년 복직까지 일 년 하고도 단 몇 개월밖에 남지 않았다. 마음이 점점 바빠 왔다. 휴직할 때 다섯, 두 살이던 아이들이 어느덧 아홉 살, 여섯 살이 되었다. 아이들이 학교와 어린이집을 가면서, 조금씩 내 시간이 생기던 때였다. 하지만 마음이 급했다. 그동안 뭐하면서 지냈는지 기억도 나지 않는 시간이었다. 아이들 키운 것밖에 내게 남은 건 없어 보였다.

할 일이 많았다. 복직해서 다시 학생들을 가르치려면 공부를 해야 했다. EBS 수능 영어 특강 수강 신청을 했다. 복직하기 전에 두 아이의 책 읽는 습관도 들여야 했다. 아이들이 스스로 일상의 과제들을 익숙하게 할 수 있도록 도와주어야 했다. 동네 엄마들과의 독서모임도 계속하려면 책도 봐야 했다. 직장 일 안 하고 집에 있다고 해서 바쁘지 않은 것이 아니었다. 오히려 직장 생활할 때보다 더 바빴다. 아이들을 학교에, 어린이집에 데려다주고 동네 산책하고 들어와 아침 먹은 그릇 설거지, 집 청소를 하면 오전 시간은 다 지나간다. 잡다한 일들을 보러 다니다 보면 곧 아이들을 데리러 가야 하는 시간이다. 내 시간이 넉넉하지 않았다. 하루를 이리저리 보내고 나면, 아이들이 잠자리에 든 후에야 책이라도 볼 수 있는 나만의 시간이 생겼다. 그마저도 아이들이 독감 등으로 며칠씩 아프기 시작하면 누릴 수 없는 시간이었다.

어린아이들을 키울 때는 어느 집이건 다 비슷하지 않을까? 출근하든 집에서 일하든 부모의 시간은 늘 부족하다. 내 의지로 시간을 통제하기 힘드니, 시간이 부족하다고 느낀다. 시간을 마음대로 쓰지 못하니, 계획할 수 없다고 생각한다. 점점 미래에 대해 두렵고 불안하기만 하다. 초조했고 지난 사 년 동안 내가 아무것도 이룬 게 없다는 생각에 우울했다. 복직 준비를 하다가도 예상치 않은 일들로 인해 시간을 내 마음대로 쓰지 못하게 되면 스트레스를 받았다.

마흔을 앞둔 서른아홉이라는 나이도 부담이 되었다. 생의 반을 살았다는 무거움이 있었다. 마흔이 되면 뭐든 이루고 살고 있을 것 같았는데, 그러하지 못했다. 조바심이 났고 시간이 부족하다고 생각했다. 가장 쉬운 방법은 남 탓, 특히 남편과 아이들에게 탓을 돌리는 것이다. 시간을 통제하지 못하니 시간에 끌려다니고 있었다.

시간적 자유가 필요했던 나에게 그날 본 3P바인더는 그야말로 소중한 선물이었다.

이웃 엄마의 설명을 듣고 났더니, 이웃 엄마가 자신의 수첩에서 메모장을 한두 장 빼 주었다. 시간대별로 뭘 했는지 기록해 볼 수 있는 양식지였다. 그 몇 장을 집어 들고 냉큼 집에 가서 꼼꼼히 들여다보았다. 비싸니까 잘 생각해서 주문하라고 했지만 나는 망설임이 없었다. 홈페이지에 들어가 3P바인더 기본 세트를 바로 주문했다. 그리고 3P 바인더를 받았던 날 나는 너무 기뻤다.

이웃 엄마의 손에 들려 있던 바인더를 보며 희망을 품었다. 나의 바인더에 복직 준비를 위해 내가 해야 할 일들을 기록했다. 우선, 내 아이들의 생활 습관을 들이기 위한 시간을 따로 떼어 놓았다. 두 번째로 내 건강과 체력을 위해서 운동을 해야 했다. 세 번째로 업무 관련 공부할 시간을 만들었다. 네 번째로 책 읽을 시간을 만들었다. 그리고 마지막으로 가족들이나 이웃과 보내는 시간을 만들고자 했다.

혼자 하려다 보니 잘 안 되었다. 궁금한 것들이 많았다. 바인더를 200% 활용하기 위해서는 강의도 들어야 할 것 같았다. 온라인 강의도 신청했고, 바인더를 잘 쓰는 사람들의 사례도 유튜브에서 검색했다. 바인더라는 시간관리 도구를 배우기 위해 시간과 돈을 쓰기 시작했다.

3년째 바인더를 사용하고 있다. 그때 그분의 바인더를 구경하지 않았더라면 지금의 내 바인더는 없을 것이다. 아마 지금도 삶의 방향을 잡지 못하고 먹먹한 시간의 늪에서 허우적거리고 있었을지 모른

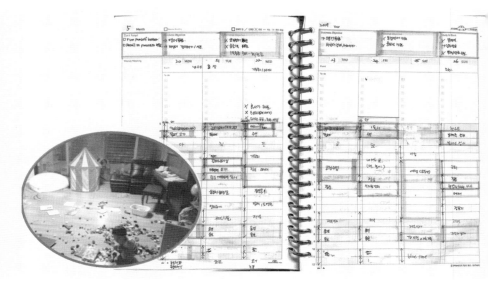

2019 육아휴직중, 육아에 집중

다. 아이를 키우는 엄마이든, 휴직 중인 사람이든, 혹은 충실한 직장인
이든 누구에게나 시간관리는 꼭 필요하다. 시간을 통제하지 못한다면
성공할 수 없다. 육아 휴직 중에 삶의 균형을 잡고 싶었다. 건강도 관
리하고 싶었고, 돈도 모으고 싶었다. 아이 키우는 일은 물론이고 우울
한 마음들까지도 잘 챙겨 돌보고 싶었다. 3P바인더는 특히 일, 육아,
자기계발, 건강, 재정 등의 삶의 균형을 맞추는 데 큰 도움이 되었다.

요즘은 시간관리는 물론이고, 쓸데없는 잡생각이나 근심 걱정에서
도 벗어나 있다. 내가 가고자 하는 길에 집중하며, 아침저녁으로 공부
도 하고 일정 관리도 하고 있다. 더불어, 마음도 편안하여 남편이나 아

이들에게 짜증을 부리는 일이 크게 줄었다. 앞으로도 3P바인더를 적극적으로 활용할 생각이다. 3P바인더를 만난 것은 내 인생에서 큰 전환점이 되었다. 그 이웃 엄마가 자신의 바인더를 보여주었던 그날 이후부터 내 삶은 달라지기 시작했다.

시간을 지배할 수 있는 사람이 인생을 지배할 수 있다 했다. 시간의 비밀을 알게 해준 4년 전의 그 이웃 엄마가 참 고맙다.

이제는 내가 나의 소중한 이웃들에게 바인더를 권한다.

시간의 자유, 경제적 자유, 마음의 자유, 육아로부터

자유로운 길을 찾다 보니, '나 자신'이 보인다.

나의 이웃들에게 바인더와 같이 가보자는 마음을 전해 본다.

비싼 다이어리

다이소에서 천 원이면 예쁜 다이어리를 살 수 있다. 다이어리를 사도 일 년 365일을 채워서 써본 적도 없었다. 2만 원 가까이 되는 3P바인더를 살 때는 손이 떨렸다. 그랬던 내가 이제는 강사가 됐고, 바인더를 판매하는 협력업체가 됐다.

"서연 씨. 3P바인더라는 게 있대요. 한번 알아보세요."

2016년 가을, 보험설계사로 일할 때였다. 회사에서 나눠준 A4 크기의 플래너에 그날 만날 고객명단을 적고 있을 때, 지나가던 옆 팀장님이 툭 던진 한마디가 지금의 나를 있게 했다. 도움되는 정보를 알려주는 것을 좋아하는 만큼 나도, 누군가가 추천해준 것은 기억했다가 해보는 편이다. 다이어리, 플래너, 수첩은 알았지만, '3P바인더'라는 단어는 처음이었다. 인터넷 검색을 했다. 분명 다이어리를 파는 곳인데 수업은 몇십만 원이었고 제품도 만 원이 넘었다. 지금이야 자기계발에 열린 마음으로 몇백만 원을 쓰지만, 그때는 이런 것도 돈 주고 배우냐는 마음이었다. 아쉬운 마음에 며칠 동안 3P바인더 홈페이지만 들락거렸다.

그러다 유료 설명회 일정을 알게 됐다. 참가비 이만 원을 내고 양재동 사무실로 갔다. 지하철을 타면서도 괜히 가는 게 아닌가 싶었다. 오후 7시가 넘은 시각, 10명 정도의 사람들이 모였다. 교육장에 배치된 여러 종류의 바인더를 보면서 갖고 싶은 마음 반, 비싸다는 마음 반이었다. 떨리는 마음으로 강사의 말을 들었다. 그는 나와 같은 보험사의 다른 지역에 근무했던 보험설계사 출신이었다. 바인더로 고객관리를 어떻게 했는지 보여줬다. 여러 색상으로 기록된 바인더 내부를 보여줬을 때는 놀랐다. 일기나 다이어리는 남에게 쉽게 보여주지 않기 때문이기도 했고, 알차게 기록한 내용이 부럽기도 했다. 강사의 시간 기록을 통해 나를 돌아봤다. 전라도 광주에서 서울로 독립하고 악바리처럼 살아왔다. 보험설계사 최서연으로 최선을 다했다. 그렇지만 객관적으로 나를 보여줄 근거가 없었다. '기록'의 중요성을 깨닫고 집으로 돌아왔다.

지금도 3P바인더 수업을 할 때면 처음으로 내가 썼던 바인더 속지를 수강생들에게 보여준다. 2016년 가을부터 2018년 5월까지 바인더를 독학으로 썼다. 설명회도 들었고, 책도 봤으니 써볼 수 있을 것 같았다. 블로그에 누군가 만들어놓은 양식지를 다운로드 받아서 출력했다. 이렇게 써도 충분한데 굳이 돈 주고 살 필요가 있나 싶었다. A5 사이즈라 휴대가 편리했다. 회사에서 준 플래너보다 손이 더 갔다. 제대로 알고 쓰는 게 아니니 빈칸이 많았다. 2년이나 썼지만 달라진 것도 없었다. 같은 보험사에 근무했다는 이유로 설명회 때 인사를 나눈 이재덕 강사가 생각났다. 만나서 이야기를 나누고 내가 쓰고 있던 바인더를 보여줬다. 그는 나에게 바인더의 10%도 제대로 사용하지 못한다고 했다. 그 말에 호기심도 생겼고 오기도 발동했다. 100%까지는 아니어도 달라질 내 삶이 기대됐다. 제대로 사용하려면 돈을 주고 교육을 들어야 했다.

기본 과정인 프로 수업을 들었다. 8시간이나 교육받으면서 적고 발표하는 과정이 계속됐다. 난생 처음 꿈 리스트를 적어보기도 했다. 하루를 어떻게 보냈는지에 따라 5가지 형광펜으로 색을 칠하는 것도 재미있었다. 무엇보다 다른 사람들이 기록한 바인더를 서로 보면서 물어보고 알려주는 분위기도 독특했다. 좋은 것은 서로 나누고, 배운다는 의미에서 '선배님'이라고 부르는 문화가 마음에 들었다.

30만 원이 넘는 수업을 듣고, 인조가죽 케이스에 풀세트 속지를 넣어서 써보기 시작했다. 매일 기록하는 게 쉽지 않았다. 빼먹고 못 쓴 날도 많았다. 다양한 양식지가 있지만 겨우 몇 개만 활용하기도 했다. 고객 상담할 때 꺼내 놓으면 "우와. 이게 뭐예요? 서연 씨. 진짜 열심히 사시네요."라고 고객들은 말했다. 그 말에 불편한 진실을 마주했다. 배운 만큼 잘 쓰지 못했기 때문이다. 그렇게 시작된 배움이 2018년 3P

바인더 코치, 2021년 마스터 과정까지 수료한 결과로 이어졌다. '2년이란 독학의 시간을 허비하지 않았다면 어땠을까?'라는 아쉬움보다는 오히려 그 경험 덕분에 강의하는 데 도움이 된다. 수강생들의 어려움이나 불편함에 공감할 수 있다. 고민의 주제가 비슷하므로 토닥이며 이야기할 수도 있다. 왜 돈을 주고 수업을 들어야 하는지, 성과로 이어지는 기록은 무엇인지 말해주기도 한다.

혼자 썼다면 또 멈췄을 것이다. 나란 사람은 시작은 불같은데, 끝은 금방 식는 냄비 같았다. 뭘 끝까지 끝내본 경험이 거의 없었다. 2018년부터 바인더 강의를 하면서 꾸준히 썼다. 잘 못 쓴 날에도 수업 전이라 억지로라도 칸을 채우기도 했다. 강사인 내 바인더가 엉망이면 안 되기 때문이다. 수업이 끝나면 상기된 수강생들의 얼굴을 자주 본다. 내가 바인더를 처음 만났을 때의 기억이 겹친다. 그때의 신선한 충격이 경험으로 끝나지 않고, 그들의 삶에 변화를 줬으면 하는 바람에 지금까지 매달 바인더 모임을 진행하고 있다.

바인더를 5년 정도 쓰고 나서야, '아. 이래서 쓰는구나.'라고 이해하게 됐다. 그전까지는 이 책을 읽는 분들도 모두 경험했을 감정의 변화를 겪었다. 무겁다는 이유로 휴대폰 캘린더 앱을 써보기도 했고, 주말이나 휴일에는 아예 바인더를 펼치지도 않은 적도 있었다. 많은 양식지 중에 주간계획표만 썼고, 다른 양식지는 뭐가 있는지도 모르고 한 해가 지나기도 했다. 며칠을 안 쓰니 공백이 보기 싫어 또 안 적는 악순환을 경험했다. 다른 사람이 쓰는 플래너에 기웃거리기도 했다. 그

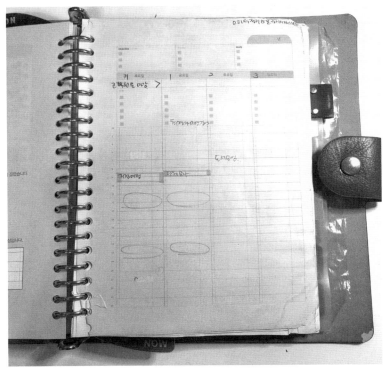

바인더를 배우기 전

럴 때마다 다시 3P바인더로 돌아왔다. 몇 번 반복하다가 바람이 잦아

들고 바인더에 정착했다.

수업 준비를 하면서 예전에 썼던 기록을 펼쳐본다. 과거의 나를

만난다. 오래된 종이 냄새가 좋다. 내 삶이 기록되니, 나만의 서사시

가 펼쳐진다. 빼곡하게 적은 날도, 텅 빈 날도 모두 내 향기가 느껴진

다. '이날은 무슨 힘든 일이 있었나 보다. 와. 최서연. 정말 열심히 살았

네!' 스스로 위로하고 응원하는 시간을 통해 오늘을 살아가고, 미래를 기대하는 마음마저 생긴다. 몇 년 뒤 다시 오늘의 기록을 펼쳐볼 때도 미래의 나에게 좋은 향기를 선물하고 싶다. 비싼 다이어리는 100배 이상 가치 있는 삶을 선물했다.

나에게 바인더를 배우라고 했던 옆 팀장님.
바인더의 10%만 쓰고 있다고 알려줬던 바인더 강사.
이제는 내가 누군가에게 바인더를 소개하고 권한다.
그들의 삶에 바인더를 전하고 싶다.

PART 2

내가
이렇게
달라지다니!

어떻게 살아야 할까

첫 아이를 낳고 한 달 만에 일터로 돌아갔다. 그때도 작은 학원을 하고 있었는데 그새 학원이 어찌 될까 걱정이 되어 서둘렀다. '출산 휴가 석 달', '육아 휴직'은 남의 이야기였다. 친정 엄마에게 아이를 맡기고 여물지 않은 몸으로 출근하던 첫날, 친정집 길목을 나오며 펑펑 울었다. 왜 출산 휴가와 육아 휴직을 쓸 수 있는 직장을 가질 생각을 못했을까, 나는 왜 여유 있게 아이를 키울 수 없는가. 왜 큰 그림을 그리며 살지 못했는가. 늘 오가던 30분 출근길이 막막했다.

주말부부여서 혼자 감당해야 하는 것이 많았다. 불평이 많았다. 마음 한편으로는 감사할 것이 충분하다 생각하면서도 투정을 부렸다. 삼남매의 맏이인데 마지막으로 결혼을 하고, 곧장 아이가 생겨 탈 없이 낳았다. 친정 엄마에게 아이를 맡길 수도 있었다. 작지만 내가 운영하는 일터가 있는데도 징징대는 것이 쉬웠다. 서른이 넘어서도 나는 여전히 애정 결핍이었다.

첫 아이가 두 돌이 될 무렵, 나는 일을 그만두기로 했다. 일터를 다른 사람에게 넘겨주어야 할 일이 있었다. 이후로 만 4년 동안 전업주부 생활을 했다. 전업주부라는 이름표를 달았으나 완전히 가정에만 충실한 기간도 아니었다. 지나고 보니 내가 하고픈 걸 해낸 기간이었다.

나는 국어 강사를 하다가 영어 과목으로 바꿨다. 국어 전공, 영어 부전공을 하긴 했으나 계속 국어 강사로만 살았다. 그러다 학원을 열게 되면서 주요 과목 강사가 필요했고 그걸 내가 하기로 했다. 잘 가르쳐 보겠노라고 1년 동안 개인 과외를 받았다. 그때가 내 인생 최대의 열공 기간이었다. 과외로 익히고, 가르치면서 자연스레 영어가 늘게 되니 말을 해보고 싶었다. 어학연수가 가보고 싶어서 일을 그만둔 것인지, 일이 없으니 이참에 어학연수를 해보자였는지 그 선후는 분명히 기억나지 않는다. 늘 그랬다. 뚜렷한 목표나 계획 없이 막연히 걱정하고 징징거리며 살고 있었다.

나는 원래 계획 세우기를 좋아하는 사람이었다. 결혼 전에 여동생과 여행을 간 적이 있다. 미리 여행지의 지도와 안내서를 관광청에 신청해서 그걸 보고 계획을 세웠다. 여행 동선을 짜는 것은 물론, 그곳에 가서 먹을 간식도 미리 알아봤다. 장기적인 계획을 세우는 것은 두려워서 버려두고, 단기 계획을 짜고 실천하기를 좋아했다.

그런데 남편은 달랐다. 그냥 발길 닿는 대로 움직이는 사람 같았다.

그래도 세상이 돌아간다는 것을 알게 되니, 매번 최적화를 위해 계획을 짜는 내가 이상한가 싶었다. 필리핀 14개월 생활 말고도 비슷한 일이 더 있다. 결혼 전에 하늘에 날아가는 비행기를 보고, 내가 "우와, 비행기다."라고 했다가 둘이서 바로 제주도로 날아가서 7시간 만에 돌아온 적이 있다. '아, 이렇게 살아도 되는구나. 미리 계획 세우고 다 준비하지 않아도 괜찮구나, 매우 비효율적인 것 같은데 이래도 되는구나' 했다.

또 신혼 초에 제주도에 일 보러 갔던 남편이, 날씨가 좋으니 제주도로 오라고 했다. 잠시 망설이다 곧장 공항으로 갔다. 이래도 세상은 돌아가고, 이 무모함이 두고두고 생각이 나니까 그대로 좋았다. 이런 생활이 더 재밌는 것도 같다. 이제 보니 갑자기 떠났던 필리핀 생활이 같은 맥락이다. 계획 없음, 막연함, 일상이 이벤트.

필리핀에서 돌아왔더니 나는 백지 상태가 된 듯했다. 일이 없었다. 필리핀에서는 내내 어학원과 대학교, 테술 과정 등으로 분주했는데 한국으로 돌아오니 무직자다. 그래서 영어 전공으로 다시 학교를 가서 2년 만에 끝냈다. 그 사이 둘째 아이가 태어났다. 집에서 아이만 키우고 싶다 했는데 또 불안해졌다. 첫째 아이를 낳고 한 달 만에 출근한 내가 안타깝고, 엄마 손이 덜 간 아이에게 미안하여 둘째는 내가 다 돌보려고 했는데 그새 들썩인다. 일을 할 때는 전업맘이 좋아 보이고, 전업맘이 되니 일하는 엄마가 좋아 보인다. 부채 장수와 우산 장수 아들을 둔 그 엄마와 뭐가 다른가. 만족하는 척하면서도 불만이 많았고 불안했다. 그대로 주어진 자리에서 감사하고 충실하면 될 것을, 마음을 제대로 다룰 줄 몰랐다. 그런 나에게 다시 일터가 나타나고 바인더가 나타났다. 이 불만쟁이가 어찌 운이 좋다.

2020년 3월경, 3P자기경영연구소를 처음 알았고 그즈음 대표의 무료 특강을 들었다. 그때 질문 시간이 있었다. 나는 "동네 영어 학원장으로 살아가는 것이 다일까요? 무엇을 생각하며 살아야 할까요."라고 물었다. 이 막연한 질문에 대표는 몇 권의 책을 추천해 주시며, 지역의 사교육자로 소명을 가지고 사는 것, 지역 사회에 기여할 수 있는 방법을 제안하셨다. 덕분에 내 직업의 본질에 대해 생각해 보았고, 이대로 가치 있는 삶이라고 인정했다. 큰 계획 없이 흐르는 대로 두었던 삶에 선물처럼 나타난 3P바인더. 3P의 교육과정을 하나씩 수강하며 내 삶의 사명과 비전을 세우고 이에 맞추어 계획을 세우는 것을 배웠다. 나를 탐험하고 내가 이 세상에 태어난 이유를 찾아, 지금 할 일을 계획하고 실천하는 방법을 익혔다.

징징거리는 것은 원하는 것이 있다는 것이다. 그것을 제대로 표현하지 못하고 투덜거리는 것이다. 3P바인더는 내가 하고 싶은 것이 무엇인지 밖으로 꺼내 놓을 수 있는 자리를 만들어주었다. 내가 하고 싶은 일, 갖고 싶은 것, 가보고 싶은 곳, 되고 싶은 모습, 나누어 주고 싶은 것을 써보면서 정말 내가 원하는 것이 무엇인지 찾도록 해주었다. 바인더 시스템을 따르다 보니 자연스레 드러났다. 내 걱정을 가장 많이 하는 사람, 나를 가장 많이 사랑하는 사람은 나라는 것을 알게 되

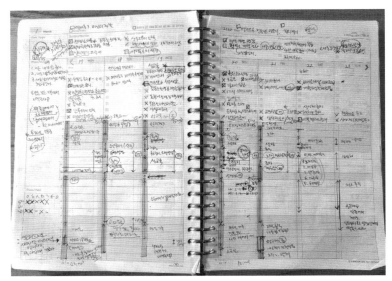

뭐든 해내게 하는 바인더 쓰기(위쪽)
청소년 리더십 특강 중에 꿈 리스트를 쓰는 아이들(아래쪽)

었고, 그런 나를 들여다보기로 했다.

누구나 잘 살고 싶다. 나도 그렇다. 나는 3P바인더를 만나서 내가 무엇을 원하는지 알게 되었다. 내가 원하는 것은 내 개인의 삶, 가정, 일터를 잘 챙기고 가꾸는 것이다. 이를 위한 구체적인 항목들을 바인더에 정리하고 완료한 것에 가위표를 그리며 실천해 나간다. 그리고 이렇게 사는 것이 세상에 기여하는 일이라고 결론 내렸다. 참 단순한 것인데 이것을 깨닫는 데 한참이 걸렸다. 언제나 진리는 단순한데 깨닫고 인정하고 실천하는 데 시간이 걸린다.

이제 나는 예전보다 불평, 불만이 쑤욱 내려가 있다. 징징거리고 싶을 때는, 원하는 것이 무엇인지 살펴본다.

계획 세우기를 좋아하는 본래의 나와
즉흥적인 것도 좋아하는 나를 인정하고 좋아하기로 했다.
바인더를 만나서 내가 원하는 삶을 알게 된 덕분이다.

꿈을 이루다!

'당신의 꿈을 종이에 적는 순간, 당신의 꿈은 현실이 됩니다.'

내가 3P바인더에서 가장 아끼고 좋아하는 라이프 플랜의 '꿈 리스트' 인덱스 속지에 적혀 있는 문구다. 기존에 써오던 다른 플래너들과는 달리 3P바인더는 단지 스케줄과 시간관리만을 위한 것이 아니다. 3P바인더를 만나기 전에는 해마다 플래너를 사고, 어느 하나도 처음부터 끝까지 써본 적이 없었다. 연말이 되면 실망하고, 다음 해에 새로운 마음으로 다시 사는 패턴을 반복했다. 내가 만났던 플래너 중에는 꿈 리스트를 적는 곳도 없었고, 있다 해도 혼자서 실제 기록했을지는 의문이다. 만약 꿈을 적었다 해도 몇 개 쓰다 말았을 것이다. 3P바인더 교육을 받는 동안 동기들과 서로의 꿈을 나누고 좋은 꿈은 공유하며 많은 꿈들을 기록한 것이 큰 도움이 되었다.

메인 바인더에 넣고 매일 보던 2020 드림보드

꿈 리스트 적기! 마음속으로 간직만 하지 말고, 머릿속으로 상상만 하지 말고 상상한 것을 '실제로 기록'한다. 기록하면서 내가 꿈을 이루었을 때 나의 모습을 상상하고 기쁘고 행복한 감정까지 느끼면 더 좋다. 나는 꿈 리스트를 바인더에 기록하며 여러 꿈을 이루었다. 사실 처음에는 꿈을 적는 것도 쉽지 않다. 막상 무엇을 적어야 할지 감이 안 온다. 강사인 나의 꿈을 제일 먼저 공유하고, 이어 수강생들의 꿈을 하나씩 하나씩 공유한다. 다른 이들의 꿈을 듣다 보면 잠시 잊고 있었던 자신의 꿈이 떠오른다. 서로 좋은 꿈들을 공유하고 이루고 싶은 일들을 추가한다. 그러는 과정에서 꿈 리스트가 점점 풍성해진다. 꿈 리스트를 기록할 때에는 의심하지 말고, 일단 적는다. '이게 이루어지겠어?'라는 의심이 들면 기록이 망설여진다. 일단 생각나는 대로 적으며 시작하는 것이 핵심이다. 그 후 많은 교육생들이 꿈을 이루었다는 기쁜 소식들을 전했고 실제로 꿈이 이루어짐에 그들도 놀라워했다.

3P바인더를 만나 꿈을 기록하고, 실제로 전업주부에서 1인 기업가의 삶을 살게 되었다. 엄마표영어-'엄생뽀' 프로그램, 새벽기상 미라클모닝-'매일성장미모' 프로젝트, 성인대상 독서모임의 리더로 평일 새벽 온라인 북클럽 '미모닝나비'와 초등학생들을 위한 NIE 프로그램 '신문아놀자!'를 운영(현재도 진행 중인 프로젝트로 프로그램 운영한 지 3년이 넘었다)하고 있다. 꿈을 기록한 다음 해에, 200권 독서를 하고, '드림카' 중 하나로 차도 바꾸었다. 이 모든 게 내가 기록했던 꿈 리스트에 있던 것들이다!

해마다 연말이 되면 다음 해의 꿈 리스트를 적고 있다. 3P바인더 2년 차에 기록하고 이루었던 꿈 중에는 책 출간, 저자특강, 베스트셀러 작가 되기, 주말 아침 온라인 독서모임 운영 등이 있다. 실제로 첫 번째 책을 출간했고, 그 책이 베스트셀러에 올랐으며 북토크와 저자특강도 했다. 주말 아침 독서모임도 꾸준히 진행 중이다. 꿈을 기록하지 않았다면 아무것도 이루어지지 않았을 것이다. 불과 몇 년 전만해도 상상하지도 못했던 일들인데 3P바인더에 기록하고 현실이 되었다.

꿈을 기록한 후에는 그것을 이루기 위한 목표설정과 시간관리로

Top 10 News

2021

1. 이냐시오(9) & 로사(7) 영어 오디션 합격
   NHK 영어교육채널 방송 촬영!
2. 이냐시오 FLL-Spike Prime 로봇코딩대회

3. 공저 출간 (10/7)
4. 베스트셀러 등극(10/25)

5. 저 자 특 강 (10/14 ~ 12/28)
6. 유튜브 라이브 인터뷰 (11/5)

7. 3P 독서경영 리더 23기 수료 (7/14)
8. 3P 셀프리더쉽 코치 47기 수료 (7/15)
   3P 바인더 마스터 17기 수료 (10/26)

<< 기획했던 새 프로젝트들>>
9. 바인더프로 1~3기
10. 주말독서 & 일요독서모임

2021년 이룬 꿈들

꿈을 이루려 노력한다. 3P바인더 월간계획표 맨 윗부분에는 그달의 목표를 기록한다. 업무 목표, 개인 목표와 독서리스트를 적고 기한을 정한다. 우선순위를 정하고, 진행과정을 체크박스를 통해 피드백함으로써 실행력을 높여 목표를 이룬다. 3P바인더를 통해 '목표관리'도 가능한 것이다. 그리고 월간계획표를 자세히 들여다보면 매일 세 칸으로 나뉘어 있다. 이 부분은 특히 직장인들에게 효율적이다! 맨 첫 줄은 주 업무를, 두 번째 줄은 부 업무나 보조 업무를, 마지막 줄에 개인 스케줄을 적어 관리한다. 직장인이 아니어도 하는 일을 주 업무와 부 업무로 나누어 위의 두 칸을 적고, 맨 아래에 개인 약속 등을 적으면 된다. 나는 주 업무에 아이들 교육을, 부 업무에 집안일을 기록했다. 물론, 주 업무를 집안일로, 부 업무를 아이들 교육 일로 바꾸어도 된다. 핵심은 나의 상황에 맞게 업무를 쪼개어 관리하는 것이다.

　

3P바인더를 만나기 전 나는 플래너 외에도 모바일 스케줄러를 이용했다. 약속이나 중요한 일들을 그때그때 모바일에 기록해두기는 했지만 알람을 놓치면 까먹기 일쑤였고, 한 달 일정이 한 페이지에 모두 보여지지 않아 날짜별로 일일이 확인해야 했다. 모바일은 플래너를 따로 가지고 다니지 않아도 된다는 장점이 있지만, 한 달 스케줄이 한눈에 펼쳐 보이지 않는 것은 비효율적이다. 바인더는 해당 월을 펼치면 A5 단 한 장에 중요한 일들을 다 보여준다. 심지어 세 부분으로 업무를 구분하여 기록할 수 있어서 내 스케줄 관리에 큰 도움이 된다. 주간계획표도 월간계획표와 마찬가지로 한 주의 목표, 스케줄, 독서

리스트, To-do까지 모두 볼 수 있다. 왼쪽에 월~수, 오른쪽에 목~일, 두 페이지가 한 주의 스케줄이고 상단에 목표가 있어서 이번 주 꼭 해야 할 일들을 계속 상기시켜준다. '잊지 말 것!' 칸은 가정의 경조사 등을 잊지 않도록 도와준다. 시간대별로 적는 일과에는 나의 일뿐 아니라 잊지 말아야 할 아이들 스케줄까지 기록하여 두 개의 스케줄과 시간관리를 동시에 할 수 있다는 점이 특히 매력적이다!

또 다른 3P바인더의 매력은 Think 인덱스에 있다. 그중에서도 나는 '아이디어 노트'를 자주 활용한다. 전에는 좋은 아이디어가 떠오르면 책상 위 포스트잇이나 눈앞의 종이에 급하게 적었다. 그러다 보니 일부는 찾지 못하거나 잃어버려 제때 활용하지 못했다. 현재는 책상 위에 펼쳐둔 바인더 안 아이디어 노트에 수시로 메모한다. 책이나 신문을 읽다가 떠오르는 생각들도 기록하다 보니 양이 제법 많아졌다. 그래서 별도의 '아이디어 노트' 서브 바인더를 만들어 여기로 옮기는 작업을 한 달에 한 번 정도 한다. 그동안 기록했던 아이디어를 읽으며 디테일이나 보완점 등이 있으면 추가로 메모하고, 당장 실행에 옮겨야 하는 것은 '아이디어 실행노트' 서브 바인더로 다시 옮긴다. 즉, 두 권의 서브 바인더를 활용하며 '아이디어 실행노트'를 통해 메모를 쓸모 있는 결과물로 연결한다.

3P바인더를 통해 '독서경영'도 할 수 있다. 나는 '독서'로 하루를 시작한다. 3P바인더를 쓰기 시작하면서 매일 새벽 독서 시간을 확보하였다. 그전에는 시간 날 때만 틈틈이 읽다 보니 바쁜 날에는 단 한 페

이지도 읽지 못했다. 어떤 날에는 오전 내내 책을 보다가 정작 중요한 일을 놓쳐서 낭패를 본 적도, 후회를 한 적도 많다. 미리 계획하지 않고 우선순위를 파악하지 않아서이다. 계획보다는 기분대로 하다가 한숨으로 하루를 마무리했다. 3P바인더를 만나고 3년 넘게 새벽 30분의 시간을 활용하여 꾸준한 독서를 해오고 있다. 매일 새벽 독서 30분은 무조건 지켰고, 이후 틈틈이 독서를 하니 일주일에 서너 권은 거뜬히 읽을 수 있다.

3P바인더 꿈 리스트에 꿈을 기록하고, 월간계획표에 목표를 쓰고, 우선순위를 정해 제일 중요한 일부터 주간계획표 시간에 배치한다. 이것을 꾸준히 하는 과정에서 평범한 가정주부에서 강사가 되었다. 바인더를 통해 새벽시간의 루틴이 정립되고, 그 시간을 활용해 꾸준한 독서로 독서모임의 리더가 되었다. 엄마와 자녀들의 성장을 돕는 프로그램들을 운영하며 '매일성장연구소'를 오픈하고 1인 기업으로 새로운 삶을 살게 되었다. 이 모든 일들이 3P바인더를 만나고 이루어졌다.

출발선 50m 앞에서 출발하는 사람

"어린이날 갔던 놀이공원 입장권이 어디 갔지?"

"작년에 들었던 부동산 특강 노트 봤어?"….

방은 서류 더미로 가득했다. 오래전 서류부터 노트까지 너저분하게 놓여 있었다. 회사를 그만둔 지 벌써 석 달이 흘렀다. 이제 다음 달이면 새로운 회사에 출근한다. 그때까지는 이것들을 정리해야 한다. '집안에 쌓아둔 서류 정리'는 시간이 나면 하기로 정한 버킷 리스트 중 하나였다.

책꽂이 여기저기에 꽂혀 있는 종이와 노트들을 꺼냈다. 서류들은 분류되지 않은 채 뒤섞여 있었다. 치울 엄두가 나지 않아 계속 미루고만 있었다. 이제는 어떻게든 마무리 지어야 했다. 마음을 굳게 먹고 펀치와 가위를 들었다. 종이를 자르고 구멍을 뚫어 서브 바인더에 철했다. 이들을 각각 5가지 영역으로 분류했다. 주 업무, 부 업무, 자기계발, 개인 업무, 인간관계 영역…. 여기에 바인더마다 적당한 제목을 붙였다. 어릴 적 사진부터 컴퓨터 게임 리스트, 학창시절 시험지, 상장도 있었다. 어른이 되어서 받은 수료증, 각종 입장권, 세미나 이름표, 매주 적어둔 설교 노트까지 있었다. 기나긴 작업은 3주쯤 지나서 마무리되었다. 이직을 앞둔 꿀 같은 시간이 몽땅 들어갔지만 나름대로 보람이 있었다. 서브 바인더 100권이 책꽂이에 꽂혔다. 40여 년 살아온 삶의 흔적이었다.

덤으로 얻은 게 있다면 집안이 깨끗해졌다는 것이다. 널브러져 있던 종이는 물론이고 이런저런 소품들까지 정리했다. 《청소력》의 저자 마쓰다 미스히로는 주변이 정리되지 않으면 좋지 않은 에너지가 흐른다고 했다. 하는 일마다 안 되던 사람도 주변을 정리하면 운 좋은 사람이 될 수 있다고 했다. 오래된 물건들을 정리하고 나니, 나도 뭔가 달라진 느낌이었다.

헥… 헥….

"조금만 더…. 이제 100m만 더 가면 돼. 제발 힘내라…."

회사 면접일이다. 여의도역 1번 출구가 눈앞이다. 목적지가 얼마 안 남았다. 와이셔츠 다리는데 시간을 너무 많이 쓴 탓일까? 입장 시간이 채 5분도 남지 않았다. 잠시 후 겨우 도착한 회사 출입구, 시계를 보니 정확히 8시다. 입안이 바짝바짝 말랐다.

'땡'

엘리베이터가 도착한 대회의실에는 벌써 많은 지원자가 있었다. 조용히 각자 준비한 종이들을 읽고 있었다. 입구에 들어서는데 면접 대기실 직원과 눈이 마주쳤다.

"면접에 오셨죠? 어서오세요. 여기 앉으시죠."

'저분이 나를 기다리고 있었나 보다.'

시계를 보니 8시 3분이었다.

'저분에게는 내가 지각생으로 보이겠구나.'

다리에 힘이 빠졌다.

그럭저럭 면접은 잘 마쳤다. 며칠 후, 합격자 발표날이었다. 오랫동안 준비했던 회사라 긴장이 되었다. 낙방하면 갈 곳도 마땅치 않아 걱정이었다. 하지만, 머릿속에 떠오르는 건 면접날 아쉬운 3분이었다. 심호흡하고 합격자 발표 사이트에 내 이름을 입력했다.

잠시 후 화면에 표시된 내용은….

"죄송합니다. 합격자 명단에 없습니다."

집으로 향했다. 오후 5시였지만 앞이 깜깜했다. 하숙방에 들어가 이불을 뒤집어쓰고 잠을 청했다. 아무것도 먹고 싶지 않았고, 어디도 가고 싶지 않았다. 머릿속에 떠오르는 건 오로지 '3분'이라는 단어뿐이었다.

바인더를 쓰고 달라진 게 있다면, 정해진 시간을 지키게 되었다는 것이다. 한 주를 계획하고 시작하다 보니 다음 주가 미리 그려진다. 그 덕에 월요일이 되면 곧바로 일을 시작할 수 있게 되었다. 정해진 시간

안에 일을 처리하기 위해 가장 효율적인 방법을 찾는다. 남는 시간은 여가로 채운다. 이런 패턴이 익숙해지면서 시간을 다루는 것이 제법 능숙해졌다.

피드백이란 걸 알게 된 것도 수확이다. 열심히 한 주를 달리다 보면 뒤를 돌아볼 시간이 없다. 앞만 보며 살다 보니 실수는 반복된다. 독서나 운동 같은 장기적인 투자는 소홀히 하고, 당장 급한 일, 달콤한 일에 시간을 보내는 경우가 많았다. 시간이 흐를수록 몸과 마음은 약해져 갔다. 하지만 피드백을 통해 이런 습관은 다듬어지기 시작했다. 일요일 저녁이 되면 한 주를 돌아보는 시간을 갖는다. 계획했던 것들은 잘 실행했는지, 못한 일들은 왜 못했는지를 따져본다. 이를 통해 부족한 점을 발견하고 다가올 한 주를 준비할 수 있게 된다.

마음도 편해졌다. 미리 시간을 계획하다 보니 비는 시간이 나오기 시작했다. 일로 채워져 있던 시간도 중간에 연기되면 여가 시간이 되었다. 남보다 앞서가는 느낌도 달콤했다. 100m 달리기를 할 때 50m 쯤 앞서서 출발하는 느낌이라고나 할까? 한 주가 시작되었을 때 남들이 준비운동 하는 동안 나는 곧바로 출발한다. 실제 달리기 경기와 차이가 있다면 미리 하는 계획은 반칙이 아니라는 것이다.

아메리칸 인디언들은 말을 타고 달려갈 때 가끔 말에서 내려 뒤를 돌아본다고 한다. 말을 쉬게 하려는 것도, 자신이 지쳐서도 아니다. 자신의 영혼이 잘 따라오고 있는지 확인하기 위함이다. 영혼이 곁에 왔다 싶으면 그제야 다시 달리기를 시작한다. 현대 경영학의 아버지 피

터 드러커는 《성과를 향한 도전》에서 '역사상 알려진 유일하고도 확실한 학습 방법은 피드백'이라고 했다. 살아온 궤적을 한 번씩 돌아보고 고쳐나가는 것이 중요하다는 것이다.

계획과 실행, 피드백이 정렬을 이룰 때 일정관리는 완전해진다.

그것이 바로 출발선 50m 앞에서 출발하는 사람의 비밀이다.

기획의 달인, 임자 제대로 만났다

3P바인더를 만나고 가장 큰 변화는 직업이 바뀌었다는 것입니다. 제약회사 연구원으로 17년 재직하며 과학적인 문제해결을 위해 탐구하고 가설을 세우고 검증하던 일에서, 누군가의 삶의 문제에 대한 본질적인 해답을 찾는 일에 함께 탐구하고 해결책을 발견하고 변화와 도전을 응원하는 코치로 업이 바뀌었습니다. 이렇게 바뀌기까지 제1호 고객은 저 자신이었습니다. 내가 살아가는 이유인 소명을 발견하고, 비전을 세우고 중장기 계획과 연간/월간/주간 단위의 플랜을 세우고 매순간 소명이 담고 있는 핵심가치를 실현하고 있는 요즘 감사와 기쁨과 행복을 많이 느끼고 있습니다. '왜 사는가? 어떻게 살아야 하는가?'에 대한 대답을 찾기 위해 방황하던 삼십춘기 때 3P바인더를 만났다는 것은 행운이었습니다.

"이거 다 갖다 버릴까? 우짤까?"

구수한 경상도 사투리가 전화기 너머 들려옵니다. 경남 밀양 친정 집 창고에 20년 가까이 봉인되어 있던 라면박스를 가리켜 말한 것입니다. 초등학생 때 받은 생일축하 카드부터 중고등학생 때 주고받은 교환 편지, 일기장, 플래너, 사진이 담긴 박스입니다. 일단은 친정 갔을 때 내용을 확인하고 처리하겠노라 이야기하고 바로 버리기 실행에 옮길 것 같았던 어머니를 진정시켰습니다. 오랜만에 친정에 들러 추억의 판도라 상자를 열고 타임머신 타고 과거로 순간이동 했습니다. 친구에게 서운한 감정을 꾹꾹 담아 전하고 있는 모습, 시험을 앞두고 공부 계획부터 잔뜩 세우고 있는 모습, 오락반장으로 각종 개인기를 선보이며 친구들에게 둘러싸여 있는 모습 등 기록이 남아 있기에 순간이동이 가능했습니다. 타임머신 타고 다시 현실로 돌아와 하게 된 생각은 '내가 생각했던 과거의 나를 잘못 알고 있었구나!'였습니다. 스스로를 털털이에 무계획에 꼼꼼하지 못한 성격이라 생각했습니다. 일기장과 플랜다이어리를 보니 기획과 실행계획을 즐겨 했고 감정표현도 잘했다는 것을 목격할 수 있었습니다. 이런 제가 3P바인더를 만났으니 처음에는 사용법이 익숙하지 않고 복잡해 보여 엄두가 안 났지만 트레이닝 과정을 통해 습관처럼 쓰다 보니 찰떡같이 적응하고 응용까지 할 수 있었습니다.

기획과 계획의 달인은 그렇게 물 만난 물고기처럼 평생 플랜이라는 것에 매료되었습니다. 단기간 플랜 혹은 이벤트성 기획과 실행계획을 잘 세웠지만 장기적인 안목으로 종교적인 소명의 관점과 철학적인 물음에 답해가며 미션과 비전을 수립하기까지 수정·보완하는 시간이 걸렸습니다. 하지만 이런 시간들이 있었기에 계획하고 도전하는 일의 의미를 부여할 수 있었고 목적의식을 갖고 지속적으로 성장할 수 있었습니다. 이 과정 속에서 만났던 좋은 강의와 좋은 책, 훌륭한 스승님, 독서모임과 스터디 모임 회원을 통해 다양한 삶과 세상을 바라보는 관점도 자극이 되어 성장 밑거름에 도움을 받았습니다. 이렇게 열정적으로 삶을 살아가는 분들이 또 계실까 싶을 정도로 도전적인 삶의 태도를 갖고 있는 분들을 3P자기경영연구소 안에서 많이 만났습니다. 지금도 셀프리더십 3P마스터코치 같은 기수 동기들과 독서모임 겸 스터디 모임으로 계속 인연을 이어가고 있습니다. 2017년에 만나 지금까지 서로가 선포했던 비전대로 살아가고 있는 동기들의 모습을 보면 가슴 벅차오를 때가 많습니다. 고가의 과정이었지만 좋은 교육 너머 좋은 사람을 남겼다는 것이 더 큰 만족을 주었습니다.

내 삶의 목적과 비전을 수립하게 된 것 외에 일을 대하는 태도와 사람을 대하는 태도가 달라진 것도 3P바인더를 만난 후 달라진 점입니다. 가장 자존감이 낮았을 때 셀프리더십, 자기경영이라는 의미는 강력한 한 방으로 다가왔습니다. 내 삶의 주도성을 되찾은 기분이었습니다. 뭐든 다시 할 수 있겠다는 자신감도 생겼고 꼭 바라는 모습대로 살고 있다는 간절함도 생겼습니다. 지금 처한 상황과 주어진 환경을 다른 시각으로 바라볼 수 있게 되었습니다. 만나는 사람들이 달리

보였습니다. 주변 환경이 성장촉진제 같았고 감사한 마음으로 대할 수 있게 되었습니다. 매일 가까이서 만나는 가족을 대하는 태도와 시선의 변화도 체감할 수 있습니다. 원망과 불평을 쏟아내던 차갑고 뾰족한 말에서 상대방의 입장에서 생각해볼 수 있는 여유도 생기고 마음에 들지 않는 언행 속에 상대방의 선한 의도는 무엇이었을까 긍정적인 면을 보려는 노력도 하게 되었습니다. 엄마가 자랑스럽다는 아이들의 말과 잘해왔고 잘할 수 있다는 남편의 응원, 며느리임을 떠나서 멋지다고 칭찬해주시는 시부모님과 언제나 응원한다는 친정엄마까지 내 삶의 이유와 베이스캠프가 되어주는 가족들의 소중함을 재발견할 수 있게 된 점도 큰 변화입니다.

책은 한 사람의 인생을 담는다고 합니다. 조선실록도 기록으로 남겨져 있으니 후대에 문화유산으로 활용되고 있습니다. 한 사람의 인생도 의도된 자료를 모으고 그 속에서 발견한 성찰과 노하우를 기록으로 남긴다면 '서성미실록'도 유의미한 자료가 될 수 있습니다. 중요성은 알았지만 막상 17년 회사 생활을 마무리하고 퇴사할 때 유의미한 노하우 자료를 유산으로 제대로 남기고 나오지 못한 아쉬움이 남았던 기억이 있습니다. 자기경영을 하는 내 삶의 리더로 삶을 바라보는 관점과 목표를 세우는 일, 그것을 달성하기 위해 도전해 나가는 일은 삶의 중요한 부분입니다. 가지고 있는 자원을 활용하거나, 필요한 자원을 확보해 나가는 일, 과정을 풀어나가는 태도까지 기록한 것이 있어야 피드백 하며 개선해 나갈 수 있습니다.

이벤트 기획을 잘하던 제가 3P바인더를 만나
장기적 안목으로 인생을 제대로 즐기고 있답니다.
오늘도 행복한 여정을 기록으로 남기며
내일을 살아갈 자양분으로 삼고 있습니다.

삶의 방향을 정하다

2012년에 시작한 부모교육 공부가 재미있었다. 재미있다 보니 열심히 공부하게 되었고, 이런 나의 모습을 본 지인이 2014년에 독서 수업을 의뢰했다. 비슷한 시기, 부모교육을 공부했던 교육 단체의 강사가 되어 학교로 강의를 나가기 시작했다. 경력 단절 여성이었던 내가 강의를 할 수 있다는 사실이 믿기지 않았다. 감사했다. 최선을 다해 준비하고 강의했다. 이후 매년 부모교육과 청소년교육에 관련된 자격증을 한두 개씩 땄다. 자격증과 관련된 강의를 꾸준히 하면서 강사로서 경력도 다져나갔다. 배우고 강의하는 삶이 계속 이어졌다.

몇 년이 지난 어느 날, 누군가 나에게 어떤 강의를 하는지 물었다. 부모와 청소년들을 대상으로 대화법, 진로지도, 성교육, 글쓰기, 독서지도와 같은 강의를 하고 있다고 말했다.

"아, 네. 굉장히 다양한 분야의 강의를 하시네요."

순간 나도 모르게 머리털이 삐죽 섰다. 다양한 분야의 강의? 이 한 마디에 가슴이 답답해졌다. 순간 여러 질문들이 내 머릿속을 스쳐 지나갔다. 나의 전문분야는 뭐지? 나는 어떤 강사지? 나는 누구를 위해 무엇을 강의하는 사람이지? 핵심은 무엇이고 나의 길은 어디를 향하는 것일까? 식당으로 비유하자면, 음식 종류가 다양해 골라먹기에는 좋지만 주메뉴가 없는 평범한 식당 같은 느낌이었다. 내가 원하는 것은 주메뉴로 승부를 거는 전문 맛집이었던 것이다. 어떻게 하면 전문 맛집이 될 수 있을까? 그때는 방법을 알지 못했다. 그렇게 시간은 흘렀고, 나는 여전히 '여러 분야'의 강의를 하며 바쁘게 살았다.

강의를 시작한 지 7년째 되던 해에 나만의 '주메뉴' 강의 분야를 찾았다. 3P바인더 덕분이었다. 나의 주메뉴 분야는 사람들이 자신의 삶에서의 비전, 목적과 목표, 강점, 가치관 등에 대해 생각해보며 자신이 나아가고 싶은 방향을 찾도록 돕는 '진로' 분야였다. 3P바인더를 쓰면서 '내가 이 일을 왜 하고 있는가?'에 대한 끊임없는 질문과 고민을 거듭하며 조금씩 답을 찾은 덕분이었다. 사명이 내 안에 자리를 잡자 앞으로 무엇을 해야 할지 명확하게 알 수 있었다. 처음부터 사명을 찾기는 쉽지 않았다. 한 번도 사명에 대해 써보지 않았기에 감조차 잡을 수 없었다. 우선 아래와 같이 썼다.

내 삶의 발자취와 전문성, 선한 영향력으로 사람들에게 위로와 희망의 메시지를 전하여, 사람들이 삶의 비전과 핵심가치를 찾을 수 있도록 돕는 것입니다.

좋은 말은 다 가져다 쓴 나의 첫 사명은 꽤 괜찮아 보였다. 그러나 시간이 지나면서 3P의 철학을 이해하고 끊임없이 공부하며 네 번의 수정을 거쳐 완성된 사명은 다음과 같다.

> 자신의 진로를 찾고 싶어하는 성인과 청소년들에게 코칭을 통해 그들의 진로를 찾게 돕는 것이다.

처음부터 완벽하지는 않았다. 부족함을 느꼈기에 끊임없이 고민했다. 질문과 성찰을 통해 사명을 찾으려 노력했다. 그러자 내가 가야 할 길이 분명히 보이기 시작했다. 줄여야 할 것과 늘려야 할 것, 버려야 하는 습관과 해야 할 습관들이 정리가 되기 시작했다. 사명이 정리된 후 가장 먼저 했던 것이 줄여야 할 것과 늘려야 할 것의 리스트를 적는 것이었다. 강의할 때 즐거운 분야와 매번 힘들게 준비하는 분야역시 적어본 이후에는 즐거운 분야에 더욱 집중할 수 있었다. 하고 싶은 것들이 분명해지자 누군가에게 내가 할 수 있는 것을 먼저 제안해 보기도 했다.

하고 싶은 일에는 적극적으로 참여하여 나의 의지를 보여줄 수 있는 용기도 생겼다. 이런 용기로 내가 원하는 것들이 하나 둘 이루어지기 시작하자 '이루어진 꿈 목록'은 늘어갔고, 새로운 꿈 목록이 추가되기 시작했다. 내가 이룬 가장 대표적인 꿈 중 하나가 '저자 되기'이다. 언젠가 작가가 되고 싶다는 소망은 있었지만, 구체적으로 책을 써볼 계획은 가지고 있지 않았다. 막연했던 꿈이었다. 이 꿈을 목록에 과감하게 적었다. 우연히 단톡방에서 공저 모집에 관한 공지가 올라왔다. 자신 없었고 불안했지만, 어느 순간 하고 싶다는 답장을 보내는 나 자신을 마주하게 되었다. 그제야 알게 되었다.

'아! 이게 목적 있는 삶의 힘이구나! 이것이 꿈 목록의 힘이구나!'

3P바인더에 적은 꿈 목록들이 하나 둘 이루어지고 꿈이 늘어나기 시작하면서 새롭게 변화한 것이 있다. '필요하면 요청하세요!' 버츄카드virtue card에 있는 이 문장이 나에게 큰 영감을 주었다. 우리가 하는 일에서 온전히 혼자 할 수 있기 전까지는 그 길을 가 본 사람에게 도움을 청할 수 있는 용기를 내야 한다.

용기와 더불어 한 가지 더! 일단 시작해야 한다. 시도해 보지 않고 후회하지 말자! 4시 30분 새벽기상, 600일이 넘은 필사, 체중 조절 성공, 강의하고자 하는 분야에서 강의를 할 수 있게 된 경험들이 모여 자존감을 높여주었다. 자신감도 빵빵해졌다. 이제는 더 이상 망설이지 않는다. 하고 싶으면 한다, 후회하지 않는 삶을 위해. 성공하지 못하면 어떤가? 후회 없이 시도했고, 열심히 했다. 결과에 연연하지 않고 당당해질 수 있는 태도. 이런 마음이 나를 성공으로 이끌었다.

지나간 시간에 발목 잡히지 않는다. 아직 오지 않은 시간, 미리 두려워하지 않는다. 내가 살아가는 순간은 언제나 지금뿐이다. 3P바인더를 만나 '지금의 내 삶'이 얼마나 소중한지 깨달을 수 있었다. 지금의 나를 알아채는 순간, 내가 어디를 향해 가야 하는지에 대해서도 알

MISSION

미션(사명)

석윤희의 사명은

자신의 진로를 찾고 싶어하는 성인과 청소년들이 코칭을 통해

진로를 찾을 수 있도록 돕는 것이다.

~ 해서(~ 로서) 기여(제공) 하겠습니다.

2022 년 4 월 29 일 _____석윤희_____   Ver. 4
                                        (서명)

역할기술

위 사명을 수행하기 위한 나의 역할기술

남편, 아내 / 아버지, 어머니 / 아들, 딸, 형제 등 가족구성원 / 직업인 /
친구, 이웃, 사회인 / 종교단체 역할 / 동호회, 단체일원 / 기타

☐ 성경교육 봉사자 : 말씀에 따라 이웃사랑을 실천하며 충실하게 교안을 준비하고
   겸손하게 봉사한다.

☐ 아 내 : 남편을 존중하고 사랑하여 항상 지지한다

☐ 어머니 : 자녀를 존중하고 사랑하며 올바른 인성을 갖춘 리더로의 성장을 응원한다.

☐ 딸   : 부모님을 존중하고 사랑하며 정신적·물질적으로 노후를 평안히
   보내실수 있도록 돕는다.

☐ 언 니 : 돈독한 우애로, 정신적 지지자로 함께 성장한다.

☐ 강 사 : 진실함과 전문성으로 타인의 삶에 선한 영향력을 미친다.

☐ 코 치 : '고객은 스스로 답을 가지고 있다'는 코칭 철학을 바탕으로 고객이
   새로운 것을 시도하도록 조우며 함께 성장한다.

바인더에 쓴 나의 사명과 역할

게 되었다.

> "목적지가 없는 배는 어느 방향에서 바람이 불어와도 순풍이 될 수
> 없다."
> – 미셸 드 몽테뉴

닥치는 대로 일하며 살았던 과거의 나를 후회하지는 않는다. 그러
나, 군이 비교하자면 지금의 삶이 훨씬 만족스럽고 감사하다.

방향을 명확히 알고 살아가는 인생. 이보다 멋질 수 없다.
내일은, 내년에는, 다음에는, 또 어떤 인생을 마주하게 될까.
삶에 대한 기대. 가슴이 벅차다.

불이 꺼지지 않는 교실

"선생님, 교실 별명이 뭔지 아세요?" 어느 날 상담 오신 학부모님께서 이렇게 질문하셨다. "우리 교실에 별명이 있어요?"라고 물어봤더니, 그 학부모님의 대답은 이러했다. "불이 꺼지지 않는 교실이 2학년 1반 별명이에요."라고 말씀하시면서 "일찍 좀 퇴근하세요."라고 하셨다. 늦게까지 일한다고 유능한 것이 아닌 것을 알기에 나의 시간관리에 심각한 허점이 있다고 판단했다. 3P바인더를 만나고 목표를 쓰고, 시간을 기록하면서 내가 불필요하게 쓰는 시간을 찾아내게 되었다. 3P바인더는 1인 창업 이후 매출 성과 관리에도 도움을 주었다. 목표를 쓰고, 과정을 기록하고, 피드백하는 과정은 비즈니스의 기본전략이기도 했다.

블로그와 바인더를 만난 것이 내 인생에서는 큰 전환점이 되었다. 바인더에 작성했던 나의 사명과 핵심가치를 블로그에 포스팅했다. 블로그 이웃들은 나의 사명에 공감하고 응원해주었다. 바인더를 통해 체계화시킨 지식관리, 기록관리를 블로그를 통해 새로운 콘텐츠로 발행하였다. 이것이 디지로그다. 디지털과 아날로그의 만남이다. SNS와 바인더의 만남이다. 이렇게 바인더는 새로운 도구와도 자유자재로 융합이 가능하다. 그래서 3P바인더를 놓지 않는다. 해마다 11월이 되면 한 해를 피드백하고, 내년도 연간계획과 월간계획을 미리 수립한다. 그 수립한 계획을 블로그에 공개적으로 확언한다. 최근에는 인스타그램에도 공유하고 있다.

2020년 8월 명예퇴직 후 강남에 작은 사무실을 오픈했다. 명예퇴직의 계기를 찾자면 블로그와 바인더라고 말하고 싶다. 직장생활을 그만둔 후 1인 창업을 했지만, 시간에 쫓기는 것은 매한가지였다. 정신없이 중요한 약속을 놓치는 일도 있었다. 멘탈이 흔들릴 때, 좌절하고 포기하고 싶을 때마다 바인더는 나의 중심을 잡아주었다. 비서로서 파트너로서 늘 내 곁에서 중요한 역할을 해왔다. 바인더 덕분에 이제는 '잊기 위해' 기록한다. 적어야 산다는 '적자생존'은 비즈니스 업무관리의 핵심이 되었다. 바인더에 기록하고 피드백하면서 시간의 견적을 내기 시작했다. 어떤 일에, 얼마만큼의 시간을 사용하고 있는지를 파악하는 것이다. 회사대표로서의 시간의 가치는 사업 전반 매출과도 직결된다. 특히 1인 기업, 강사, 소상공인들에게 바인더는 필수다. 바인더는 내게 적은 비용으로 최대 성과를 내는 효자가 되어 주었다.

1인 창업 이후 3P바인더 코치 과정, 마스터 과정까지 배웠다. 2020

년 당시, 마스터 과정 수강료가 재노스쿨 평생 회원 가입비보다 비싼 비용이었다. 하지만, 돈의 가치는 상대적이지 않던가. 마스터 과정까지 소요된 비용 이상으로 매출 성과를 내고 있다는 것에 만족하고 있다. 골칫거리였던 업무 매뉴얼 분야가 나에게는 가장 자신 있는 분야가 되었다. 윤서아 코치의 이름을 걸고 운영한 3P바인더 프로과정은 22년 말 8기까지 진행되었다. 주로 프리랜서 강사, 학원 원장, 사업체 대표, 주부들이 많이 참여하셨다. 다른 사람을 가르치고 함께 도전하면서 실제 수혜자는 바로 나였다. 가르치기 위해 강의안을 업그레이드하고, 성과를 그래픽화하면서 저절로 피드백이 되었다. 자기경영 노하우를 체계화시키는 과정에서 우리 회사만의 업무 매뉴얼 정리 방식도 만들었다.

3P바인더는 일반적인 다이어리나 바인더와는 차별화된 장점이 있다. 자기경영이라는 본질에 부합하는 매뉴얼이라는 점이다. 특히 내 삶의 비전과 사명, 핵심가치를 찾아내는 과정에서 나는 누구이며, 나는 왜 태어났는지, 어떻게 기여할 것인지 통찰하는 시간을 갖게 된다. 3P바인더는 삶의 철학이자 가이드라인이다. 나의 비서이고 나의 매출 전표이다. 다양한 바인더들이 많이 출시되고 사용되고 있지만 3P바인더의 철학과 비전에 매료되었고, 삶의 가이드라인이 생겼다는 것만으로도 내게는 돈으로 환산할 수 없는 가치를 지닌다.

3P바인더의 목표관리 부분은 연간 - 월간 - 주간목표를 연계하여 정리하는 장점이 있다. 인생 계획이라는 A3 용지를 받고 작성하면서

내 삶의 큰 그림을 그릴 수 있었다. 그 A3 용지가 내 인생을 여기 지금 이 자리에 갖다 놓았다. 지금 공저를 집필하고 있는 것도, 내 사무실을 200평 정도 매수 보유하게 된 것도 모두 그 종이 한 장에서 시작되었다.

꿈을 기록하고 읽고 상상했다.
그리고 매일 조금씩 내가 할 수 있는 일에 최선을 다했다.

1인기업을 시작한 강남사무실에서 업무 매뉴얼 바인더를 제작하였다. 그때는 3P바인더 마스터 과정 숙제로 제작하는 터라 지금 생각해도 조잡스러웠다. 과제의 힘인가? 과제를 제출하고 나니 업무 바인더를 어떻게 정리하는지 감이 오기 시작했다. 1년이 지난 시점, 가산 디지털단지 신축 사무실에 입주하면서 업무 매뉴얼이 업그레이드되었다. 온라인 수익화에서 부동산, 주식까지 나의 지식과 경험을 체계적으로 정리하였다. 서브 바인더 주제는 자기계발, 업무 매뉴얼, 직원 관련, 프로젝트, 윤서아 코치 강의, 민간자격증, 계약서, 독서 정리, 건강, 성경 공부 등으로 구성되었다. 대표실과 직원 사무실에는 매뉴얼화된 업무 바인더가 수십 권이 꽂혀 있다. 전시용이 아니라 업무 처리 시 참고하고, 불필요한 부분은 파기하고 새롭게 업그레이드하고 있다.

사업체를 여러 개 운영하는 내가 동시에 여러 일을 할 수 있는 원동력이 바로 바인더다. 서브 바인더 1개가 몇억 원의 매출 가치를 일으킨다. 내게 가치 있는 자료로 만들었고 적극적으로 활용하면서 서

학교를 떠나 학교를 세웠다
자산관리메신저 윤서아 코치

브 바인더 내용이 매출과 직결되도록 내용 관리와 구성에 집중하고 있다. 특히, 사업체별로 업무 매뉴얼 바인더를 만든 것이 큰 성과를 내게 했다. 3P바인더 마스터 과정을 하지 않았다면 지금의 사업체 운영이 불가능했을 것이다. 여러 사업체를 운영하고 있지만, 비즈니스의 본질은 같다. 그 매뉴얼을 평상처럼 만드는 일을 하는 데 3P바인더의 기록관리, 지식관리에서 배웠던 방법들이 유용하게 활용되었다.

업무 바인더의 구성은 공문서, 영수증, 중소기업확인서, 여성기업확인서 등을 정리하는 것에서부터, 투자 내역 및 세금 내역까지 직원들이 업무를 수행하기 편리하게 정리하고 있다. 분기별로 자료도 업데이트하면서 불필요한 서류는 파기하고 있다. 문제는 바인더 책장이 점점 늘어나서 가산디지털단지로 이사 온 지 1년 만에 공간을 추가로 확장했다는 점이다. 내 사무실을 추가 매수해서 인테리어도 새로 하고 대강의실과 스튜디오도 만들었다. 금리가 올라가서 은행이자가 늘어났다는 것 외에는 모든 것에 만족한다. 공간이 넓어져서 직원들도 좋아하고, 쾌적해진 공간에서 외부 강사들도 자주 모시게 되었다. 3P 바인더 덕분에 사무실도 넓히게 되었다.

지식혁명의 도구, 3P바인더

"선교사님. 도대체 언제 쉬세요?"

2020년 1월 16일 3P바인더를 처음 만났다. 그리고 2022년 11월 현재까지 약 50개의 세미나와 자격 과정을 이수했다. 34개월 동안 월 평균 1.5개의 과정을 이수하고 연평균 백여 권의 책을 읽었다. 그동안 나는 독서모임 전문가가 되었고, 셀프리더십 강사가 되었으며, 크리스천 시간관리 강사가 되었다. 그러나 아직도 나의 꿈 리스트는 마르지 않았다. 여전히 나는 매년 연말이면 평생계획에 따른 연간목표를 세팅하고 있다.

3P바인더를 활용해 꿈을 이루는 사람들은 저마다 목적이 다르다. 나는 '사람을 세우고 사람을 살리기 위한 강의'를 추구하고 있다. 어떤 목표를 세울 때 동기가 차지하는 역할은 매우 크다. 그리고 그 동기가 인류애로 충만할수록 지치지 않고 변질되지 않는 '사람 중심의 성과'

를 맺게 될 것이다.

은소홀 작가가 쓴 '5번 레인'에서 주인공 강다루는 수영 선수다. 어느 날 수영 코치는 "왜 수영을 하니?"라며 강다루에게 수영하는 본질적인 의미를 물었다. 수영 자체가 목적일 때 행복한 수영을 할 수 있다는 코치의 의도라 생각한다. 나도 그렇다. 물질적인 성공보다는 사람을 섬기고 사람을 세우려는 본질이 지난 3년간 쉬지 않고 배움과 가르침의 삶을 살게 했다.

"안타깝지만, 이것은 너무 시대를 앞서가서 A⁺는 줄 수 없고 A는 줄 수 있어."

1996년 더웠던 여름. 설계학 과제를 위해서 여러 날 동안 '까르푸' 등의 대형 매장을 돌아다니며 소비자를 인터뷰했다. 내가 제출한 과제물은 모나리자를 배경으로 드넓은 바다를 서핑surfing하는 콘셉트의 패널panel이었다. 설명보다는 이미지와 디자인으로 느낌을 전달하고 싶었다. 당시에는 다소 생소한 방식이기도 했다.

"향후 사람들은 원-스탑one-stop 서비스를 추구할 것이며 한 곳에서 소비와 문화 누리기를 원하는 복합형 대형 매장을 선호할 것입니다."

지금으로 치면 '멀티플렉스'라 하겠다. 그러나 설계학 교수는 내 생각이 허황되다는 듯이 웃었다. 세월이 지난 어느 날 우연히 그때 일이 생각나서 자료를 찾은 적이 있었다. 웬걸. 내 말이 맞았다. 제일제당이 씨제이 골든 빌리지CGV를 설립한 것이 1998년 4월이었다. 2년이 지나지 않아 내 아이디어는 현실이 된 것이다.

　우리 사회는 소위 명문대를 나온 사람이 모든 것을 잘한다는 인식이 저변에 깔린 듯하다. 그러나 다행스럽게도 이제는 IQ만이 아닌 다중지능과 공감 능력을 존중하기 시작하는 듯하다. 지금 글을 쓰고 있는 나의 도전이 그 증거가 아닐까. 이렇게 평범한 사람의 도전은 불과 얼마 전까지는 언감생심焉敢生心이었다.

　3P바인더는 나에게 '콘텐츠'를 생산해 내는 방법과 기술을 제공했다. 나는 한 주에도 몇 편의 글을 써서 강의해야 한다. 직업의 특성상 자료를 수집해야 하고, 분류해야 한다. 가공되지 않은 아날로그 정보들이지만 언제든지 사용할 수 있도록 준비시킨다. 그러나 '디지털 치매'라는 말이 있듯이 단순히 정보를 수집하는 것은 크게 의미가 없다. 그 자료들을 콘텐츠로 만들어서 결국에는 '메시지'를 던지는 결과물까지 만들어야 한다. '3P바인더'가 추구하는 '디지로그'가 바로 그것이다.

　《디지로그》는 고 이어령 선생님의 유작이기도 하다. 만일 디지로그를 디지털과 아날로그의 단순 혼용으로만 생각한다면 그 책의 정신을 제대로 살피지 못한 것이다. 이는 마치 에디슨에 가려져 이름도 생소한 베를리너와 같은 것이다. 베를리너는 에디슨의 축음기를 음악 미디어로 승화시킨 문화 마인드를 가졌던 사람이다. 고 이어령 선생님은 "21세기를 움직이는 사람은 에디슨의 기술이 아니라 베를리너의 상상력"이라고 했다. 문화, 지적 기술, 상상력이 바로 콘텐츠다. 이렇게 콘텐츠는 주어진 기술과 문화를 융합하는 힘에서 생산할 수 있다.

3P바인더는 자기관리를 이루어 성공을 추구하는 분들을 위한 좋은 도구이다. 사람마다 저마다의 성공 기준 즉, 'Why'가 있을 것이다. 어떤 사람은 물질적인 충족을 성공으로 본다. 반면에 어떤 사람은 정신적인 풍요를 성공으로 보기도 한다. 나는 후자에 해당한다. 그러나 모든 것은 융합을 이루어야 한다. 변화하는 세상에서 시대가 요구하는 기술도 배워야겠으나, 시대의 흐름에 끌려가지 않기 위해서는 생각하는 힘도 있어야 한다. 이를 사이먼 사이넥Simon Sinek은 《나는 왜 이 일을 하는가?》에서 'Why'라 했고 애플사는 'Think different'라고 했다. 또 한근태 작가가 어느 인터뷰에서 "책을 읽으라"라고 말한 의도이기도 하다.

이제 시대가 변했다. '보통 사람의 비범한 시대'가 되었다. 물론 정보격차가 가속화되는 난제는 있다. 그럼에도 불구하고 평범한 개인의 콘텐츠가 존중받는 시대가 되고 있다. 나는 3P바인더를 통해서 그렇게 나다움의 정보 축적과 활용을 이룰 수 있었다.

3P바인더 사용자들은 대다수가 엄청난 '학습자'이다. 나도 3P자기경영연구소의 '선배문화'에 힘입어 3P독서리더, CRD독서리더, 하브루타 전문 강사, 서평 지도사 그리고 생각 연필 독서·논술지도사가 되었다. 불과 1년 사이에 만든 학습 성과다. 책《HRD 용어사전》에는 학습에 대한 정의 부분에서 '자연적인 성장 및 성숙에 의한 변화는 학

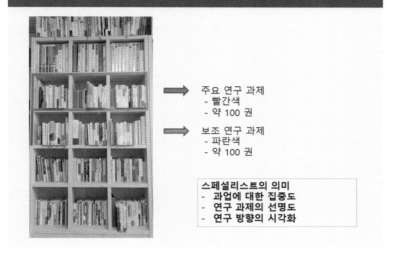

스페셜리스트 50권 인증 사진

주요 연구 과제
- 빨간색
- 약 100 권

보조 연구 과제
- 파란색
- 약 100 권

스페셜리스트의 의미
- **과업에 대한 집중도**
- **연구 과제의 선명도**
- **연구 방향의 시각화**

습으로 간주하지 않는다'고 밝힌다. 디지털 시대에는 정보가 넘치더라도 자기 것으로 만드는 과정이 있어야 학습이 되었다고 하겠다.

학습은 입으로 들어온 음식물을 씹는 어금니와 같다. 어금니의 활발한 저작작용이 치아를 튼튼하게 하며 뇌를 발달시킨다. 책을 단순히 읽기만 한다면 디지털 세대는 정보 속에서 생생한 삶과 지혜를 씹어 먹을 수 있는 어금니를 잃게 된다. 현대사회는 너무 많은 정보를 너무 쉽게 얻을 수 있다. 이럴수록 자신에게 필요한 것을 분별하고 취득할 수 있는 학습력이 요구된다.

나는 분량과 상관없이 씹어 먹을 수 있는 양만큼의 지식을 매일 습득하고 끊임없이 종이에 투박하게 옮겨 적는다. 왜냐하면 아무리 많은 정보라도 쉽게 얻어서 체득되지 않은 것은 휘발성이 크기 때문이다. 3P바인더가 강조하는 '메모의 기술'이 필요하다. 다시 말해서 단순히 지식을 옮겨 적는 것이 아닌 내 생각이 되도록 숙성시키는 과정이 필요하다.

에디슨은 "99퍼센트의 땀Perspiration에 1퍼센트의 영감Inspiration이었다"는 말을 남겼다. 이는 자칫하면 관성적으로 땀Perspiration에 우리의 시선을 머물게 할 수 있다. 이제는 패러다임을 전환해야 한다. 영감은 땀으로 완성되며 땀은 영감으로 승화되지 않는가. 지금은 소수의 엘리트가 아닌 다수의 보통 사람의 콘텐츠가 영감Inspiration이 되는 시대이다.

나는 3P바인더를 통해서 하나씩 목표를 성취했고
이렇게 성취된 성과는 하나씩 나만의 콘셉트가 되었다.
이제는 그 콘셉트를 구조화해서 사람들에게 제공하고 있다.
나에게 3P바인더는 지식기술이 아니라 지식혁명의 도구다.

행복한 삶을 위한
막강한 무기를 아세요?

계획 정리를 위한 수첩이 아니었다. 단순하게 계획을 기록하자고 산 바인더가 아니었다. 내 삶을 조망하고, 장기적인 계획을 갖고 '오늘의 나'를 살고 싶다는 생각에서 샀다. 한눈에 본 바인더는 삶 전체를 보게 하는 그런 수첩이었다. 직관적으로 느껴진다. 예사 수첩이 아니라는 것이.

현재를 충실히 살게 하는 바인더

바인더를 알기 전에는 걱정과 고민을 많이 했다. 지금 이렇게 사는 게, 앞으로 어떤 도움이 될지 몰랐다. 목표 없이 무조건 배우기만 했다. 무조건 많이 배우면 다 좋은 것인 줄 알았다. 다음 주를 걱정하느라, 이번 주도 전전긍긍했다.

'행복한 삶이 뭘까?' 현재에 충실한 삶, 카르페디엠Carpe Diem이 떠오른다. 적당한 명예욕과 자신만만한 삶을 살았던 이반 일리치라는 사람이 있었다. 그는 죽음을 앞두고 스스로 묻는다. '내가 잘못 살아온 것은 아닐까? 내 삶 전체가 잘못된 것이라면 어떻게 하지?' 지금, 이 순간을 소중히 즐기는 것. 지금, 이 순간 가장 중요한 것에 집중하는 것, 그것이 행복이 아닐까?

바인더는 현재의 중요한 것들에 집중하게 한다. 목표를 먼저 세워 놓고 움직이니, 불필요한 것을 하지 않게 한다. 나의 시간을 기록하다 보면 나의 게으름이 보이고, 하나에 집중하지 못하는 내가 보인다. 부족한 나를 볼 때 나는 겸손해지고 현재를 조금 더 충실하게 살려고 움직인다.

2019년 5월. 3P바인더를 알게 된 이후 바인더를 알려주었던 그 이웃 엄마와 더 가까워졌다. 이웃 엄마는 30편의 영상 강의도 듣고 있었다. 수첩 하나 쓰는 데 무슨 영상 강의까지 찾아 들어야 하나 싶어 코웃음을 쳤지만 사만 원짜리 바인더를 손에 들고도 그것을 잘 사용하지 못했다. 3P바인더는 단순한 수첩이 아니었기 때문에, 배우지 않으면 활용하기 힘들었다. 수십만 원을 들여 영상 강의를 구매하고 아이들이 집에 없는 낮에 조금씩 듣기 시작했다. 낮에 못 듣는 날은 밤에라도 들었다. 처음부터 진도가 잘 나간 것은 아니었다. 그래도 강의를 하나씩 꼬박꼬박 들었다. 바인더를 만들어 회사를 일구어낸 대표님의 결의도 느낄 수 있었다. 자신의 삶 속에서 불편한 점을 찾아 개선하려고 했던 노고가 이 수첩에 담겨 있다는 사실을 알게 되었다. 손에 들고 있는 바인더가 그냥 단순한 바인더가 아니라는 사실이 새롭게 다가왔다.

해보라는 대로 했다. 그러나 매일 바인더에 똑같은 일상을 기록하기가 쉽지 않았다. 일이 많은 날은 귀찮게 느껴졌다. 내가 계획한 대로 움직여야 하는데 계획한 대로 잘 안 되었다. 밤에 하루를 돌아보며 기록을 남겨 놓기도 힘들었다. 내 아이들과의 저녁 시간은 전쟁통이니 언제 바인더를 꺼내 적어야 하는가. 결국, 바인더를 사고 나서도 그냥 그런 대로, 살던 대로 사는 나를 보았다. 시간이 흐르는 대로 사는 나를 보게 되었다. 내가 내 인생을 사는 것인지, 시간이 흐르는 대로 사는 것인지 혼란이 왔다. 2019년 말 스스로 질문하기 시작했다. '잘 사는 게 무엇일까?' '후회 없는 삶이란 무엇일까?' '내가 사는 삶이란 무엇일까?'

자기계발을 도와준 바인더

나에게 질문을 하고, 매일 바인더에 삶을 기록하며, 하루하루를 지냈다. 하지만 바인더 기초강의를 듣고 난 그 이듬해인 2020년에도 바인더에는 단순 일정 기록만 할 뿐이었다. 그 이상으로 나아가지 못하고 있었다. 기록하지 않으며 살던 사람이 바인더를 쓴다고 삶이 확 뒤바뀌는 일은 일어나지 않았다. 그저 나의 시간을 기록했고, 시간을 어떻게 사용하고 있는지 아는 정도였다. 그리고 내가 어떤 곳에 얼만큼의 시간을 쓰고 있는지가 보였다. 시간을 성격에 따라 카테고리로 나누어 보는 작업은 참 신기하면서도 나에게 많은 생각을 하게 했다. 각

시간의 성격별로 색깔을 칠해보니, 불필요한 곳에 시간을 너무 많이 쓰고 있다는 사실을 깨닫게 되었다. 시간을 의미 있고 알차게 사용해 보고 싶었다.

그해 봄 코로나바이러스의 확산으로 학교, 어린이집, 학원들이 문을 닫았다. 대부분 아이들이 집에서 시간을 보내야 했다. 아이들도 엄마들도 힘든 시간이었다.

숨통을 틔우기 위해 자기계발에 몰두했다. 책을 읽고, 강의를 듣고, 운동했다. 종일 아이들과 집에 있어야 하니, 내가 쓸 수 있는 시간은 새벽뿐이었다. 이웃 엄마들과 새벽 운동을 시작했다. 새벽 여섯 시에 아파트 후문에서 만나 호수공원을 한 바퀴 돌고 오면 약 6km를 걷는다. 처음에 한두 명으로 시작했던 새벽 운동모임은 여섯 명까지 되었다. 아파트 경비 아저씨, 아파트 단지 사람들에게 '새벽 운동하는 아줌마들'로 유명해졌다. 매일 아침 여섯 시부터 일곱 시, 꼬박 1년간 운동하며 이웃들과 서로 힘든 코로나 시기를 운동으로 이겨냈다. 바인더에 기록하고 행동에 옮긴 나의 성과이다.

그 경험을 발판으로 격주 토요일 새벽에 독서모임을 만들어 함께 엄마들과 책을 읽었다. 자녀교육에 관해, 세상 돌아가는 것에 관해 함께 보고 이야기하기 시작했다. 어렵고 힘든 시기에 책은 사람들의 마음과 생각을 열게 했다. 독서모임은 서로를 지지해주고 인정해주는 따뜻한 격려의 시간이 되어갔다. 그 모든 일정과 계획도 바인더를 가지고 했다.

두려움을 극복하게 해준 바인더

2021년, 6년 만의 휴직을 끝내고 복직을 했다. 6년간 일을 쉬었다. 휴직 기간 내내 앞으로 어떻게 살게 될까에 대한 고민이 많았다. 자다가 벌떡 일어나 앉아 한참씩 잠을 이루지 못했다. 하지만 복직 직전 3P 바인더를 알고부터 복직에 대한 두려움은 크게 느껴지지 않았다. 이미 새벽부터 일어나 책을 보고, 운동하며 지내고 있었고, 자기계발 공부와 육아를 병행하고 있었다. 바인더가 있으니 목표를 잡고 중요한 것에 집중할 수 있었다. 그에 따른 시간 계획을 할 수 있었다. 복직이 두렵지 않았다.

물론 복직 후, 새로 하는 업무들에 정신이 없었다. 그러나 바인더가 삶의 균형을 잡게 도와주었다. 시간이 쌓이면 업무는 잘 돌아가게 될 터였다.

복직을 하면서 3P자기경영연구소에서 진행하는 바인더 중·고급 과정을 이수하고 싶은 마음이 생겼다. 그래서 평일에는 새 업무에 적응해 가며 육아하고, 주말에는 3P 본사에서 진행하는 강의를 들으러 다녔다. 평일 저녁에도 이틀은 계속 3P 교육과 독서에 매진하였다. 배우는 한편으로 동료 선생님에게 시간관리, 목표관리에 관한 강의도 흘려보냈다. 학생들에게도 시간관리, 공부 계획, 목표 계획을 어떻게 설정하고 실행하면 좋은지 강의했다. 또 직접 하도록 돕는 코치 역할도 했다. 학생용 바인더를 가지고 자기 주도 학습을 경험하도록 격려했다. 일반 직장인을 위한 시간, 목표에 관한 강의를 열고 일과 삶의 균형을 이야기했다. 그런 과정들을 차곡차곡 적으며 단기적인 목표들

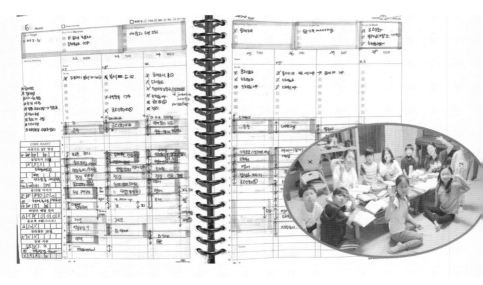

2020 코로나, 이웃들과 명심보감 독서모임

을 하나씩 해나가니, 막연한 두려움이 떠나갔다.

나를 돌아보게 한 바인더

2022년. 올해도 아이들에게 학생용 바인더를 쥐게 하고 자기 시간과 자신의 삶을 자기답게, 소중하게 꼬박꼬박 살아가라고 이야기하고 있다. 교사 독서모임을 하며 함께 책을 읽고 깨닫고 생각하면서 삶에서 중요한 것들이 무엇인지 같이 고민하고 있다. 선생님들과 시간관리 특강을 통해 중요한 부분에 중요한 시간을 써야 한다는 삶의 균형에 관해 이야기를 나누고 있다.

그러나 3P바인더가 나에게 준 가장 큰 선물은 '나'에 대해 생각할 시간을 주었다는 점이다. 나에 대해 고민하게 하고, 내가 좋아하는 것이 무엇인지, 내가 소중하게 여기는 것이 무엇인지 찾게 해주었다. 시간관리, 자기계발을 통해 올해 8월, 《나를 넘어서는 힘, 인터널코칭을 시작합니다》의 공저자로 참여하여 '작가'가 되었다. 글을 쓰는 즐거움을 알았다. 나를 위해 시간을 쓰고, 내가 좋아하는 것을 발견하며, 내가 잘하는 것을 키워가는 그 기쁨이 크다. 나를 위해 행복하게 시간을 사용하고 있다는 생각이 든다.

바인더에 기록된 일들을 보면서, 뭘 잘했는지, 뭘 못했는지 되돌아본다.

똑같이 주어지는 시간을 어떻게 사용해야 할지 모두 고민한다.
짜릿하고 행복한, 충실한 삶을 앞으로도 살고 싶다.
진정한 행복은 자기에게 충실하게 살아야 이루어진다.
행복을 만드는 강력한 무기가 바로 바인더이다.

바인더는 근육이다

잘 때를 제외하면 24시간 바인더와 한 몸이다. 집에서도 펼쳐놓고, 사무실에서 상담할 때도 바인더에 기록한다. 심지어 가까운 카페에 책을 읽으러 가면서도 꼭 챙겨간다. 매번 떠오르는 아이디어를 기록하고, 변경된 일정을 정리하며 해야 할 일을 추가한다. 스스로 시간의 주인이 돼서, 지금 이 순간을 살아가는 방법이다.

그렇다. 방법이다. 방법이 익숙해지기 전까지는 당연히 불편하다. 개선하기 위해 연습도 해야 하고, 꾸준히 써봐야 한다. 잘 안 되면 배우기도 해야 한다. 함께 공부하는 사람이 있으면 포기하고 싶다가도 다시 일어설 수 있다. 방법이 손에 익을 때야 비로소 내 삶이 변한다. 성장의 과정을 공유하고 싶어 누군가에게 알려주는 때이기도 하다.

3P바인더를 쓰기 전에 나는 시간관리의 개념조차 몰랐다. 남들보

다 일찍 출근했고 동료보다 늦은 시간까지 일했다. 열심히 일했지만, 주인공 없는 무대처럼 마음이 허전했다. 매년 회사에서 주는 수첩도 써봤다. 도통 쓰고 싶은 마음이 없어지는 마법과 같은 종이였다. 이번 만큼은 일 년을 잘 써보리라며 아트박스에 가서 아기자기한 그림이 그려진 다이어리와 볼펜을 몽땅 사 온 적도 있다. 용두사미. 3월까지 쓰면 다행이다. 시작은 잘했지만 끝내는 힘은 부족했다.

휴대폰 캘린더 앱을 쓰면 푸시 알람도 오니까 일정을 놓치지 않을 거라는 생각에 디지털을 활용해보기도 했다. 매번 울리는 알람에 무 뎌졌고 놓치는 경우도 잦았다.

지금은 가방 안에 3P바인더가 빠진 무게마저 느껴질 정도다. 수강생들은 무거워서 가지고 다니기 힘들다고 말하기도 한다. 눈에 보이지 않는 더 큰 가치를 아직 느끼지 못했기 때문이다. 나도 그랬으니 공감한다. 바인더를 쓰면서 시간관리 책을 보기 시작했다. 족히 100권은 넘는다. 바인더 수업도 전국을 돌아다니면서 했고, 온라인으로 천 명 이상 수업을 했다. 글을 쓰는 현재도 유튜브와 온라인 클래스에서는 강의 영상이 돌아가고 있으니 수강생을 숫자로 세기 어려울 정도다. 내가 알지 못했던 것을 알았을 때의 기쁨을 다른 사람들에게도 알려주고 싶었다. 실수했던 경험을 통해 그들의 시간을 아껴주고 싶었다. 그래서 지금도 매달 바인더 수업과 모임을 진행하고 있다.

바인더는 '시간 가계부'와 비슷하다. 돈은 가계부에 적는다. 우리는 시간도 돈이라고 말하면서, 시간 가계부는 적지 않는다. 가계부를 적으면서 돈의 흐름을 알게 되듯 바인더도 마찬가지다. 기록해야 눈에 보인다. 보면 알게 된다. 바쁘다고 부르짖지만, 막상 바쁘지 않았음을 스스로 인식한다. 엄청난 힘이다. 그것만 깨달아도 된다. 현실 인식을 하면 변화하고 싶어진다. 남이 해 줄 수 없는 일이다. 안 그러면 잔소리만 된다. 돈은 벌어야 하지만, 시간은 매일 공평하게 주어진다. 밀도 있는 시간관리를 할 수 있는 첫 시작. 기록부터 해야 한다.

바인더를 쓰면서 크게 변했던 점은 나와의 약속을 중요하게 생각하게 됐다는 점이다. 오늘까지 해야 할 일이 쌓였는데도 '에이. 내일 하지 뭐.'라고 미룬 적이 많다. 세상에서 가장 지키기 힘든 것이 자신과의 약속이다. 사람은 사회적 동물이기 때문에 남에게 뱉은 말은 지키려고 노력한다. 타인보다 소중한 자신과의 약속을 지켜내면 자존감이 올라간다. 자존감은 남이 만들어주는 것이 아니다. 자신이 하기로 한 일을 미루고 하지 않으면, 남들은 몰라도 자신은 안다. '내가 그렇지 뭐.'라는 자기 비하는 위험하다. 오늘 할 일을 적고 무엇보다 우선해서 작은 성취를 이루다 보면 충만감이 생긴다.

사람들이 3P바인더를 보면 탄성을 지르면서 눈을 떼지 못하는 부분에는 5가지 컬러체크가 있다. 예뻐 보이기 때문이다. 물론 색상마다 다른 의미가 있지만 형광펜을 칠하는 의미가 나에게는 남다르다. 그저 배운 대로 색을 칠한다고 생각하면 재미도 없고, 하고 싶지 않다. 번거로운 절차로만 느껴진다. 내 삶에 색상이 더해져 빛나는 하루로 마무리하는 마음으로 형광펜을 칠한다.

2018년부터 바인더 강의를 했다. 그때는 나도 앵무새처럼 같은 말을 읊기만 했다. 이 칸은 이렇게 쓰고, 이 양식지는 이럴 때 사용하는 거라고 전달하기 바빴다. 감사하게도 시간이 지날수록 강의 내용이 숙성된 김치처럼 맛깔나졌다. 바인더를 꾸준히 써오면서 내가 느꼈던 점과 수강생의 사례가 접목됐기 때문이다. 그중에서도 내가 놓쳤던 부분이 목표 설정이다. 빈칸만 채우기 바빴던 기록에서 하루, 일주일, 한 달, 일 년, 평생을 의미 있게 살아야 하는지 이유를 찾기 시작했다. 목표가 있으면 방법은 따라오는데 예전에는 알면서도 실천하지 못했다. 그저 열심히 하기만 했고 성과가 없다고 남 탓만 했고 하늘에 삿

121

대질이나 했다.

이런 경험들이 합쳐져 튼튼한 시간 근육이 됐다. 툭 치면 부러질 것 같은 인생을 살았다. 근육이 생기면서 자유자재로 몸을 움직이는 듯 시간과 싸우지 않고 함께하는 방법을 배웠다. 오늘을 살아가는 소소한 습관 하나가 벽돌처럼 쌓여 인생의 단단한 성곽이 되는 것이었다. 습관이 전부다. 습관을 만들어 가는 태도가 중요하다.

바인더는 근육이다.
나를 지탱해주고 지켜줄 근육이다.
꿈꾸는 미래로 데려다 줄 힘이다.

PART 3

나만의
3P바인더
활용비법

제2의 두뇌

"바로 이거야! 기적을 만드는 하루 10분의 힘!"

집에서 1km쯤 떨어진 야트막한 산이었다. 몇 날 며칠을 고민하던 책 제목이 떠오른 것이다. 원고를 완성한 지 한 달이 지났건만 아직도 책 제목을 정하지 못하고 있었다. 작은 습관들에 관한 내용을 담았으니 '무슨 무슨 습관'이라고 할지, 요즘 유행하는 '미라클'이라는 단어를 넣어서 새로운 제목을 만들지 고민이었다. 이 모든 것들을 담고 싶었지만 여의치 않았다. 갑자기 떠오른 제목은 내겐 안성맞춤이었다.

얼마 전에도 맘에 드는 제목이 있었다. 그때도 길을 걷다가 갑자기 생각이 났다. 하지만 메모를 안 해 놨더니 집에 와서 아무리 생각해도 떠오르지 않았다. 이번에는 그렇게 날리고 싶지 않았다. 곧바로 휴대전화를 꺼내서 생각난 제목을 적었다.

디지로그digilog라는 말이 있다. 디지털과 아날로그의 합성어이다.

한때는 무조건 디지털만 붙으면 모든 게 가능할 줄 알았다. 하지만 코로나 시대를 겪으며 절실하게 깨달았다. 디지털만으로는 한계가 있다는 것을. 스마트폰에 있는 메모나 일정관리 기능을 사용하다가도 낭패를 볼 때가 있다. 데이터가 지워지거나 스마트폰을 사용하기 어려운 장소에서는 무용지물이 된다. 그럴 때 디지털과 아날로그를 모두 사용하는 사람이라면 걱정할 것이 없어진다.

앞에서 예로 든 것처럼 걷다가 우연히 책 제목이나 목차가 떠올랐을 때도 스마트폰이 있다면 노트 앱에 저장하면 된다. 특히, 노트 앱 가운데서도 '에버노트'를 좋아한다. 주제별로 노트를 만들 수 있고, 본문에 들어있는 단어로 검색할 수 있어 사용이 편하다. 이렇게 저장한 내용은 시간 될 때 프린트하여 서브 바인더에 묶어두면 나만의 아날로그 데이터가 된다.

아날로그로 작성된 정보들은 곧바로 메인 바인더에 꽂는다. 이런저런 메모와 기록, 여기저기서 받은 유인물과 문서까지 구멍을 뚫어 바인더로 향한다. 업무와 관련된 것과 개인적인 것들로 구분하고 그에 따라 꽂아두면 된다. 시간이 흘러 바인더가 두꺼워지면 분가를 할 때가 된 것이다. 이때는 바인더를 열어 종이들을 꺼낸다. 대, 중, 소분류에 맞춰 자료를 나누고, 각각의 서브 바인더로 옮기면 된다. 예를 들어 회사 업무에 도움이 되는 부수적인 자료들은 '부 업무'라는 영역이다. '부 업무' 중에도 '연수'(대분류)가 있을 것이고, '연수' 중에도 '금융법 특강'(중분류)이라는 분류가 있을 수 있다. '금융법 특강' 안에는 '증

권법', '보험업법', '은행법' 등(소분류)이 있을 수 있다. 이런 것들에 맞게 라벨을 붙여서 보관하면 관련 자료가 필요할 때 언제든 꺼내서 활용할 수 있다.

"죽기 전에 이루고 싶은 것들을 다 적어보세요!"

3P바인더를 처음 배울 때 담당 멘토였던 이재덕 마스터가 했던 말이다. 꿈을 적지 않으면 이루는 것도 불가능하니 한 100개쯤 적어보라고 했다. 하고 싶은 것, 갖고 싶은 것, 배우고 싶은 것 등 원하는 모든 것을 적으려고 노력했다. 도무지 생각나지 않았다. 평소에 원하는 것이 무엇인지 생각해 본 적이 없었다. 머리를 쥐어짜서 겨우 스무 개 정도 이루고 싶은 것들을 적었다. 뒷장에는 인생의 사명과 역할, 핵심 가치 등을 적는 곳이 있었다. 오래 전 프랭클린 플래너를 처음 쓸 때의 기억을 떠올려 보았다. 희미한 기억을 되살려 삶의 이유와 가치들을 적어갔다.

이 사명과 가치는 그간 여러 차례 수정을 거쳤다. 지금도 이것들은 삶에서 나침반 역할을 해준다. 낯선 곳에 떨어지더라도 나침반만 있으면 정확한 방향을 찾을 수 있다. 이처럼 사명과 가치는 인생에서 중요한 결정을 할 때 명확한 기준이 되어준다. 이제 10년 단위의 '평생 계획'을 작성하면 큰 틀은 완성이 된다. 긴 안목에서 인생을 어떻게 살아야 할지 대략의 지도가 그려진 것이다. 인생이라는 항해에서 나침반을 가지고 있느냐, 그냥 앞만 보고 가느냐는 전혀 다르다.

매년 말이 되면 다음 해 연간 목표를 세운다. 한 해 동안 이루고 싶은 목표들이다. 직업, 자기계발, 가정, 신체, 신앙이라는 삶의 여러 영역에서 각각의 목표가 있다. 그 목표를 다시 잘게 쪼개 세부적인 목표로 나눈다. 예를 들어 신체 영역에서 '체중 65kg 달성'이라는 연간 목표를 세웠다고 하자. 그러면 이를 '1주일에 3회 운동', '단백질 음식 챙겨 먹기', '잠 7시간 자기'와 같은 세부 목표로 나눌 수 있다. 이러한 세부 목표들을 언제까지 달성할지 시간 계획을 정하면 연간 목표 세우기는 끝이 난다.

이제 구체적인 계획을 세울 차례다. 여기에도 목표가 있다. 이번 한 달(혹은 일주일)간 직업적인 면과 개인적인 면에서 어떠한 목표를 달성할 것인지를 정한다. 그 옆에 있는 'Don't Forget' 영역에는 절대 잊지 말아야 할 것들을 적어둔다. 시험 일정이라든가 가족의 생일 같은 중요한 것들을 잊지 않기 위해서다. 특별히 적을 게 없을 때는 '아침형 인간 되기', '매사에 감사하기'와 같은 좌우명을 넣어도 좋다. 공부할 것이나 읽어야 할 책이 있다면 'Study' 항목에 읽을 페이지 수를 적는다.

마지막으로 하루의 계획이다. 아침 일찍 일어나 하루를 계획한다면 더욱 좋을 것이다. 일주일 계획을 돌아보며 오늘 할 일들을 To-do 리스트에 적는다. 머릿속에 생각나는 것들은 일단 적고 본다. 이 중에서 중요한 일에는 굵은 네모 표시를 해서 우선순위를 부여해두면 좋다.

실행과정에서 중간중간 진행 상황을 챙기는 것도 중요하다. 나의 경우 점심 이후, 퇴근 직전에 다시 한 번 바인더를 살펴본다. 완료한

Business

- □ 유능하고 즐겁게
- ☑ 직무수행하면서 금융 전문성 장착
- ☑ 사업에 필요한 능력 키우기
- ☑ 독특하고 꼭 필요한 비즈니스 센터

Private ☑ 수시로 부모님 장가십고 요도　Key words

- ☑ 독서와 바인더를 통해
- 나의 삶 정리 및 능력 향상
- □ 1% 수익 및 재산 정리
- □ 운동과 영양, 휴식으로 건강한 신체
- □ 진정 마음을 나누는 친구 1명

□ 전문성	☑ 독서와 바인더
☑ 사업능력	□ 1% 수익
☑ 비즈센터	□ 건강한 신체
	☑ 진정한 친구 · 애들

영역	Objective 목표	Activities 실천계획	Time 기간	
일 / 직업 업무목표 매출 수익 서비스 급여, 연봉 승진 등	□ 금융관련 지식축적 　및 전문성 향상 □ 사업 능력 키우기 □ 독특하면서도 　꼭 필요한 비즈센터	□ 전장업무 하면서 능력향상 　(배우는 자세로, 즉시·말야처리) ㅇ 신문스크랩, 게시판 등 챙기기 □ 　　고민과 공부 ㅇ SNS, 북한사랑 노트 등 □ 자료수집(바인더), 집필	□ 최대한 빨리 업무처리 　(가급적 AM9-11시) ㅇ 여행9:30-10:30(바인더) □ 수시로 ㅇ 저녁 　아침시간, 업무시간	
자기계발 독서 학습 어학 스포츠 취미활동 여행 등	□ 독서 50권 □ 바인더 50권 □ 문화 예술 즐기기	□ 매주 최소1권 □ 프로젝트마다 1권씩 제작 □ 클래식 책읽고 음악듣기, 마음두기	□ 아침·저녁 이동 (1시간) 　업무시간 틈틈이 □ 자료 모아질 때마다 　정리(주말·주중 완성) □ 독서시간에, 주말감상	
가정/재정 /인간관계 배우자 자녀 부모 저축 투자 보험 참 애정 등	□ 가족들 교회로 □ 　　1억수익 □ 여력껏·투자로전체 □ 진정 마음을 나누는친구 ☑ 부모님과 여행	□ 모범 보이고 사랑으로 이끌기 □ 장기투자로　수익후 처분 □ 　　국대대를 당선 □ 대접하고 싶은대로 대접 원리마음 □ 가을 여행 (제주)	□ 주일 (9일째) □ 연말까지 □ 올해 9월, 12월 □ 올해 12월 □ 10월	
신체/건강 운동 생활습관 수면 식사 술, 담배 건강지표 (체중,혈압)	□ 원칙 실천 □ 근육질의 건강한 　신체만들기 □ 아침형 인간	□ 원칙과 계획 중심의 삶 실천 □ 1주에 3일이상 헬스 운동도 ㅇ 영양간식(과일·야채·견과류) 　및 영양제 (비타민, 오메가, 과즙) ㅇ 휴식과 스트레스 해소, 단전호흡 　아침에 일찍일어나고 일찍자기	□ 매일 아침·저녁 빵썬 □ 저녁 (8-9시) ㅇ 주말 및 저녁 미음순비 ㅇ 영양제 하루3번 ㅇ 매일 실시	
신 앙/ 사회봉사 종교생활 자원봉사 사회참여 후원 등	□ 수입의 10%이상 　기부 □ 봉사활동 참여 ☑ 믿음의 사람되기	□ 십일조　, 기타 필요한 곳에, 　부모님 용돈 □ 교회 및 주변 봉사기회 참여 ㅇ 검색을 통해 봉사기회 타진 □ QT 실시(매일, 묵상), 기도 ㅇ 성경 통독	□ 올해 얼마 실시 □ 매 주일 ㅇ 수시로 ㅇ 아침(5-6시), 아침낮잭 ㅇ 아침(5-6시), 훈련	

일에는 ×를 표시하고, 아직 못한 일은 화살표로 표시하여 특정한 날로 연기한다. 이렇게 하면 일정을 빠뜨리지 않을 수 있다.

미국의 작가 호아킴은 "기록은 행동을 지배한다"라고 했다. 기록을 잘해두기만 해도 우리의 행동이 달라진다는 것이다. 당연히 그에 따르는 훌륭한 성과도 기대해볼 수 있다. 반면, 기록 덕분에 머리는 가벼워진다. 기록하고 나면 잊어버려도 좋다. 기억은 바인더에 맡기고 우리는 중요한 의사결정에 집중하면 되기 때문이다. 자료를 한번 보고 버리면 마음 한편에 '혹시 다음에 필요하면 어떡하지?'라는 마음이 들 때가 있다. 실제 필요할 때 자료가 없으면 그 불편함은 이루 말할 수 없다.

바인더를 활용하면 이러한 고민 없이
자료들을 모아둘 수 있어 마음이 편해진다.
이러한 점이 3P바인더를
'제2의 두뇌'라고 부르는 이유이다.

성공적인 삶을 위한 활용

3P자기경영연구소를 드나들다 보면 자기관리를 잘하는 사람들이 매우 많다는 것을 금세 알아챈다. 요즘 자기계발 좀 한다고 하는 사람 중에 3P바인더 안 쓰는 사람이 있을까? 글쓰기 모임에 가도, 코칭 모임에 가도, 3P바인더 안 쓰는 사람은 거의 못 보았다. 어떤 이는 바인더를 쓰며 목표관리를 했더니 학원 매출이 네다섯 배 올랐다고 한다. 또 어떤 이는 바인더를 사용하며 업무관리를 하면서 업무 성과가 몇 배 올랐다고도 했다. 취업 준비를 하며 바인더로 시간관리와 목표관리를 해 성공했다는 경험담은 흔한 성공담 중 하나이다. 3P바인더가 대체 뭐기에, 많은 사람이 쓰고 있는 것일까. 바인더를 써서 자기계발을 잘할 수 있게 된 것인지, 원래 자기계발을 잘하는 사람이 바인더를 이용하게 되는지, 모르겠다. 그러나 바인더가 성공을 돕는 필수 도구라는 것은 확실해 보인다.

직장 생활자들을 위한 팁!

첫째, 자기의 시간을 기록하며 하나의 업무에 드는 소요 시간을 확인하기

학교에서 학생들을 가르치고 있다. 매일 일정 시간을 학교에서 보낸다. 출퇴근 시간이 일정하다. 그래도 늘 바쁘다. 3P바인더를 시작하고 업무에 어떻게 적용할까 고민했다. 장기 휴직을 했다가 복직한 이후 모든 것들을 새로 배워야 하는 형편이라 일분일초가 모자랐다. 일과 시간 중에 업무가 끝나야, 퇴근 후 집에서 아이들과 해야 할 일들을 해결해 갈 수 있다. 그래서 내가 사용하는 시간을 기록하고 또 업무에 드는 시간을 기록하기 시작했다. 한 가지 업무를 할 때 얼마의 시간이 드는지 직접 확인해 보았다. 그러면 예상했던 시간과 실제 시간의 차이를 알 수 있다.

누구든지 계획을 해 놓고 계획대로 되지 않을 때 스트레스가 생긴다. 예상 시간과 실제 소요 시간이 다르면 계획에도 차질이 생긴다. 소요 시간을 잘 파악하고 있는 것이 계획을 계획으로써 의미 있게 만든다. 계획했는데 지켜지지 않을 때는 그 이유를 확인해 봐야 한다. 갑자기 생긴 일이 있었는지, 사전에 해야 했던 일을 미리 해 놓지 못했는지 살펴본다. 혹은 급한 일들이 끼어들어 업무에 영향을 받은 건 아닌지 확인한다. 한번 자료를 구축하고 관련 지식을 쌓아 놓는다면 다음번에는 그것을 활용하면서 시간을 절약하기도 한다.

3P자기경영연구소의 강의에서 피터 드러커 박사의 말을 많이 인

용한다. "내가 쓰고 있는 시간을 알지 못하면 시간을 관리할 방법이 없다." 맞다. 돈도 어떻게 썼는지 알기 위해 가계부를 쓰는 게 아닌가. 한 업무에 얼마만큼의 시간이 드는지 예상을 할 수 있어야 시간을 효율적으로 쓰게 될 것이다. 물론 예상보다 시간이 더 소요되거나 덜 소요될 수도 있다. 넉넉하게 시간을 예정해 두면서 시간에 쫓기지 말자. 업무에 드는 시간을 파악하고, 시간을 효율적으로 쓸 방법을 찾아보는 게 좋다.

둘째, 낭비되는 시간을 찾아 건강하게 사용하기

일이 참 많다. 그중에서 자기 주도적으로 일하는 시간도 있지만, 타인 주도적으로 일해야 할 때도 있다. 내 마음대로 시간을 쓰기 힘들 때가 많다. 일과 중에 모든 시간을 일에 전념하고 있는가? 일과 중에 집중도를 높일 방법은 없을까? 한 번에 이일 저일 여러 개의 일을 처리하느라 능률이 떨어지는 것은 아닌가? 시간을 바인더에 담다 보니, 시간을 건강하게 사용해야 다른 시간에 부정적인 영향을 미치지 않겠다는 사실을 깨닫는다. 시간을 쓸 때 어떻게 하면 유익하게 쓸지 고민하기 시작했다.

바인더를 쓰면 나의 시간이 보이고, 그렇게 되면 불필요한 시간은 덜어보며 어떻게 개선해 볼지 시도하게 된다. 쉬는 시간마저 바인더에 적으면 밀도 있게 쉴 수 있다. 적어 보니 관리를 하게 된다. 집중할 수 있는 덩어리의 시간을 모아 관계 개선을 위해, 운동하기 위해, 책을 읽기 위해 쓰니 좋다. 이제는 마냥 유튜브를 돌려 본다거나, 다른 이들의 SNS를 기웃대는 데에 많은 시간을 보내지 않는다. 책을 읽고 운동하는 데에 시간을 쓴다. 건강한 곳에 건강하게 시간을 쓰니 내 삶이 건강해졌다.

셋째, 개인적인 일들을 기록하고 관리하기

3P바인더의 좋은 점은 업무에 대한 기록뿐 아니라, 개인적인 일까지 관리할 수 있는 시스템이라는 점이다. 전체 조직의 일정들을 기록하고, 내 부서의 일정, 부서원들의 개인적 일정들도 기록할 수 있다. 그뿐 아니라 나의 개인적인 일들과 가족의 일정들도 기록한다. 이런 많은 것들이 바인더 안에 들어 있고 그것을 한눈에 볼 수 있게 되어 있다. 그러니 공적 자리이든 개인적인 모임이든, 언제 어디서나 약속 시각을 조율할 때 바인더를 펴면 한눈에 확인이 편리하다. 특히 나처럼 직장에 나가는 부모들은 업무와 동시에 아이들의 여러 일정까지 챙겨야 한다. 생각해야 하는 게 많다. 그런 면에서 바인더는 필수품이다. 성능 좋은 디지털 기기들도 써보았지만, 전체를 조망하고 세부 계획을 조율하는 것은 종이 바인더가 최고다.

넷째, 아침을 바인더로 시작하고, 하루를 마칠 때 바인더로 끝내기

하루의 시작, 한 주일의 시작, 한 달의 시작, 일 년의 시작은 바인더로 한다. 전체를 보려고 노력하고 쪼개는 연습을 한다. 처음에는 잘 안되지만 더디더라도 조금씩 연습해 가면 언젠가는 된다. 나만의 방법을 찾아본다. 나는 아침에 일찍 일어나 하루의 일들을 머릿속에 그리

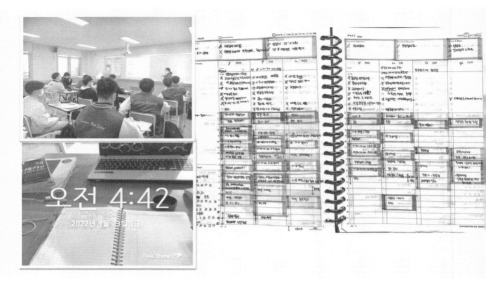

복직, 일과 삶의 조화, 학생 바인더 강의

고 상상해 본다. 업무뿐만 아니라 개인적인 삶에 대해서도 그림을 그리고 바인더에 구체화시킨다. 차분하게 생각하면서 새벽 시간에 하루의 그림을 그리면, 내가 그리는 대로 하루의 긍정적인 그림을 그릴 수 있다. 그 에너지로 하루를 신나게 지낸다.

계획대로 하루를 잘 지냈는지, 자기 전에 바인더를 열고 한 번 더 점검한다. 계획대로 되지 않았다면 그 이유를 다른 색 펜으로 간단하게 메모한다. 나의 하루를 되돌아본다. 나를 보는 시간이다.

바인더를 알고 나서, 이제는 기록하지 않던 이전으로 돌아갈 수 없다. 오늘보다 내일은 더 잘 살고 싶다. 온전히 나를 위한 도구로 바인더를 사용하고 싶다.

승자는 시간을 관리하며 살고,
패자는 시간에 끌려 산다고 한다.
승자가 되고 싶다.
내 삶의 승자는 나다.

시간관리와 자기경영에
탁월한 3P바인더

"그 많은 일을 어떻게 다 하세요?"

3P바인더를 쓰기 시작하면서 제일 많이 들은 말이다. 3P바인더를 잘 활용하면 어느 정도의 시간은 만들어낼 수 있다. 3P바인더와 함께한 지 5년 차에 들어섰다. 그동안의 경험을 토대로, 시간도 확보하고, 목표관리를 하며 자기경영에 도움이 된 팁 5가지를 소개한다.

❶ 주간계획표에서 중요한 업무를 우선 배치하고 '블로킹'하여 시간 확보

❷ 주간계획표의 당일 일정을 확인하며 하루 시작!

❸ 개인 일정과 회사 또는 자녀(가족) 스케줄 '동시에 관리'

❹ 체크박스와 5~7 컬러체크를 활용한 피드백

❺ 수집과 분류, 서브 바인더의 활용

첫째, 중요한 일을 위한 시간을 확보하기 위해 주간계획표에서 해당 업무를 위한 시간을 미리 '블로킹blocking' 해둔다. 주간계획표는 단순한 업무일지가 아니다. 나는 꾸준한 독서를 위해 매일 새벽 30분의 독서시간을 미리 하늘색 형광펜으로 박스해서 블로킹 해둔다. 공부와 강의 준비는 오전에, 점심 식사 후 제일 졸린 타이밍에 운동할 시간과 스페인어 회화 시간을 확보한다. 업무별 효율적인 시간대에 배치한 후, 미리 형광펜으로 컬러박스까지 해둔다. 이미 그 일을 완료했다고 가정하고 컬러체크까지 미리 해서 하지 않을 수 없도록 강력한 환경설계를 하는 것이다. 또한 다른 일이 이 시간을 침투하는 것을 막아 시간을 확보하는 것이다. 내가 운동을 소홀히 한다면 바빠서 못 하는 것이 아니라, 애초에 우선순위에 두지 않아서이다. 우선순위에 올리는 순간, '블로킹' 작업을 통해 시간을 만들어내고, 그 일을 완료할 수 있다.

둘째, 주간계획표의 당일 일정을 확인하며 하루를 시작한다. 중요한 일, 최우선 과제, 경조사 등 모든 일정이 바인더에 기록되어 있기에, 매일 아침 바인더를 확인한다. 어쩌다 확인하지 않고 하루를 시작하면 중요한 일을 놓치거나 후회하는 일이 생겼다. 비서가 일일이 나의 스케줄을 알려주듯 매일 아침, 바인더를 보며 중요한 일과 하루 스케줄을 확인한다. 중요한 일들을 우선 블로킹 하여 시간을 확보하고, 나머지 일들도 남은 시간에 배치하여 시간을 효율적으로 사용한다.

셋째, 개인 일정과 회사업무 또는 개인 일정과 자녀 일정 등 두 개의 스케줄 관리가 동시에 가능하다. 3P바인더의 월간계획표와 주간계획표는 업무별 구분된 스케줄이 한눈에 들어온다는 커다란 장점이 있다. 따라서 관리가 용이하며 내 개인 스케줄뿐 아니라 가족 스케줄도 동시에 챙길 수 있다. 직장인의 경우 동시에 직장업무와 개인 스케줄 관리가 가능하다. 나에게는 바인더 한 권, 한 페이지 내에서 나와 자녀의 스케줄 관리가 동시에 된다는 점이 상당히 매력적이었다. 3P바인더를 이용하기 전에는 내 스케줄은 플래너에 기록하고, 아이들 스케줄은 별도로 만들어 출력해 접어서 플래너에 넣어 다녔다. 두 개를 별개로 관리해야 하니 번거롭고 귀찮아 지속하기 힘들었다. 모바일 스케줄러도 이용해 보았으나 그달의 중요한 일정들을 한눈에 볼 수 없어 일일이 확인해야 하는 점이 불편했다.

주간계획표를 펼쳐 아래쪽 시간순으로 할 일을 적는 부분을 자세히 보면 옆에 점선으로 되어 있는 아주 작은 칸이 있다. 그 칸을 이용해 나의 일정 외에 내가 알아둬야 할 회사 일정이나 가족 스케줄을 기록할 수 있다! 칸이 작아 불편할 수 있지만 얇은 펜으로 기록하되, 키워드 위주로 적는다. 나는 아이들이 어리다 보니 주로 몇 시 픽업, 몇 시 라이딩 등 관리가 필요한 스케줄을 모두 기억해야 한다. 이를 그 칸에 기록한다. 자세한 설명이 필요한 경우에는 화살표를 이용해 근처 빈칸을 활용한다. 빈칸도 부족할 경우에는 포스트잇을 활용하기도 한다. 회사원의 경우, 업무 스케줄과 본인이 참여하지는 않지만 알고 있어야 하는 회사의 중요한 일-세미나, 워크숍 등을 기록하여 두 가지 일을 동시에 관리할 수 있다. 또는 업무 일정과 가정의 중요한 행사, 두 가지를 모두 기록해 동시에 관리가 가능하다. 회사용과 개인용 플래너를 분리하여 두 개를 가지고 다니던 교육생이, 3P바인더를 만나고 한 권으로 두 개의 스케줄이 동시에 관리 가능하다며 기뻐했다.

넷째, 잠자리에 들기 전 5분을 투자하여 체크박스와 5~7 컬러체크를 활용한 피드백을 한다. 체크박스를 통해서는 업무의 중요도와 진행도(완료, 진행 중, 연기, 취소)를 알 수 있다. 형광펜을 이용한 컬러 피드백도 있는데 매우 유용하다. 나는 가정일과 아이들 교육관련 시간을 각기 다른 컬러로 구분해서 피드백 한다. 그러면, 가정일과 교육일이 분리되어 내가 어느 업무에 집중했는지, 어디에 시간을 덜 쓰고, 더 쓰고 있는지 한눈에 파악이 된다. 자격증 시험을 앞두고 있을 때는 주 업무를 공부로, 프리랜서로 일할 때에는 성과를 내는 강의를 주 업무인 핑크로 설정했다. 강의안을 준비하는 일과 마케팅 작업을 위한 SNS나 디자인 작업 등은 보조업무인 주황으로 했으며, 아이들 교육관련 업무는 노랑 형광펜을 사용했다. 컬러만 보고도 어느 분야에 소홀했는지, 다음 주에는 어디에 더 시간을 투자해야 할지 분석이 가능해 가정과 일의 균형도 고려할 수 있다. 형광펜을 이용한 컬러 피드백은 업무관리의 효율성과 삶의 균형을 가져오는 강력한 도구이다.

다섯째, 수집과 분류가 가능한 장점을 최대한 활용한다. 3P바인더를 만나기 전에는 해마다 몰스킨이나 예쁜 스타벅스 다이어리 등

서브 바인더의 활용 A4 일부

을 구매하였다. 하지만 쓰다 말다 해서 자리만 차지해 버리려다가 이미 기록한 부분이 있어 쉽게 버리지도 못했다. 다시 책꽂이에 꽂아두었더니 부피가 상당했다. 이에 반해, 3P바인더는 원하는 부분만 분류가 가능하다! 내가 기록했던 부분만 빼서 서브 바인더로 옮기고 새 플래너 느낌으로 새롭게 다시 시작할 수 있다. 그렇기에 바인더 커버는 한번 구매하면 몇 년이고 계속 사용하고 속지만 구매하여 끼워 넣으면 된다. 또, 유용한 정보들은 수집하여 A5에 출력하고 바인더에 휴대하며 수시로 볼 수 있다. 휴대하다가 더 이상 필요가 없어지면 그 부분만 빼면 되니 용이하다. 현재 내게 필요한 정보는 수집하여 바인더에 담을 수 있고, 언제든 다시 손상 없이 빼낼 수도 있다는 점이 내가 기존에 쓰던 플래너들과 차별된다. 당장은 필요하지 않지만 언젠가는 활용할 수 있어 보관이 필요해도 '서브 바인더'로 이동하여 보관한다. 이렇게 백 개가 넘는 서브 바인더를 카테고리별로 제작하고 업무 매뉴얼도 만들었다.

'꿈 리스트'에 기록한 나의 꿈들을 캔바Canva로 만든 '드림보드'도 A5 사이즈로 출력하여 바인더에 꽂아 휴대 중이다. 기록뿐 아니라 이미지로 시각화하여 하루 1회 이상 나의 꿈들을 상기시키는 것이다. 목표를 각인시키고, 자주 상상하며 꿈을 향해 한 걸음 더 나아간다.

3P바인더를 쓰기 시작하면서 바인더 한 권으로 내 개인 일정과 아이들 스케줄 관리가 동시에 가능해져 효율적이고 편리해졌다. '블로킹'을 통해 중요한 일을 위한 시간을 우선 확보하고, 시간관리가 되면서 최우선 과제를 완료하고도 적지 않은 일을 할 수 있게 되었다. 3P바인더를 잘 활용하면 누구나 어느 정도의 시간은 만들어낼 수 있다. 방법을 몰라서 못하는 것뿐이다. 나는 매일 새벽 30분씩 독서할 시간을 만들었고, 글 쓸 시간을 확보했다. 여유가 생긴 시간에 외국어 공부 등 취미생활을 한다. 자기경영, 독서경영뿐 아니라, 수집과 분류를 통해 지식관리 또한 가능하다.

5년 차를 맞이한 나의 바인더와 함께할 미래가 더욱 기대된다.

잘 살고 싶은 마음

열심히 하면 되는 줄 알았다. 결과보다 과정이 중요한 거라고 했으니까. 점수만 보고 학생을 평가하면 안 되는 거라고 생각했다. 그래서 학교에서도 '과정중심평가'를 하지 않. 그런데 경영자의 업무는 '성과를 내는 것'이라고 한다. 그리고 '성과를 올리는 것은 습득될 수 있다'고 한다. 앞 문장의 이 당연한 정의가 내게는 충격이었다. 뒷 문장을 처음 읽었을 때는 무슨 소리인가 했다가 한참 만에 이해했다. 성과를 올리는 능력을 배울 수 있다니. 그러면 나도 해봐야겠다.

《성과를 지배하는 바인더의 힘》을 2020년 3월에 처음 읽었다. 책 앞부분에 경영학의 대부 '피터 드러커'의 말을 인용한 부분에서 정신이 번쩍 든다. 나도 성과를 내야겠다. 우리 집 책장에 고이 모셔두기만 한 '피터 드러커'를 드디어 만났다. 책을 읽어보니 나는 어떻게 살고 싶은지, 어디로 갈 것인지에 대한 뚜렷한 목표 없이 열심히 하는 척하며 살고 있다는 것을 인정해야 했다. 제대로 일하는 법을 모른다는 것도 알게 되었다.

나는 영어 학원을 운영하고 있다. 학원 일에서 성과란 무엇인가. 학원의 1차적 존재 이유는 '성적 향상'이다. 학생들이 제대로 된 실력을 갖추고 우수한 성적을 얻을 수 있도록 도와야 한다. 성공을 위한 필요조건이라는 지식, 태도, 기술, 습관을 갖추도록 학원 시스템을 만들고 싶어졌다.

1인 원장으로 학생도 많지 않은데 확장 이전을 했다. 임대료는 다 내지만 내부 공간은 반도 쓰지 않았다. 제일 큰 강의실이 휴게 공간이었다. 그런데 3P바인더를 만난 지 3년이 다 되어가는 지금, 다행히 임대 공간 전체를 다 쓰고 있다. 선생님도 세 분이 되었다. 3P바인더를 쓰면서 '성과'를 낸 것이다.

경력 단절 4년 만에 복귀하여 이만큼 성장할 수 있었던 것은 《성과를 지배하는 바인더의 힘》을 읽고 바인더를 쓰고 실행한 결과다. 《성과를 지배하는 바인더의 힘》이 이론라면 바인더는 실습이다. 어떻게 살아야 할지, 어떻게 일을 해야 할지 몰랐던 나에게 이 책이 삶의 기준점이 되고 있다. 기록을 관리하는 법, 자신의 꿈을 찾고 목표를 관리하는 법, 시간 관리법, 지식 관리법 등을 배우고 적용해 본다. 그리고 무엇보다 중요한 '독서경영'을 배웠다. 독서경영讀書經營은 책을 읽고 토론하여 거기서 얻은 지식과 정보, 기술, 아이디어 등을 조직원이 공유하며 경영하는 것이다. 경영은 기업이나 사업 따위를 관리하고 운영하는 것, 기초를 닦고 계획을 세워 어떤 일을 해나가는 것이다. 그리고 '자기경영自己經營'은 자신의 더 나은 미래를 위하여 기초를 닦고 계획을 세워나가는 것을 의미한다. 독서를 통해 나를 세워나가는 것이 좋다. 신이 난다.

20대 초반, 내가 세상의 모래알 하나라는 것을 알게 되었다. 나를 가장 소중히 여겨야 할 사람은 나 자신이고 내가 어떻게 살아도 사람들은 크게 신경 쓰지 않는다 생각했다. 그래서 이왕이면 알차게 살아봐야겠다고 생각했다. 마음만 그랬다. 뭘 제대로 하는 것은 없었지만 의미 있게 살고 싶었다. 귀한 모래알 하나로 세상을 예쁘게 채우고 싶었다. 이래도 저래도 한 번뿐인 인생이니까. 그래서 어떻게 사는 것이 옳은지, 어떻게 해야 자기를 잘 경영할 수 있는지, 어떻게 일터를 잘 꾸려 나갈 수 있는지 알려주는 《성과를 지배하는 바인더의 힘》을 알게 된 것은 행운이었다.

바인더는 일반 다이어리와 다른 점이 있다. 지금은 학생들도 플래너를 쓰며 학습을 관리하는 것이 흔하다. 플래너 관리를 강점으로 내세우는 학원도 있고, 독서실도 있다. 그리고 누구나 수첩, 다이어리 하나 정도는 갖고 있다. 바인더binder는 묶는다는 뜻이다. 바인더로 지식을 묶고 분류하고 보관할 수 있다. 20개의 구멍 뚫린 종이를 링 고리에 넣었다 뺄 수 있다. 그래서 자료를 항목별로 나누기에 좋다. 다이어리는 보통 한 해만 쓰면 다음 해로 넘길 수 없는데 이 바인더는 고정 부분은 두고 필요한 부분만 추가해서 쓸 수 있다. 이전에도 링 형태의 다이어리를 쓴 적이 있었으나 자료를 따로 분리하는 기능은 없었기에 3P바인더의 '분신' 시스템이 매력적으로 다가왔다. 바인더로 나의 지식 창고를 무한 확장할 수 있다.

내가 3P바인더를 쓰는 데는 더 중요한 이유가 있다. 3P바인더는 스스로 무엇을 원하는지도 모른 채, 나를 인정해 달라고 투정 부리는 것을 멈추게 해주었다. 대신에 내가 무엇을 원하는지, 어떤 삶을 살고 싶은지 알게 되었다. 바인더를 쓰다 보면 삶이 정돈되고 성장한다. 나는 《성과를 지배하는 바인더의 힘》을 읽고 성과를 내는 것이 중요하다는 것을 알았다. 성과를 내기 위해 나를 경영한다는 마음으로 바인더 양식지를 채운다. 바인더가 내가 사는 이유와 삶의 방향을 찾도록 돕는 시스템을 갖추고 있다. 나는 이 부분이 신기했다. 다른 다이어리에서는 찾지 못했던 것이다. 어떤 체계를 세워 두었기에 나를 이렇게 드러내게 만드는 것일까.

3P자기경영연구소 교육 과정 중에 제3자의 입장에서 자신을 소개하는 시간이 있다. 별다른 굴곡 없이 자랐지만 내 나름의 응어리가 있었다. 이것을 또 어찌 내놓아야 하나 싶어서 자기소개를 시작도 하기 전에 펑펑 울었다. 겨우 발표를 하고 다음 날 아침, 퉁퉁 부은 눈으로 아이와 집 앞 강변을 걸었다. 왜 이렇게 눈물이 나는지, 왜 이렇게 해소되지 않는지 알아야 했다. 바인더에 '엄마와 진정으로 화해하기'를 써 넣었다. 그리고 그걸 실천할 방법을 찾아 보았다. 나 혼자 풀지 못한 문제를 안고 있어서 내가 늘 불안했는지도 모른다. 부모에게 온전

히 인정받지 못한 것에 대한 불만으로 투덜거렸다는 것을 인정했다. 다행히 나는 3P바인더를 만나서 그 해결의 실마리를 찾았다. 나를 세우는 것이 먼저다. 내가 누구인지 알고, 무엇을 원하는지, 어떤 삶을 살고 싶은지, 왜 불안한지, 왜 화가 나는지를 아는 것이 먼저다. 상황을 알면 관리할 수 있다.

나는 조금씩 마음이 튼튼해졌고, 학원 운영에도 자신이 생겼다. 3P바인더가 자연스레 나를 이끄는 시스템을 갖춘 것처럼, 내 학원도 그렇게 만들고 싶어졌다. 자연스레 실력이 오르고 성적이 오르는 학원! 학원의 본질에 충실한 곳!

영어 학원에서 학생을 잘 가르치는 것은 기본이다. 거기에 아이들이 잘 할 수 있도록 수업 체계를 정비했다. 시스템이 별것이 아니라고 한다. 기준을 세우고 그것을 지키면 된다. 더 나은 것이 있으면 수정해 가며 학원의 본질인 실력 향상, 성적 향상을 추구한다.

우리 학원에는 책상마다 타이머가 있다. 1:1 개별 학습 진행이라 학생마다 들고 나는 시간이 다른데 이것을 관리하기 위한 장치다. 학원에 도착하면 숙제 검사부터 한다. 숙제가 되어 있지 않으면 숙제를 마치고 타이머를 켠다. 숙제를 가져오지 않으면 수업 시간에 10분을 더한다. 간혹 학습이 아니라 시간에만 연연할까 염려되기도 했다. 그래도 일단 시도해 봤다. 그런데 이 시스템으로 숙제를 빠뜨리는 학생이 거의 없고, 선생님이 숙제 점검을 빠뜨리는 일도 거의 없어졌다.

또한 학생 개별 바인더를 두어 학습 진행률을 점검하고 피드백한다. 우리 학원 수업은 온라인과 오프라인이 섞여 있다. 온라인 학습 과정에서 빠뜨리는 부분은 없는지, 어려워하고 넘어간 부분이 없는지 확인하고 도와준다. 이렇게 평소에 실력을 쌓은 학생들은 시험 기간 동안 시험 대비 플래너를 제공하여, 미션을 클리어 해나간다. 작은 성공이 쌓이면 자존감이 올라간다. 그 경험을 많이 할 수 있는 환경을 제공하는 것, 잘하도록 격려하는 공간으로 만들어주려고 한다.

이 모든 것을 구상하고 실천에 옮길 수 있게 해준 것이 바인더다. 언제나 나를 응원해 주는 바인더가 있어서 든든하다.

우주 최강 VIP 멤버십 티켓 활용법

누구나 멤버십 카드 한 장 정도 가지고 있을 겁니다. 저 역시 핸드폰 멤버십부터 각종 서비스 이용권 회원카드를 가지고 있습니다. 누릴 수 있는 혜택이 얼마나 있는지 다 기억하고 잘 사용하고 계시나요? 가끔 수강생 분들께 이런 질문을 받을 때가 있습니다. "자기계발을 왜 해야 하나요?", "그렇게까지 팍팍하게 살아야 합니까? 무슨 부귀영화를 누리겠다고…" 혼자 유별난 것 같아 위축될 때도 있었고 회의적인 마음이 쑥 올라오기도 했습니다. 질문을 받고 스스로 생각해 봅니다. '나는 왜 이렇게 계속해서 도전하고 성장하려고 애쓰는 거지? 뭘 얻고 싶은 걸까? 행복하긴 한 건가?' 하고 말입니다. 오랜 물음 끝에 든 생각은 '태어나 누릴 수 있는 풍성한 행복을 생각으로 가로막으면 안 되겠다'는 것이었습니다. 비유하자면 우주 최강 VIP 멤버십 티켓을 가지고 있어도 몰라서 사용하지 못하는 우를 범하지 말자고나 할까요.

멤버십 혜택을 챙겨서 잘 사용한다는 것은 나에 대한 관심과 애정의 표현이자 나를 세상에 창조해서 내놓은 창조자에 대한 존경과 감사의 표현이라 생각합니다. 자기 불신, 자기 비하, 스스로에 대해 사랑받을 가치가 없다고 생각했을 때 소망이 사라지고 인생에서 기대하는 바가 희미해집니다. 저에게 삶의 주도성을 챙기고 도전하고 무언가 계획하고 실행에 옮기는 것은 나에 대한 소망과 희망이 있을 때 가능했습니다. 저에게 주어진 멤버십 혜택이 뭐가 있을까 살펴보니 누구에게나 공평하게 주어진 시간이라는 자원이 있었습니다. 지금의 제 모습이 있기까지 다른 사람들과는 차별화된 특징이라는 재능의 혜택도 있었습니다. 어떤 나무의 열매를 품고 있는지 모르기에 더 매력적인 사람이라는 자원도 있었습니다. 연금술사가 되어 인생을 만들어 가는 저에게 맞춤형으로 세팅된 삶의 환경도 있었습니다. 이런 혜택을 어떻게 사용하고 활용할지 관리하는 데 3P바인더라는 도구의 도움을 많이 받았습니다.

시간관리 혜택

살아간다는 것은 역설적이게도 죽음으로 향해 가고 있는 것과 같습니다. 그래서 선조들도 "시간은 금이다"라고 말한 건지 모르겠습니다. 유대인들 속담에는 비슷한 의미로 "시간은 생명이다"라는 말이 있다고 합니다. 시간의 유한성과 일회성의 속성을 생각하니 정신이 번쩍 차려졌습니다. 지금의 모습도 과거에 내가 했던 선택들의 결과이자 내가 보낸 시간들의 결과라는 생각 때문입니다. 3P바인더의 여러

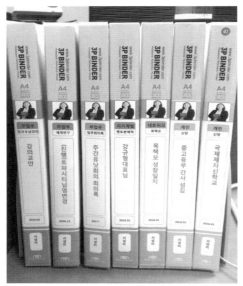

서브 바인더

모듈 중 가장 즐겨 사용하는 부분이 바로 월간과 주간계획 부분입니다. 적어도 1주일 단위, 한 달 단위 시간의 총량을 가늠할 수 있어 시간 사용의 통제권을 확보한 기분이라 안심이 되는 면까지 있습니다. 주어진 일 외에도 언제든 추가적으로 치고 들어오는 일들이 있을 때 완충해서 할 수 있는 것인지, 일의 우선순위에서 어떤 것이 더 선행되어야 하는지, 꼭 해야 하는 것인지 분별할 수 있는 기준을 제시해주기도 해서 시간이라는 혜택을 더욱 잘 사용할 수 있도록 해줍니다.

업무관리 혜택

여러 가지 인간의 욕구 중에 일을 통한 가치실현과 인정욕구는 누구에게나 있는 보편적인 욕구입니다. 이 일을 만족스럽게 잘 해낼 수 있도록 훈련했던 부분도 제가 누린 혜택입니다. 해야 할 일의 덩어리를 세분화시켜 데드라인을 만들고, 원하는 목표 결과물을 설정하여 세분화시킨 일을 실제로 완수해 나가는 과정에서 작은 일부터 엄두가 나지 않던 큰일까지 감당할 수 있는 자신감을 갖게 해준 것도 제가 누린 혜택입니다. 실제로 셋째 딸아이를 낳고 출산휴가 90일에 육아휴직 1년을 연이어 사용한 뒤 회사로 복귀했을 때 일의 감각이 많이 무뎌져 있었습니다. 이때 역산 스케줄로 업무목표를 세우고 관리했던 일을 통해 개인적으로 업무고가를 잘 받았으며, 본 업무가 산업통상자원부 국책과제였기에 국가 재정에 기여한 바도 인정받아 투입된 교육비를 다 회수하는 일도 있었습니다.

정보관리 혜택

프로젝트를 통해 내가 어떤 사람이고, 어떻게 살아가고 싶은 사람인지 퍼스널브랜딩 해나가는 여정에서 정보를 디지털과 아날로그로 관리하는 훈련의 시간도 도움이 되었습니다. 정리수납 강사 자격도 있지만 아이디어를 발산하고 계속해서 뻗어나가기를 잘했지, 수렴하고 분류하고 정리하는 일에는 어려움을 느꼈습니다. 3P바인더라는 본체 외에 서브 바인더라는 보조 컨테이너를 통해 분류된 정보를 의도적으로 모으고 모아진 정보를 통해 패턴과 아이디어를 뽑아낼 수 있었던 것도 자기 주도적인 삶을 지속적으로 성장 발전시키는 데 도움이 되었습니다.

세상에 태어나 누릴 수 있는 충만한 행복을 3P바인더 활용을 통해 많이 누리고 느낄 수 있었습니다. 나에 대한 관심과 사랑의 표현으로 시작한 작은 도전들을 기록하고 모아봤습니다. 시작은 미약했고 하다가 힘들 땐 불신의 마음이 올라올 때도 있었습니다.

포기하지 않고 목표를 복기하며 할 수 있는 것에 집중해 나갈 때
그 여정 속에서 만난 성과와 성장,
성숙이라는 열매를 맛볼 수 있었습니다.
제 인생에 아직 어떤 우주 최강 VIP 혜택들이 남아 있는지 모릅니다.
계속해서 알아가고 발견하고 누려보려 합니다.

삶에 깊이를 더하다

3P바인더는 내 삶을 담은 그릇으로, 나를 더 나은 삶으로 인도하는 마법의 기록장이다. 자기관리를 위해 3P바인더 속지는 효율적인 업무 관리를 위한 회사, 직무, 고객, 성과, 프로젝트, 연구개발, 스크랩, 업무 일지의 8가지 워크 스타일Work Style 섹션과 체계적인 인생 관리를 위한 인생설계, 주간계획, 메모노트, 생각정리, 지식창고, 프로젝트, 커뮤니티, 나의 역사 8가지 라이프 스타일Life Style 섹션, 총 16개의 섹션으로 구성되어 있다. 이곳에 내 삶을 어떻게 기록해야 할까? 지난 3년간 사용해오면서 얻게 된 핵심 활용법을 나누고자 한다.

첫째, 회사 섹션은 반드시 작성한다. 직장인 혹은 자신의 일이 있는 사람은 이 부분을 채우는 것이 어렵지 않다. 회사 홈페이지에 있는 정보와 자신의 일에 대한 정보를 정리해 3P바인더의 회사 부분을 채우면 된다. 3P바인더의 회사 부분을 처음 채웠을 때가 기억난다. 그때부터 나는 한국지역사회교육협의회 소속 강사였다. 소속이라고는 하지만 정확히 말하면 프리랜서 강사였다. 강사로서 내 직업을 보장해주는 곳은 아니었기 때문이다. 협의회와 업무협약을 맺은 곳에서의 강의에 참석하기는 하지만 꾸준히 강의가 있는 것이 아니기 때문에 자신의 능력에 맞게 찾고 시도해야 한다. 이런 상황이었기에 협의회를 회사 부분에 넣는 것이 망설여졌다. 하지만 내가 하는 직무와 관련이 있고 내가 앞으로 활동할 곳으로 의미가 있는 곳이 어디인지 생각해 보기 시작하자 회사에 무엇을 담아야 할지 보이기 시작했다. '아! 이곳에 내가 추구하는 가치를 담자! 내가 추구하는 가치를 실현시켜 줄 곳을 넣어보자!' 여기에 생각이 이르자 그동안 공부해왔던 많은 단체들이 떠오르기 시작했고, 그중 회사 부분에 넣어야 할 곳과 넣지 않을 곳이 정리되기 시작했다.

이런 기준으로 회사 부분에 넣은 곳이 내가 처음 부모교육을 공부할 수 있었던 단체이자 현재 소속되어 있는 한국지역사회교육협회였다. 그 다음은 한국버츄프로젝트였다. 한국버츄프로젝트는 미덕으로 세상을 아름답게 한다는 사명으로 미덕을 통해 좋은 인성을 가진 사람으로 성장할 수 있게 돕고 있다. 이곳에서 인성교육의 도구로 가장 널리 사용되고 있는 것이 버츄카드이다. 2019년 1월에 버츄프로젝트를 공식적인 강의로 알릴 수 있는 자격을 가진 버츄FT 자격을 얻고 이후 내 강의에 미덕을 조금씩 녹여왔다.

이렇게 회사 부분을 작성하고 내가 하고 있는 직무를 정리한 것을 바탕으로 지난 9년간의 강의 이력과 교육 내용을 담은 이력서와 교육 내용 정리 리스트를 만들 수 있었다. 이력서와 교육 내용을 명확히 하려다 보니 집 책꽂이 어딘가에 꽂혀 있을 여러 자격증들을 며칠에 걸쳐 찾았다. 정확히는 찾아냈다는 표현이 맞을 것이다. 회사 부분에 넣을 곳을 찾기 위해 시작한 일 덕분에 워크 스타일의 직무와 성과부분, 라이프 스타일의 나의 역사 중 교육 부분을 정리할 수가 있었다.

둘째, 나에게 맞는 양식지 개발도 좋지만 양식지 개발이 어렵다면 기존 3P바인더 속지를 적극 활용한다. 처음 3P바인더를 사용하기 시작했을 때 뭐든 시도해보는 것이 좋아서 상담기록지, 강의업무일지 등 여러 양식지를 사용했었다. 무언가를 새롭게 할 때마다 양식지를 만들어내는 것이 어느 순간부터 스트레스로 다가왔다. 그러다 보니 안 만들게 되었다. 문제는 언젠가는 만들어야겠다는 생각만 할 뿐 차일피일 미루는 나 자신을 발견했다. 이런 구상을 하는 것이 큰 스트레스였다.

그러던 어느 날 문득 이런 생각이 들었다. '왜 새로운 양식지를 만들려고 애쓰는 거지? 꼭 새롭게 만들어야 할 필요가 있는 양식지를 제외하고는 3P바인더의 다양한 속지 중 한 개를 활용하면 되잖아?'라는 생각에 미치게 되었다. 그래서 지금은 코칭 기록지, 과제 제출 체크지, 출석부 등 기존의 3P바인더에서 제공하고 있는 속지를 적극 활용하고 있다.

PROJECT SCHEDULE

Subject: 2023 50권 프로젝트

SUN	MON	TUE	WED	THU	FRI	SAT
매월 새벽낭독책 (주5회, 월~금 5:30~6:00a.m.) 매월 아침낭독책 (주2회, 월 & 금 6:00~7:00a.m.) —> 2월부터 월&목 진행 6주 프로젝트 아침 본깨적독서나눔책 (주1회, 수 6:00~7:00a.m.)					12/23	12/24
12/25	12/26	12/27	12/28	12/29	12/30	12/31
1/1	1/2	1/3	1/4	1/5	1/6	1/7
8	1/9	10	11	12	13	14
15	1/16	17	18	19	20	21
22	1/23	24	25 ~106읽어미	26 총정리	27 소금행 2기 마무리 10:00~11:00p.m.	28
29 ~233읽어미	1/30	1/31	2/1 소금행 3기 O.T. 6:00~7:00a.m.		2/3 청낭 O.T.	3/4
2/5 ~8章읽어미	2/6 청낭 O.T.	7	8 자율도서	9 ~199읽어미	10 5:30-6:30a.m. 시간가용관리 With 본깨적	11
12	2/13	14	15 자율독서	16 ~287읽어미	17 5:30-6:30a.m. 시간가용관계 With 미래력	18

Memo

2기-2 3기-1 3기-2

소.금.행.진. 새벽 낭독도서

6주 아침독서모임 인성분야 도서

소.금.행.진. 아침 낭독도서

독서 프로젝트

셋째, 나를 위한 프로젝트는 라이프 스타일에, 업무 개선을 위한 프로젝트는 워크 스타일에 분류해서 담는다. 3P바인더의 워크 스타일과 라이프 스타일 모두 '프로젝트' 섹션이 있다. 같은 프로젝트인데 분류의 기준을 어떻게 하면 될까? 예들들어 건강관리를 위한 운동 스케줄 관리는 라이프 스타일의 프로젝트에서 관리한다. 자기계발을 위한 독서 관리, 개인적 필사 스케줄 관리, 직접 참여하고 있는 장기 기간의 교육과정에 대한 스케줄 관리표 역시 라이프 스타일의 프로젝트에 바인딩하기를 추천한다. 그렇다면 어떤 프로젝트를 워크 스타일에 넣으면 좋을까? 개인마다 기준은 다르다. 나의 경우 내가 이끌고 있는 독서모임, 버츄카드 필사모임, 내가 테이블 마스터로 참여하고 있는 코치 과정 스케줄 관리는 워크 스타일의 프로젝트에 바인딩한다. 내 기준으로 앞에서 언급한 다섯 가지의 컬러 영역 중 분홍색과 주황색으로 컬러체크 하는 영역의 업무는 워크 스타일 프로젝트에, 연두색이나 하늘색으로 컬러체크하는 영역의 업무는 라이프 스타일 프로젝트에서 관리한다고 생각하면 편할 것이다.

넷째, 연간계획과 사명, 비전, 꿈 목록은 일주일에 한 번은 꼭 훑어본다. 3P바인더를 제대로 쓰는 사람은 늘 바인더를 가지고 다니면서 월간과 주간 스케줄은 수시로 확인하고 체크한다. 하지만 연간계획과 사명, 비전, 꿈 목록은 한 번 적고 나면 다시 보지 않게 되는 경우가 있다. 나 역시 그랬다. 몇 개월 만에 어쩌다 한 번 보니 연간계획을 월간과 주간으로 확장하지 못한 적도 있었고, 특히 꿈 목록의 경우 이미 이룬 것들을 체크하지 못하거나 새롭게 하고자 하는 일을 꿈 목록에 담을 생각을 하지 못했던 것이다. 이것 역시 습관이 안 되어 있기 때문이었다. 이 상황을 인식한 이후에는 일요일 저녁 8시 한 주를 피드백하는 시간인 '주간 3P'를 시작하기 30분 전에는 책상 앞에 앉아 라이프 스타일의 라이프 플랜에 담긴 연간계획과 사명, 비전, 꿈 목록을 꼭 체크하며 피드백하고 있다.

3P바인더를 쓰는 것에는 분명히 활용방법이 있다. 그 방법을 알려주는 것이 3P프로 과정이고, 그 방법을 더 심화있게 다루는 것이 3P코치 과정이다. 먼저 이 활용방법을 그대로 치열하게 활용하기를 권하다.

기본을 지키며 고민하고 나면 그때 보인다.
나 자신을 위한 맞춤 활용법!

나의 바인더, 나의 머니

3P바인더 초보 유저들이 말하는 불편함은 쓸 게 너무 많다는 것이다. 깨알같이 기록하는 것에 대한 공포를 느끼는 분들도 있다. 나도 비슷한 감정을 느꼈기에 공감하는 부분이다. 그래서 나는 깨알같이 쓰지 않는다. 나는 나답게 3P바인더를 쓸 뿐이다. 3P바인더에서 내가 잘할 수 있는 것을 찾아냈다. 그것은 바로 돈을 쓰는 것이다. 내가 벌고 싶은 돈을 목표에 썼다. 처음에는 월 매출목표 2천만 원, 분기별 매출목표 6천만 원, 이것만 월간목표에 진하게 기록했다. 주간목표에도 돈만 썼다. 특이점은 나는 지출한 돈은 쓰지 않는다. 내가 벌고 싶은 돈을 쓴다.

내가 앞으로 벌 돈을 쓴다. 그리고 그 기록은 나의 역사가 된다. 실제 목표한 금액을 모두 벌었기 때문이다. 매출목표를 달성한 후, 이 매출에 가장 이바지한 나의 행동을 분석했다. 크게 3가지로 정리가 되었다. 하나는 수면 관리, 일찍 자는 게 가장 중요하다. 두 번째는 나만의 몰입시간을 갖는 것, 블루타임이다. 세 번째는 만나야 할 사람만 만나는 것, 불필요한 만남을 갖지 않는 것이다.

이렇게 내가 좋아하는 돈의 액수를 기록하고, 그 매출을 달성하는 데 이바지한 행동을 분석해서 찾아내며, 그 행동을 반복하도록 월간과 주간계획에 기록했다. 지금도 내가 새해 목표를 작성할 때 먼저 하는 것은 내년도의 매출금액을 숫자로 적는 것이다. 돈은 늘 나를 신나게 만든다. 여러분도 가장 좋아하는 낱말이나 행동을 중심으로 바인더를 시작해보라고 제안하고 싶다. 일단 바인더를 쓰는 게 신이 나고 재미있어야 한다. 나는 아주 덜렁대는 B형이라 꼼꼼한 A형 타입의 바인더를 보면 숨이 막힌다. 저렇게 쓰라고 하면 나는 안 쓰고 말 거야! 이런 청개구리형이란 말이다. 나같은 청개구리들은 자기가 좋아하는 것을 해야 오랫동안 계속할 수 있다.

3P바인더 양식이 종류별로 굉장히 많다. 개인적으로 가장 선호하는 양식은 프로젝트 양식과 월간성과기록표 양식이다. 내가 하는 사업의 큰 카테고리는 쇼핑몰, 지식창업, 부동산 투자, 금융자산 관리이다. 이 카테고리별로 월간성과계획 및 결과표를 작성한다. 물론 매출액과 계약 건수 혹은 계약 고객수 등이 포함된다. A3 크기에 카테고리별로 연간 스케줄을 작성하고 매달 점검하면서 피드백을 한다. 그리고 열흘 혹은 보름 단위의 프로젝트 진행도 좋아한다. 이것은 직원업무에도 적용한다. 티스토리와 애드센스 열흘 프로젝트를 통해 달러

수익 목표달성을 하는 것이다. 물론 직원에게는 급여 외의 달러 수익에 대한 인센티브를 제공한다.

3P바인더를 쓰면서 나같은 스타일의 사람에게 가장 불편한 점은 주간기록이다. 그 점을 개선하기 위해 구글 캘린더를 병행하고 있다. 사업체별 스케줄과 개인 스케줄, 강의 스케줄 등이 복잡하게 엮여 있어서 기록을 했는데도 잊어버리는 일이 다반사였다. 이 점을 개선하기 위해 3P바인더에는 중요 약속, 외부 출장, 나의 강의 일정만 기록하고 나머지는 구글 캘린더에 기록한다. 업무 스케줄, 외부 강사 강의 스케줄은 직원이 구글 캘린더와 회사 보드판에 기록한다. 대표의 사생활 따위는 없는 단점이 있지만 그렇게 한 뒤로는 기록하고도 잊어

버리는 일이 없어졌다.

2022년에는 디지털 바인더도 출시되었다. 아이패드에 최적화된 굿 노트 프로그램을 통해 구동되도록 만들어졌다. 3P바인더의 '디바' 출시는 디지로그의 또 다른 성과다. 종이 바인더의 장점과 디지털 바인더의 장점을 둘 다 활용한다면 시간관리에서 더 경쟁력을 갖추게 된다. 디지털 바인더는 북마크 기능을 활용해서 종이 바인더의 모양 대신 월간, 주간, 각종 양식으로 바로 이동할 수 있다. 루틴처럼 체크하는 것들도 매주 제목을 쓸 필요 없이 일부 내용을 오려내서 복사 붙이기도 가능하다. 결국 한 번 더 시간을 절약하는 무기가 장착된 것이다. 이모티콘이나 사진도 갤러리에서 바로 불러와서 저장할 수 있다. 종이 바인더에서는 이쁘게 꾸미지 못했던 나도 디지털 바인더에서는 감성 꾸미기도 가능해졌다.

디지털 바인더는 에버노트만큼 강력한 스마트워크 도구이다. 부동산 임장을 가면 즉각 사진을 찍고 내용을 기록하는 것이 중요하다. 그래서 에버노트를 핸드폰 앱에서 불러와서 사용해왔다. 이제는 아이패드를 들고 다니면서 바로 찍고 디지털 바인더에 기록한다. 사진 위에 기록하고 다른 사진을 불러와서 함께 정리하고 특장점을 기록한다. 출판사 미팅과 계약 시에도 아이패드에서 디지털 바인더를 불러와 메모하고 공유하고 있다. 재노북스 출판사 오픈 후 출판계약을 진행할 때도 디지털 바인더를 활용했다.

최근 초등학교에 탭 형태의 학습용 패드가 사회과학 시간에 보급되었다. 시범학교 중심으로 운영하다 이제는 전국 초등학교로 확대되어 전면 실시된다. 역시 시대적 흐름을 따라가는 디지털 바인더다. 디지털 학습용 패드를 수업시간에 사용하면서 성장한 청소년들은 성인이 되어서도 동일한 형태의 도구를 선호할 것이다. 디지털과 아날로그 둘 다 자유자재로 활용하는 인재가 필요한 시대다. 이에 디지털 바인더의 미래가치는 더 커질 것이다.

지식관리, 기록관리에서 배운 내용은 회사를 운영하고 강의 콘텐츠를 기획하는 데 도움을 받았다. 업무 매뉴얼을 바인더화해서 사업체별, 주제별로 정리한 덕분에 직원이 바뀐다 해도 업무 인수인계에 어려움이 줄어들었다. 그리고 강의 콘텐츠가 무궁무진한 강사가 되었다. 지금도 시간이 없어서 못 하지, 몰라서 못 하는 강의는 없다. 앞으로도 지식경영의 표본이 되어 많은 사람이 나다운 삶을 살아가는 데 도움을 주고 싶다. 부동산 투자 또한 지식경영의 분야이다. 나는 다년간 부동산의 다양한 분야들에 투자하며, 강의를 하고 있다. 나의 끝없는 투자 강의의 원천에는 3P바인더의 지식, 기록관리에서 배운 철학이 묻어 있다.

주변에서 3P바인더를 배워도 성과가 없다는 이야기도 들었다. 수강료만큼의 결과를 도출하는 유저들이 적다는 평가도 들었다. 그래서 나 또한 고민하기도 했다. 내 삶의 주인으로서 자기결정력과 효능감을 우선시하는 나로서는 새로운 도전이었다. 강규형 대표의 철학과 소신을 신뢰했기에 바인더 마스터 과정까지 수료하게 되었다. 그리고 매월 3P바인더 판매로 월 수십만 원의 수익을 내고 있다. 이것은 자기경영역량을 통한 비즈니스 매출, 바인더 강의를 통해 얻는 수익과는 별개로 하여 제한 것이다. 마스터 과정까지 하게 되면 밴더사라는 기회를 얻을 수 있다. 쇼핑몰을 운영하고 있는 나로서는 스마트스토어에서 3P바인더를 판매할 수 있기에 가능한 수익이다.

앞만 보지 말고, 앞을 봐라!

"평소 주어진 시간과 에너지를 어떻게 하면 잘 활용할 수 있을까 하는 많은 고민이 있었습니다. 유튜브 공간에도 다양한 콘텐츠들이 있지만 들을 때뿐 삶으로 적용하는 것까지는 쉽사리 이어지지 않았습니다. 바로 눈으로 확인할 수 있도록 내 시간과 에너지를 가시화할 필요성이 있겠다는 깨달음을 얻은 후 이 교육을 만나게 되었습니다."

- 회사원 P씨

"이 교육을 통해 단순한 다이어리 정리법이 아닌 삶의 방향을 조율하고 그 방향대로 내가 갈 수 있는 동력과 자원을 고민하고 실천할 수 있는 법을 배웠습니다."

- 상담사 P씨

"인생에 사명과 비전을 설정하고 그것을 이루기 위해 장기계획, 연간계획, 월별, 주별 계획과 To do list 7가지를 정하여 실천하고 피드백을 통해 한 발 한 발 나아갈 힘을 얻었다. 마스터님의 3P바인더 교육을 통해 내 안에 정리할 수 있었다." ─ 전도사 K씨

"늘 계획을 세우지만, 그것을 이루기 위한 To do가 세부적으로 마련되지 않았고 작은 실패를 하면 빠르게 포기했던 나의 모습을 발견하게 되었다. 그렇기에 우선순위를 바탕으로 작은 계획 세우기, 그리고 작심삼일을 실천하고 피드백을 통해 더 나아갈 힘을 얻을 수 있게 해야겠다." ─ 워킹맘

"'지식경영'과 '지식 근로자'에 대한 개념을 배우면서 직급이 올라가고 업무가 복잡해지면서 느꼈던 어려움이 해소될 수 있겠다는 희망이 생겼다." ─ 금융인 S 차장

2021년 3P마스터코치 과정 13기를 수료하고 '크리스천 시간관리와 자기경영'에 대한 비전을 세웠다. 선한 영향력을 나눌 기회가 된다면 대안학교, 국제학교, 교회, 미자립 청소년 모임 등 언제든지 그리고 어디서든지 세미나를 열어 사람을 섬겼다. 그 결과 3P바인더 프로과정 세미나를 연간 13회 개최했고, TM^Time Manager 코칭 과정을 통해서 약 200여 명에게 시간관리와 자기경영을 전수했다. 한국침례신학대학교 평생교육원에서는 겸임교수로서 시간관리와 독서경영으로 대학생들을 코칭했다. 이 섬김을 통해서 많은 분이 도움을 받았고 그들의 삶

이 변했다. 그 모습을 지켜보면서 나도 더불어 큰 보람을 느꼈다.

나는 직업 특성상 청년·대학생들을 자주 만나고 많은 시간을 보낸다. 벌써 18년째 그들과 함께했다. 시간이 갈수록 청년들과 대학생들이 접하는 현실은 점점 더 치열해지는 것 같다. 소중한 그들에게 정서적인 격려뿐만 아니라 전문적인 도움도 주고 싶었다. 그 바람과 소망은 자연스럽게 시간관리와 자기경영으로 이어졌다.

아이젠하워의 시간관리 패러다임에서도 지적하고 있듯이, 사람들은 중요하지만 급하지 않은 일을 잘하지 못하는 경향이 있다. 이에 대해서 이은대 작가는 《강안독서》에서 "하지 않아도 되는 일은 언제나 어렵기 마련이다. 달리 말하면, 절실하지 않기 때문이다."라며 뼈아픈 충고를 했다.

청년들은 둘째가라면 서러울 정도로 열심히 오늘을 산다. 그러나 그 열심에 비해서 방향성이 부족해 보일 때가 많다. 연륜이 필요한 대목이다. 불규칙한 삶과 즉흥적인 시간관리로 하루를 보내는 이들을 볼 때면 안타깝다. 중장기적인 계획은 있으나 실제 하루는 어떤지, 그 계획과는 무관하게 살고 있지는 않은지 냉철하게 살펴보아야 할 것이다.

비주얼 싱킹으로 알려진 'J비주얼스쿨'의 정진호 대표는 그의 책에서 사람들이 글과 그림으로 소통하는 것을 두려워하는 이유가 비주얼 싱킹을 예술의 영역이라고 오해하기 때문이라고 지적했다. '예술이냐 기술이냐'라는 질문은 3P바인더를 시작하는 이들에게도 아주 중요한 인사이트를 제공한다. 3P바인더는 '기술'이다. 우리는 그 기술을 연습해서 각자 삶의 영역에 적용하면 된다.

앞서 나는 3P바인더 세미나를 수강하신 분들의 소감문을 소개했다. 수강생들은 공통으로 시간관리의 실천을 힘들어했다. 하지만 끝내 기술을 익혀 자기 삶에 적용했다. 그리고 변화와 성과를 이루었다. 이렇게 3P바인더는 개인의 삶을 변화시키는 강력한 기술을 제공하고 있다. 단순하지만 명쾌한 기술을 익혀서 연습하고 자신만의 패턴을 찾으면, 시간관리에서 목표성취까지 원하는 성과를 얻게 될 것이다.

성공하는 사람들이 아침에 공통으로 하는 세 가지 일이 있다. 새벽기상, 운동 그리고 독서이다. 그런데 역으로 새벽을 깨우고 운동하고 독서한다고 해서 모두가 성공할 수 있을까? 다시 말해서 그 세 가지가 부를 형성시키는 필요조건일까? 그렇지는 않을 것이다. 사람들을 현혹하기 위해서 본말을 전도시키는 정보들을 조심해야 한다. 이런 맹목적인 행위들이 부정적인 결과를 초래한다.

나는 성공하는 사람들이 자신의 콘텐츠에 집중하기 위해서 아침기상, 독서, 운동을 기술적으로 사용했다고 생각한다. 따라서 자신의 콘텐츠에 삶을 균형감 있게 몰입하고 싶은 사람은 '3P바인더'를 기술적으로 사용해볼 것을 권한다. 그 기술을 삶의 뼈대로 세운다면 '조자룡 헌 칼 쓰듯'이 인생의 대군을 휘젓고 다니며 원하는 목표를 달성하는 쾌거를 거둘 수 있을 것이다.

나는 매주 수십 명의 청년들에게 기회가 생길 때마다 시간관리와

문제해결~ 그리고 격파!!!!

삶의 경영을 권면하고 있다. 하지만 많은 이들이 시간관리와 삶의 경영을 긴급하게 여기지 않거나 중요하게 생각하지 않는 것 같다. 앞만 보기 때문이 아닐까? 삶을 건강하고 균형감 있게, 본인의 철학에 따라 중요한 일을 하며 살기 위해서는 앞을 내다보아야 하는데 말이다! 그러나 아직도 늦지 않았다. 앞을 내다보는 기술은 지금이라도 배우면 되기 때문이다. 그 기술을 배우고 싶다면 3P바인더를 펼쳐보기를 바란다. 자기경영을 통해서 성장과 성과를 덤으로 얻게 될 것이다.

7년 차 바인더 선배의 설

일단 뭐든 재미있어야 한다. 바인더라는 도구를 통해 변화된 삶을 경험해야 한다. 알다시피 변화까지는 시간이 걸린다. 올바른 과정도 거쳐야 한다. 바인더를 처음 만났던 2016년의 나에게 해주고 싶은 말을 정리해서, 활용 팁을 소개한다.

첫 번째, 재미있게 쓴다. 바인더를 펼치는 즐거움이 있어야 한다. 나에게는 종류별로 바인더 커버가 10개 정도 있다. 지저분해져서 바꾼 것도 있고, 계절에 따라서 교체하기도 했다. 커버만 바꿔도 기분이 좋아져서 자꾸 만져보고, 한 번이라도 더 보고 싶어진다. 소재에 따라 인조부터 천연가죽까지 종류도 많고, 똑딱이에서 밴딩 형식까지도 다양하다. 또 재미있게 쓰는 방법의 하나는 좋은 볼펜을 쓰는 것이다. 좋다는 의미는 비싸다는 뜻이 아니다. A5 사이즈의 바인더에 기록하려면 판매하는 0.6~0.7mm 볼펜 심은 두꺼워서 쓰기 불편하다. 0.28~0.38mm 얇은 심으로 쓰면 공간 확보가 된다. 수강생에게 알려주면 가장 좋아하는 팁 중 하나가 '스티커' 활용이다. 스티커를 붙이고 있으니 여고 시절로 돌아간 것 같다면서, 바인더를 꾸미면서 즐거워하던 수강생도 있었다.

두 번째, 본질을 알아야 한다. 그러려면 제대로 배워야 한다. 왜 속지 구성이 이렇게 되어 있는지, 해당 칸에는 정확히 무엇을 적어야 하는지 '원작자의 의도'를 알아야 한다. 알고 나면 보인다. 수업하면서 작성해야 할 부분을 이야기해 주면, "어머, 여태 쓰면서도 이런 의미인지도 몰랐어요."라고 말하는 분도 있다. 2년이나 독학한 나도 그랬다. 무지에서 배움으로 광명을 찾고 보니, 눈이 떠졌다. 3P자기경영연구소 강의를 들어보면 좋겠다. 시간관리 책도 최소 10권 이상은 읽어야 한다. 사는 동안 '시간 자원'을 어떻게 활용하는지가 관건이다. 3P바인더 강규형 대표의 《성과를 지배하는 바인더의 힘》, 피터 드러커의 《자기경영노트》, 김경미, 이정란 공저 《피드백》, 가바사와 시온 《신의 시간술》 책을 함께 추천한다.

세 번째, 바인더를 어디서나 펼쳐놓는다. 휴대하고 다녀야 한다. 기록이 습관이 되어야 한다. 바인더를 배운 수강생과 미팅을 한 적이 있다. 이야기하고 있자니, 수강생은 내 입만 바라보고 있었다. 바인더에 적으면 어떻겠냐고 했더니, 무거워서 안 가져왔다고 했다. 볼 일도 없

사진으로 기록하는 월간

을 줄 알아서 챙기지 않았다고 한다. 수시로 떠오르는 아이디어를 적고 실행하면, 생각을 돈으로 만들 수 있다. 해야 할 일을 바로 기록하면 실수를 줄일 수 있다. 손은 '밖에 나와 있는 뇌'라고 한다. 손의 힘을 빌려 바인더를 들고 다니며, 기록하는 습관이 필요하다.

네 번째, 내 경험을 사람들에게 알려준다. 어떤 방식이든 괜찮다. 바인더의 5가지 컬러체크 의미를 알았다면, 형광펜과 함께 바인더 사진을 찍어서 인스타그램에 올려도 좋다. 왜 자를 2개 써야 하는지도 월간, 주간에 꽂힌 자 사진과 함께 블로그에 간단하게 이유를 알려줘도 된다. 내가 알고 있다고 믿는 정보를 사람들에게 제대로 전달할 수 있어야, 진짜 아는 거다. 경험 공유 덕분에 5년 전에 올린 내 유튜브 영상을 보고 지금도 3P바인더를 접하는 분들이 있다. 어떤 모임에 갔는데, 여성분이 힐끔거리며 계속 나를 쳐다봤다. 목소리가 컸나 싶기도 했고, 아는 사람인데 내가 기억을 못 한 건지 난처하기도 했다. 일행과 대화가 끝나고 이동하려니 나를 쳐다보던 여성이 다가왔다. "얼굴이 긴 가민가해서 기억은 못 했는데, 목소리 들으니까 제가 바인더 공부했을 때 나온 목소리하고 똑같더라고요. 〈책 먹는 여자〉 맞으시죠? 덕분에 바인더 배우는 계기가 됐어요. 영상 감사해요."라는 인사를 받았다. 그런 날은 뭐를 해도 기분이 좋다. 잘 사용해서 좋은 정보를 제공해야겠다는 마음도 생긴다.

다섯 번째, 주간계획표부터 공략한다. 일 년짜리 속지 세트는 다양한 양식지로 구성되어 있다. 어디서부터 써야 할지 난감할 때도 있고, 어떻게 활용해야 할지 모르는 때도 있다. 그럴 때는 주간계획표부터 하나씩 작성해본다. 이번 주 목표를 적고, 월요일부터 일요일까지 해야 할 일도 적는다. 매번 기록하는 것을 놓친다면, 아침, 점심, 저녁에 먹었던 식단이라도 적어보면 된다. 시장에 가서 장을 본다면 해당 시간에 내용을 적고, 얼마를 썼는지 비용도 적는다. 그러면 가계부가 된다. 빼곡하게 적는다는 생각은 압박이 돼서 볼펜조차 들기 싫어지게 만든다. 내 상황에 맞게 바로 시작해 볼 수 있는 방법을 찾아야 한다.

여섯 번째, 피드백한다. 바인더를 처음 접한 수강생들은 그야말로 신세계를 경험한 표정이다. 꼭 잘 써보겠다는 다짐도 하지만, 시간이 흐르면서 무뎌진다. 길면 한 달, 못해도 1~2주 만에 바인더를 손에서 놔버린다. 수강생들에게 물었다. 몇 번 안 쓰다 보니 놓쳤다는 분 등, 매번 같은 말만 반복해서 적으니까 싫증난다는 분, 변화가 없다는 분 다양했다. 작심삼일 전략을 활용해서 다시 쓰면 된다. 직장인들은 오전 9시부터 오후 6시까지 틀에 박힌 회사생활을 해서 적을 게 없다고 했지만, 그건 회사나 내 일에 의미를 두지 않았기 때문이다. 정말 매일 하는 일이 똑같은 일인가 하면 그렇지 않다. 만나는 사람도 다르고, 사소한 사건·사고가 자주 일어나기도 한다. 그런 일을 의미 있게 기록해본다. 기록이 쌓이면 데이터가 된다. 데이터는 언제든 활용할 수 있다. 그러기 위해서는 피드백이 필수다. 하루를 어떻게 보냈는지, 일주일의 성과나 실패는 무엇인지 돌아봐야 한다. 그래야 개선할 수 있다.

3P바인더를 사용한 지 5년 차가 돼서야 이제 내 것이 됐다고 느꼈다. 초보 사용자는 소개한 여섯 가지 경험을 한꺼번에 적용하기란 어렵다. 바로 적용해 볼 수 있는 것 하나만 지금 찾아서 해보면 좋겠다. 딱 1년만 정석대로 사용해보길 추천한다. 혼자 하기 어려울 때는 바인더를 함께 쓰는 모임도 많으니 참여해 보는 것도 좋다.

PART 4

이 맛에
3P바인더를
하지!

보이는 만큼 관리할 수 있다

"저는 그렇게까지는 못 쓰겠어요."

시간관리 특강에서 예시로 제 바인더를 소개했을 때 나오는 주된 반응입니다. 좋아 보이지만 이렇게까지 디테일하게 관리하는 것이 꼭 필요한 것인지 의문스러워하는 반응과 아예 엄두를 내지 못하고 지레 포기해버리는 반응입니다. 저 역시 처음에 같은 반응을 보였습니다. 스스로 '털털이형'이라고 설명할 정도로 상황에 맞게 적응하며 큰 스트레스 받지 않고 그때그때 해야 할 일을 하는 편이라 15분 단위로 시간의 예산을 세우고, 보낸 시간을 평가하는 것의 필요성을 느끼지 못했습니다. 지금도 3P바인더를 시간 관리 도구로 생각하며 주객전도가 되지 않으려 노력합니다. 자기경영에서 가장 기본적인 시간 자원의 관리를 위해 보이지 않는 시간을 보이도록 바꾸고 관리할 수 있는 도구로 3P바인더를 쓰고 있습니다. 보이고 파악되어야 관리를 할 수 있기 때문입니다.

3P의 3가지 P는 Process, Performance, Professional입니다. 바른 방식으로 일을 하면 성과가 나고 지속할 때 프로가 된다는 의미입니다. 프로세스와 매뉴얼이 있다는 의미는 누락되거나 중복 없이 업무를 효율적으로 진행시키는 표준화된 일처리 방법이라 볼 수 있습니다. 표준화 작업을 위해 처음에는 반복적으로 하는 일에 접목해 봤습니다. 큰 범주 안에서 시작, 진행, 완료로 일이 진행되는 시기에 따른 체크리스트의 형태로 해야 할 일을 챙기는 것부터 적용했습니다. 진행 후 피드백을 통해 얻게 된 성찰과 깨달음, 노하우를 확보할 수 있었고 반복적인 일의 실수도 줄이며 효율성도 올릴 수 있었습니다. 강의를 준비하더라도 강의 전 체크리스트, 강의 중 체크리스트, 강의 후 체크리스트 형태로 챙겨야 할 프로세스를 관리할 수 있는 형태의 매뉴얼 작업부터 시작했습니다. 그러자 실수가 잦아들게 되었고 더 좋은 방법에 대한 아이디어도 실행 후 피드백으로 업데이트 할 수 있게 되었습니다.

성과에 대한 관리 역시 일을 완수하고 끝내는 것이 아니라 강의와 코칭 후 고객의 후기를 챙기고, 코칭 일지 작성과 코칭로그 기록, 진행과정 현장사진 기록물을 남길 수 있는 자료를 챙기기 시작했습니다. 미팅기록과 회의록을 남기고 스터디 모임 때 나눈 자료 등의 정보도 성과물로 정의하고 디지털 자료로 분류해서 모으는 관리 습관을 강화시켜 나갔습니다. 이렇게 의도된 자료의 축적을 통해 셀프브랜딩을 어필할 수 있는 자료를 모을 수 있었습니다. 제약회사 연구원 본업에서 자기계발 코치 겸 강사, 작가로 활동할 때 경력 이동을 할 수 있는 밑거름이 되어줬습니다. 디지털 기록물로 남길 수 있는 것들은 검색으로 찾기도 편한 디지털 자료로 남겼습니다. 강의 후기를 SNS 홍보물로 사용할 땐 강의 후에 받아뒀던 소감문, SNS 채널 후기로 받았던 소감을 활용하기도 했습니다. 꾸준히 진행했던 독서모임 활동사진은 시간순서로 묶어 놓은 그 자체가 독서모임 포트폴리오가 되었습니다. 활동자료들을 모아둔 것이 글감이 되어 글을 쓸 때 소개하기 풍성한 사례가 되기도 했습니다. 성과에 대한 기록도 눈에 보이는 자료로 기록했을 때 비로소 활용할 수 있는 소재가 되었고 필요할 때 도움을 받을 수 있었습니다.

일하는 방식과 얻은 결과의 변화는 결국 저를 그 분야의 전문가로 탁월성과 차별성, 경쟁우위에 있는 사람으로 바꿨습니다. 전문가는 자신의 노하우를 일반화, 보편화시켜 누구나 쉽게 따라할 수 있도록 매뉴얼과 프로세스를 알려줄 수 있는 사람이라 생각합니다. 나아가 대체 불가한 Only One으로 개성 있는 장점을 융복합해 그 분야의 비전 제시와 공헌을 도모할 수 있는 사람이기도 합니다. 저 역시 이런 전문가가 되고자 노력하고 있습니다. 작은 성공 경험이라도 누군가에게 도움이 될 수 있도록 정리하고 나누는 가운데 돌려받는 피드백에서 성장할 수 있었고 성숙의 깊이를 더해갈 수 있었습니다. 독서모임 리더를 대상으로 하는 강의 중에 독서모임 운영 노하우를 강의와 질의 응답 형태로 아낌없이 나눈 적이 있습니다. 독서모임 운영이 막막했다던 수강생이 저와의 문답이 도움이 되었고 용기를 낼 수 있었다며 독서모임에 어떻게 접목하고 싶은지 구체적인 생각을 들려줬을 때 큰 보람을 느꼈습니다. 전문코치가 되는 여정을 먼저 경험하고 깨닫게 된 성찰도 이제 막 코치의 세계에 입문한 분들께 아낌없이 나누고 있습니다. 시간이 지나 서로 상호성장에 도움을 주는 파트너십으로 확장되어 가는 모습을 보면 나눌 것이 있다면 하나라도 더 나누고 싶습니다. 앞으로 한 분야의 전문가로 성장하는 목표에 혼자만의 힘으로 성공을 그려나가는 것이 아니라 함께 각자의 강점을 탁월하게 사용해 시너지를 만드는 원팀으로 펼쳐보려 합니다.

〈생활의 달인〉 방송에 출연한 달인들을 보면 어느 분야든 달인만의 효율적인 일하는 방식이 있습니다. 지속적으로 연구하고 개발해 왔기에 지금의 모습이 있었다는 것도 방송 스토리에서 엿볼 수 있습니다. 셀프리더십이 빛나는 순간은 노하우를 아낌없이 나누는 솔선수범하는 진정성 있는 리더십을 보여줄 때라 생각합니다. 다른 사람을 통해 더 지속발전 가능한 모습으로 기여할 때 타인과 조직에 선한 영향력을 끼치고 지속 발전을 도모할 수 있다 생각합니다. 그런 의미에서 오늘도 주도적인 하루 계획을 세우고 보낸 시간에 대한 의미를 되새기며 기록으로 남겨 자원을 삼으려 합니다.

프로는 만들어지는 것입니다.
오늘도 내 인생의 프로로 갈고 닦는 하루를 보내려 합니다.

성장의 원동력이 된 감사, 독서, 그리고 나눔

3P바인더의 핵심가치를 세 개만 꼽는다면 감사, 독서, 나눔이다. 매일 감사하고 독서를 통해 배운 것을 나누어 함께 성장하는 것! 이는 내 삶의 핵심가치인 배움, 나눔, 성장과도 일맥상통한다. 3P바인더를 사용하기 시작하면서 꿈을 꾸고 목표를 기록했다. 월간, 주간계획표를 통해 업무를 분리하고 시간관리를 했다. 목표를 하나씩 하나씩 이루며 성취감을 느꼈다. 감사일기를 통해 행복을 느꼈고 활기가 생겼고, 더 의욕적인 모습이 되어 일도 잘 되는 선순환이 일어났다. 3P바인더를 통해 새벽에 최소 30분의 독서시간을 만들고, 시간관리를 통해 틈틈이 추가 독서를 한다. 꾸준한 독서와 서브 바인더 '아이디어 실행노트'를 통해 실행력을 높여 여러 개의 독서모임을 운영하며 성장해 나갔다. 나의 성장에 큰 몫을 한 것은 3P바인더를 통한 감사, 독서, 나눔이다.

3P바인더 Think 인덱스에는 아이디어 노트 외에도 감사노트가 있다. 처음 감사일기를 시작할 때에는 부담 없이 감사한 일 하나로 시작했다. 그렇게 시작된 감사일기가 며칠이 지나자, 감사한 일이 두 개, 세 개로 늘어나고 더 많이 떠오르는 날도 있었다. 많이 쓸 수도 있지만, 꾸준함을 위해 욕심 부리지 않기로 했다. 그래서 '세 줄 감사일기'로 정착되었다. 처음에는 나 자신에 대한 감사함으로 시작했다. 더 자고 싶지만 새벽에 일어난 나에게 칭찬했다. 새벽 독서를 할 수 있음에 감사했다. 공부에 대한 열정을 잃지 않았음에 감사했다. 이렇게 나 스스로에게 하는 칭찬이나 가족, 친척, 친구, 이웃, 지인들에 대한 칭찬, 어제 있었던 경험이나 내게 주어진 기회, 현재 나를 둘러싸고 있는 환경, 눈에 보이는 물건이나 물질 등에 대한 감사를 한다.

새벽에 기상해서 '세 줄 감사일기'로 시작하는 삶은 나에게 기분 좋은 하루의 시작이 된다. 감사를 하게 되면 뇌에서 행복 호르몬이라고 불리는 세로토닌이 올라가서 기분이 좋아진다. 또, 긍정적인 생각을 하면 분비되는 도파민이 감사한 내용을 적을 때 많이 분비되어 역시 기분이 좋아진다. 감동을 하고 의욕적이게 된다. 아침부터 활기차고 좋은 에너지로 하루를 시작하는 것이다.

감사일기 효과가 좋아서 아이들과도 함께했다. 처음에는 둘째 아이를 유치원에 데려다주면서 감사한 것 말하기로 시작했다.

"엄마는 맑고 화창한 날씨에 아침부터 기분이 좋아. 아름다운 새 소리를 들으며 귀요미 민서랑 손잡고 함께 걷고 있는 이 순간도 감사해."

아이가 미소를 지으며 자기도 감사한 것을 찾아 이야기한다. 정말이다! 아이들은 생각보다 감사한 일을 쉽게 찾는다. 그리고 더 많이 이야기한다. 마치 누가 더 많이 감사한 일을 말하나 게임이라도 하듯 아주 사소한 것까지 감사하다고 한다. 아이가 그 시간을 아주 좋아했다. 큰아이와도 하고 싶어 어느 날 잠자리에서 시도해 보았다. 내가 먼저 오늘 감사했던 일을 말하고, 아이에게도 물었다. 그랬더니 큰아이도 곧 감사한 것들을 찾아 한참 동안 이야기했다.

"오늘은 학교에서 어떤 일이 감사했어?"

아이들이 수업 끝나고 집에 오면 제일 먼저 묻는 말이다. 이렇게 아이들과도 감사한 일을 나누다 보니 아이들도 감사하는 마음이 습관화되었다.

감사한 일 세 가지 말하기! 이 사소한 습관이 아이들에게 불러온 효과는 놀랍도록 크다. 아이들 역시 자신을 사랑하고, 자존감이 올라가고, 자신감이 생긴다. 살다가 힘든 일을 겪을 때, 신앙과 함께 내 아이를 지탱해 줄 수 있는 힘 중 하나가 감사하는 마음의 습관화로 키운 '감사근육'이라고 생각한다. 힘든 상황에서도 어떤 마음을 갖고 어느 시각으로 보느냐에 따라 그대로 주저앉을 수도 있고 이겨낼 수도 있다. 감사하는 마음이 습관이 되면 어려운 상황에서도 어떻게든 감사함을 찾을 것이고, 그것이 아이에게 큰 힘이 될 것을 믿는다. 얼마 전 로봇코딩 대회에 출전한 큰아이가 예선에서 2위로 본선에 진출했다. 전국 대회 총 68개 팀 중에 Top 6 순위 안에 들지 못하여 세계대회로 진출하는 꿈은 좌절되었다. 아이는 속상해 하면서도 나에게 이렇게 감사인사를 했다.

"엄마, 로봇코딩 대회에 출전할 수 있게 지원해주셔서 감사합니다. 세계대회까지 진출하지 못해 아쉽지만, 지역대회와 전국대회만으로도 잊지 못할 값진 경험이었어요. 감사해요!"

내 아이들에게 꼭 물려주고 싶은 것이 세 가지가 있다. 감사하는 마음, 나눔의 행복, 독서 습관이다. 행복은 '감사하는 마음'에서 시작된다. 이를 물려줄 수 있도록 도와준 강력한 도구가 바로 3P바인더에 기록하기 시작한 '세 줄 감사일기'이다. 그리고 진정한 행복은 '나눔'에서 온다. 돈, 시간, 재능, 경험, 지혜 어떤 것이든 나눌 수 있다. 이것이 우리가 존재하는 이유이기도 하다. 나눔은 습관이다. 그 습관이 진정한 행복으로 향하는 문을 연다. 내 아이들도 나눔의 기쁨과 진정한 행복을 느끼기 바란다.

3P바인더를 쓰고 얼마 지나지 않아 성과가 나기 시작했다. 아이들 대상으로 매일신문읽기 온라인 프로그램—'신문아놀자!'와 엄마들 대상으로 엄마표 영어 프로그램—'엄생뽀'를 시작했고, 달마다 더 많은 이들이 참여했다. 매일 새벽 감사와 함께 독서를 지속하고 있었는데 새벽기상 모임에 이어 온라인 독서모임도 열어 달라는 요청이 들어왔다. 평일 새벽 5시 반에 시작한 모임이 이후 주말 아침에도 열려서 '매일성장미모', '미모닝나비', '주말독서포럼나비', '일요나비' 등의 새벽 독서모임을 진행했다. 여러 성과가 나면서 '3P바인더 프로과정' 교육

목표를 쥐고 이미지화하고 입으로 내뱉어라! 결국 해내는 사람들의 원칙

★북클럽날짜: 2021. 7. 21
★책 읽은 날짜: 2020. 7. 20 재독
★작 가 : 앨런피즈&바바라피즈 부부
★출판사: ㈜인터파크 (=반니)
★내가 뽑은 3개의 핵심 키워드 :
1. '손'으로 쓴 목표목록 / 꿈 리스트
2. 시각화 (원하는 모습, 목표성취한 모습 상상)
3. 긍정 확언
★기억하고 싶은 글귀 :
p.17)모든 것은 내가 어떤 생각을 품는
가에 달렸다
p.47)여기 말고 다른 곳에 있고 싶다면,
거기가 어딘지 결정하라
p.148) 어제의 내 생각이 오늘의 나를 만들
었다. 오늘의 내 생각이 나의 내일을 만든다

★인상깊었던 부분 / 북클럽에서 나누고 싶은 부분 :
p.36)목표를 적어 놓으면 그와 관련된 정보와 해답이 눈앞에 나타
나기 시작한다. 즉, RAS가 내 목표를 구현하기 시작한다
p.38)목표를 꼭 손으로 써야 하는 이유(목표 이룰 가능성42%더높음)
p.39)정확히 무엇을 하고 싶은지 또는 무엇이 되고 싶은지를 결정
하면 RAS가 알아서 길을 찾는다. 일단 마음에 목표를 입력하고
RAS가 알아서 방법을 보고 듣고 읽어 들인다. 아주 간단하다. 그러
나 실천하는 사람은 극소수에 불과하다.
p.40)백만장자와 억만장자의 차이-손으로 쓴 목표목록의 존재여부

★내 삶에 적용할 부분 :

p.47) 지금 당장 목표목록 작성에 착수한다 : 메인 바인더 꿈리스트
에 손으로 직접 목표쓰기 실행함 (워크시트 공유)

★책 덮고 기억나는 한마디 :
p.109) "지금까지 하던 대로 하면 지금껏 살던 대로 살게 된다."

미모북클럽 운영하면서 꾸준히 기록해오고 있는 독서

과 '바인더 함께 쓰기' 프로젝트도 했다. 무료 교육 나눔과 유료 교육
등 다양한 온라인 프로그램과 프로젝트를 진행하면서 나의 노하우를
나누며 엄마들의 성장을 도왔다.

'나누면 배가 된다'는 말처럼 나눌수록

좋은 피드백을 받고 함께 성장하며 나의 기쁨도 커졌다.

이러한 나눔과 감사일기, 꾸준한 독서는

나를 지속하게 하고 성장시키는 원동력이 되었다.

삶이라는 게임

20대에 등산을 시작했다. 첫 산행이 지리산 종주였다. 그때는 지금처럼 인터넷이 발달한 때가 아니어서 다른 이들의 산행 후기가 많지 않았다. 여행 잡지에서 본 A5 한 쪽짜리 지리산 종주기와 동호회 카페에 있는 종주기 하나를 보고 짐을 챙겼다. 지도도 한 장 구했다. 무슨마음이었는지 혼자라도 가보겠다고 준비물을 챙기니 여동생이 같이가겠단다. 아무래도 걱정이 되었던 것이다. 그 지도 한 장으로 내가 길을 잃지 않고 잘 갈 수 있을까 싶었단다.

지금은 어떤지 모르겠으나, 당시에는 지리산 종주를 능선 입구인노고단까지 차를 타고 가서 시작하는 경우가 많았다. 그런데 나는 첫등산인데도 정규코스를 밟겠다며 산 아래에서 출발하는 화엄사 코스로 올라가 종주를 마쳤다. 뿌듯했다. 그 첫 산행으로 재미가 나서 이후한참 동안 주말마다 산으로 향했다. 산은 자연이 준 놀이터였다.

어느 날 산을 오르다 한 번의 산행이 한 사람의 일생을 살아보는 것과 같다는 생각이 들었다. 산행 중에 만나는 풍경들은 일상에서 벌어지는 소소한 이벤트다. 돌부리와 계단은 일상에서의 어려움, 고통이다. 힘든 구간을 넘기고 나면 얻는 뿌듯함이 있는 것이 인생을 똑 닮았다. 정상에 오를 때의 기쁨, 하산할 때의 뿌듯함과 계속되는 긴장감, 그리고 집으로 돌아오는 길에 느껴지는 성취감. 한 번의 산행으로 한 인생을 지난다. 이 과정이 재밌어서 또 다른 산을 찾는다. 그때 문득 내가 삶이라는 큰 게임장 안에 놓여 있는 것이 아닐까 했다. 많은 미션들이 있고, 그것의 성취도에 따라 다양한 삶을 사는 것이 아닐까.

지리산 종주를 시작하던 날, 등산로 입구에서 등산로가 그려진 손수건을 한 장 샀다. 2박3일이면 끝낼 수 있다지만 첫 산행이고 처음 가는 곳이라 넉넉히 3박4일 일정을 잡았다. 그동안 길잡이가 되어줄 중요한 물건이었다. 손수건에 그려진 지도를 보고 산을 타다니. 이렇게 쓰고 보니 옛날 사람 이야기 같다. 산행을 한 지 한참 되어 트렌드를 모르는데 요새는 GPS로 등산로를 추적하며 가지 않을까. 등산로가 그려진 손수건이든, GPS나 내비게이션이든 산 하나를 오르는데도 이렇게 장비가 필요하다.

그런데 우리는 삶의 지도를 가지고 있는가. 이 지도는 누가 그려야 할까. 내가 그려야 한다. 나를 가장 잘 아는 사람, 나에게 가장 관심이 많은 사람, 나를 가장 잘 키울 수 있는 사람인 내가 그려야 한다.

부모님은 나를 키우며 큰 잔소리를 하지 않으셨다. 열심히 공부하라고 다그치지 않으셨다. 기본적인 예의를 잘 갖추는 정도만 원하셨다. 나는 공부를 어떻게 해야 할지 몰랐다. 엄마는 혹여 부담이 될까 그러셨을까. 간혹 학교 선생님이 되면 좋겠다고 말씀하신 적이 있으나 나를 적극적으로 이끌지는 않으셨다. 그리고 그것은 내가 되고 싶은 무엇은 아니었다. 내심 기대하셨던 엄마가 실망하셨다. 그리고 내 직업에 대해 엄마가 두고두고 마음에 남기실 줄은 몰랐다. 이럴 줄 알았더라면 열심히 해봤을까. 엄마가 원하는 직업을 가졌더라면 더 나았을까? 엄마는 나를 제대로 이끌지 않으시고 나에게 결과물을 원하시거나 원망한 적도 많았다.

누군가 나에게 이렇게 살아라 하고 알려주면 좋겠는데 아무도 알려주지 않는다. 목표를 세우고, 그것을 위해 작은 목표를 세우며 하루하루 성실히 살아가는 법을 바인더를 만나서 제대로 알았다. 바인더를 쓴다는 것은 내 삶의 지도를 그리는 것이다. 바인더로 나의 존재 이유를 찾고, 원하는 삶을 그리고, 그것을 해내기 위한 지도를 그려볼 수 있다. 그 지도 안에 있는 나의 목표 지점에 닿을 수 있도록 안내해주는 것도 바인더다. 그 핵심에 시간관리가 있다.

매일 누구에게나 똑같이 주어지는 시간 안에 사람들마다 성취하는 것이 다르다. 일을 쉬었던 4년, 나는 시간이 많았다. 때늦은 어학연수와 대학 생활, 육아 시간이 있긴 했으나 이전보다 내가 쓸 수 있는 시간이 넉넉했다. 그런데 그 많은 시간이 그냥 흘러가는 날도 많았다. 시간이 많으면 더 많은 일을 할 수 있을 줄 알았다. 책도 더 많이 볼 줄 알았는데 그렇지 않았다. 육아 정보를 찾는다는 이유로 계속되는 인터넷 서핑, SNS 검색 시간이 길었다.

시간을 관리하기 위한 세 가지 방법이 있다. 우선 내가 사용하는 시간을 기록해야 한다. 시간은 보이지 않는다. 무형의 것으로 매일 나에게 주어지는데, 그것을 어떻게 쓰느냐에 따라 내 삶이 달라질 수 있다. 시간을 기록한다는 것은 오늘 내가 사용한 시간에 대한 가계부를 쓰는 것이다. 내 시간이 어디에 얼마나 쓰이는지 알아야 개선이 가능하다. 우선 내 핸드폰의 '스크린 타임'부터 확인해 봤다. 간혹 아이 것을 열어보고 잔소리를 했는데 내가 더 문제다. 관리가 필요하다. 바인더를 놓으면 금세 이렇게 되니 나는 아직 하수다.

또 하나 시간을 잘 쓰는 법은 우선순위를 아는 것이다. 우리가 하는 활동에는 중요한 것과 중요하지 않은 것, 급한 것과 급하지 않은 것이 있다. 우리는 보통 급하고 중요한 것에 집중하게 되는데 올바른 우선순위는 급하지 않지만 중요한 일을 먼저 하는 것이다. 그리고 이 부분의 시간을 늘려가야 한다.

마지막으로 시간을 잘 관리하기 위해서는 새벽 시간을 잘 활용해야 한다. 오전 5시~8시는 다른 시간대에 비해 효율이 3배라고 한다. 바인더를 만나기 전, 이대로는 살 수 없다는 생각이 번쩍 든 날이 있었다. 아이를 키우며 앞으로 무엇을 하며 어떻게 살아가야 할지 막막했다. 삶이라는 게임에서 주도자가 되고 싶어졌다. 그래서 찾아낸 것이 새벽기상이었다. 온전히 나를 위해 쓸 수 있는 시간, 나의 발전을 위해 쓸 수 있는 시간을 찾아냈던 거다. 학원 일을 하니 하루를 늦게 시작하고 늦게 끝내는 것이 당연하다 생각했고 그 습관이 굳어져서 일찍 일어날 생각을 안 했다. 그러다 우연히 한 권의 책을 만난 것이 계기가 되어 일찍 일어나는 사람이 되었다. 그리고 바인더를 알게 되면서 시간의 소중함을 재확인했다.

시간관리는 바인더 사용의 한 부분이다. 바인더 사용에서 가장 중요한 것은 내가 이 세상에 온 이유를 아는 것이다.

삶이라는 게임에서 내가 메인 캐릭터가 되어,
바인더를 지도 삼아 내 인생 게임에서 최고 레벨을 찍어 보고 싶다.
누구와 경쟁하지 않아도 괜찮다.
어제보다 나은 나, 매일 레벨 업 하는 내가 되고 싶다.

나의 역사를 쓰다

ATDT 01410

삐~~~ 치익~~~

login : foolgame

password : ********

welcome to HiTEL…

하이텔 초기화면이 떴다. 모뎀을 구매하고 컴퓨터에 전화선을 연결했다. 온라인 세상은 충격이었다. 정보가 넘치고 볼거리도 많았다. 동호회나 게시판은 사람들이 소통하는 멋진 공간이었다. 그래픽도 없고, 텍스트와 특수문자로 만든 이모티콘이 전부였지만 재미있고 신기했다.

공개자료실에는 좋은 자료들이 많았다. 게임과 음악부터 그래픽 프로그램까지 욕심나는 것들로 가득했다. 학교에서도 온종일 PC 통신 생각이었다. 온라인에서 친해진 사람들과 다시 접속할 생각을 하니 하루가 금방 지나갔다. 그들과 대화하며 많은 정보를 주고받았다. 내가 관심 있던 최신 게임부터 세상 이야기까지 흥미로운 것들로 가득했다.

하지만 그렇게 많은 시간을 쏟았음에도 지금 남은 자료는 없다. 연락하던 사람들도 참 많았는데 지금은 연락처 하나 없다. 나에게는 뭔가를 기록하고 보존한다는 개념 자체가 없었다. 적어야 할 것이 있으면 손이 닿는 곳 어디에나 적었다. 쓰고 나면 쓰레기통에 버렸다. 그때 일들이 어렴풋이 기억은 나지만 남은 건 없다. 검색했던 글, 받았던 자료, 만났던 사람들에 대한 기록을 잘해두었으면 얼마나 좋았을까 하는 생각이 든다. PC가 제대로 보급되지 않았던 1990년에 PC 통신을 시작했으니, 꽤 방대한 자료가 모였을 것이다.

기록의 가치를 알게 된 것은 몇 년이 지나서였다. 입시를 앞두고 머리가 복잡한 시기였다. 해야 할 일은 많은데, 잘 잊고 놓치는 것도 많았다. 그래서 시작한 것이 메모였다. 방 곳곳에는 메모들로 가득했다. 그 많은 메모 속에서 정작 필요한 내용을 찾기란 쉬운 일이 아니었다. 나중에 알게 되었지만 중요한 것은 많이 적는 것이 아니라 핵심만 적는 것이었다. 아무리 긴 강의를 들어도 그것의 핵심만 적으면 양이 그렇게 많지 않다. 두꺼운 책을 읽었더라도 그것을 간단하게 정리하면 나중에 다시 볼 때 쉽게 이해할 수 있다. 뭐든지 양으로 승부를 보려 하면 힘들고 나중에 찾아보기도 어렵다. 핵심만 요약한다면 두 고두고 유용한 노트를 만들 수 있다.

3P바인더를 만났을 때 그것이 바로 '지식관리'라는 것을 알게 되었 다. 회사에서 아무리 많은 일을 해도 기록으로 남겨두지 않는다면 그 것은 한낱 메모에 불과하다. 자신만 알고 다른 사람에게 전달되지 않 는다면 누군가는 처음부터 다시 일을 시작해야 한다. 자기 역시 그 업 무를 다시 하게 되었을 때 처음부터 해야 할지도 모른다. 이것이 바로 암묵적인 지식, 즉 '암묵지'의 폐해이다.

반면, 일하면서 생산한 문서, 얻은 자료들을 모아만 두어도 이것은 지식이 된다. 여기에 자신의 경험이나 노하우를 더한다면 훌륭한 매 뉴얼이 된다. 나중에 누군가가 이 일을 하게 된다면 이전에 멈추었던 부분부터 다시 시작할 수 있게 된다. 지식과 경험의 질이 점차 업그레 이드되는 것이다. 이러한 과정을 거치다 보면 조직은 자연히 성장한 다. 기업은 물론이고 지역사회나 국가 등에 모두 적용된다.

전 세계 어디를 가더라도 맥도날드나 스타벅스를 접할 수 있다. 신 기하게도 그 맛은 어딜 가나 비슷하다. 던킨도너츠, 배스킨라빈스도 마찬가지다. 이것이 바로 표준의 힘이다. 표준을 만들어내는 것이 매 뉴얼이다. 바인더를 잘 활용한다면 자신만의 매뉴얼을 만들어낼 수 있다. 업무 중에 작성한 문서와 수집한 자료들을 잘 모아두고, 적절하 게 분류하여 그에 맞는 라벨을 붙인다. 여기에 본인의 노하우와 경험 을 적어둔다면 완벽한 매뉴얼이 된다.

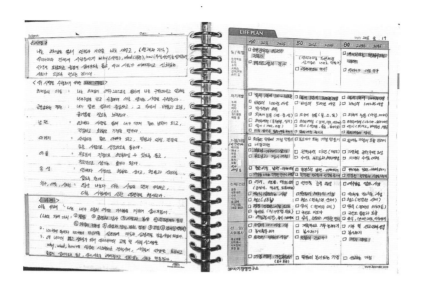

3P자기경영연구소

3P바인더가 가진 또 하나의 가치는 목표와 계획의 연계성이다. 일상을 살다 보면 정작 인생에서 중요한 것을 놓칠 때가 있다. 직장에서 나름의 성공을 거두었지만, 건강을 잃거나 가족과의 연대를 잃어버린 경우를 종종 볼 수 있다. 앞만 보고 달리다가 주변을 돌아봤더니 편하게 속마음을 털어놓을 사람 한 명 없다는 하소연을 들어본 적이 있다. 열심히는 살아왔지만 소중한 것을 놓치고 살았기 때문이다.

살다 보면 당장 처리해야 할 긴급한 일에만 몰두하기 쉽다. 기한이 정해져 있는 일, 당장 결재가 필요한 일, 급하게 걸려온 전화 등 우리 앞에는 늘 이런 일들이 기다리고 있다. 이런 폭풍우에 휘말리다 보면 소중한 것들을 잊기 쉽다. 가족과의 사랑, 친구와의 우정을 다지는 일,

건강과 지식을 쌓는 일 같은 것은 뒷전이다. 정작 시간이 나면 소중하지도, 급하지도 않은 게임, 유튜브, 웹서핑과 같은 오락에 나머지 시간을 허비하기 일쑤다.

이러한 낭패를 피하기 위해서는 진정 내가 얻고자 하는 바가 무엇인지 돌아보는 것이 필요하다. '사명'과 '가치'가 바로 그것이다. 이로부터 연간, 월간, 주간, 일일 계획이 나온다면 인생의 목표와 정렬을 잘 갖춘 계획이 된다. 매일의 삶이 최종 목표와 연계되어 있다면 살아가는 순간순간이 보람되고 즐거울 것이다.

단순한 기록이 아닌 지식의 관리, 목표와 계획의 연계성은 3P바인더의 핵심 가치다. 단순히 기록은 의미가 없다. 언제든 누구나 이 기록을 검색하고 발전시켜 나갈 수 있도록 체계화해야 한다. 그것이 매뉴얼이며 지식이다. 자신의 역사를 써나가는 일이다. 이러한 역사가 만들어지면 지식을 만드는 사람뿐 아니라 그 지식을 이용하는 사람, 지식을 가진 조직까지 혜택을 보게 된다.

목표와 계획의 정렬은 아무리 강조해도 지나치지 않다. 하루는 계획하지만, 목표는 돌보지 않는다면 사다리를 타고 열심히 올랐을 때 원하지 않는 곳에 도달하는 것과 같다.

목표와 가치, 장기 목표와 단기 목표가
제대로 정렬되었을 때 삶은 올바른 곳으로 향하게 된다.
나만의 역사를 써나가는 소중한 일, 오늘부터 바로 시작해보자.

성공 방정식을 나누다

"내가 하는 일의 열매가 다른 사람의 나무에서 열리면 좋겠습니다."

3P바인더를 개발한 강규형 대표의 3P자기경영연구소 소개글에 담긴 이 글이 3P바인더의 철학이자 3P자기경영연구소의 철학이다.

처음 이 글을 읽었을 때의 작은 충격을 잊을 수 없다. 내가 배우고 아는 것을 누군가에게 알려 그에게 도움이 될 수 있으면 충분하다 생각했다. 내가 하는 일의 열매가 다른 사람의 나무에서 열리면 좋겠다고? 내가 하는 일의 열매가 다른 사람의 나무에서 열리기를 바란다니! 도대체 이곳은 어떤 곳일까?

3P바인더를 잘 쓰고 싶은 사람은 강규형 대표의 저서 《성과를 지배하는 바인더의 힘》을 읽으면서 따라하면 된다. 사명을 쓰는 방법부

터, 월간과 주간 스케줄을 쓰는 방법, 기록하는 방법 등 3P바인더 핵심 안내서와 같은 책이다. 3P바인더 심화과정을 들으며 다시 이 책을 읽었을 때 '와, 강의에서 들었던 바인더 쓰는 법을 정말 그대로 다 담아놓은 책이네. 어떻게 이렇게 모두 담을 수 있었지?' 하는 감탄이 나왔다. 마치 3P바인더 쓰기를 위한 족집게 과외 비법책과 같다는 느낌이었다. 이것만 자세히 읽고 실천해도 3P바인더를 잘 활용하는 것에 전혀 문제없어 보였다.

그런데 왜 많은 사람들이 많은 돈을 들여가며 3P자기경영연구소에 강의를 들으러 오는 걸까? 현장에서 느껴지는 '함께'의 가치를 나누는 에너지와 서로를 호칭할 때 '○○○ 선배'라고 부르는 호칭문화에서 그 이유를 예측해볼 수 있다. 나 역시 처음 3P바인더와 독서기본과정을 들은 후 이 과정이 끝날 때쯤 바로 3P코치 과정에 등록했다. 2백만 원이 넘는 교육비, 나에게는 쉽지 않은 결정이었다. 적은 비용이 아니기에 남편과도 함께 의논했다. 이 과정을 통해 무엇을 얻을 수 있는지, 어떻게 활용할 수 있는지에 대해 이야기를 나누었다. 하지만 당시에는 내가 겪고 있는 슬럼프를 극복해야 한다는 절박함, 이 슬럼프를 극복할 수 있는 대안이 3P바인더뿐이라는 생각이 이 과정에 들어와 정말 열심히 공부할 수 있었던 초석이 되었다.

지금은 온라인과 대면교육을 혼합하여 진행하지만 내가 3P코치 과정에 공부하기 시작했던 2020년 11월에는 모든 교육이 온라인으로만 진행됐다. 대면교육 자체가 불가능했던 시기였다. 집합금지 시기였던 것으로 기억된다. 그럼에도 불구하고 느꼈던 것은 위에서 언급한 3P바인더의 핵심가치였다. 과정 중에 나눠주는 많은 자료들, 다시 복습할 수 있도록 특정 기간 강의 영상도 제공되었다. 이 과정 중에는 바인더 관련 심화강의, 정리력 등 3P바인더를 통해 얼마나 삶을 정리할 수 있는지에 대한 강의도 듣는다. 그리고 신청 인원을 6~7명으로 나누어 팀을 만들고, 그 팀을 담당하는 테이블 마스터가 따로 배치되어 약 3개월의 과정을 잘 해낼 수 있도록 돕는다. 테이블 마스터를 통해 궁금한 점은 물어볼 수 있고, 힘들어 그만두거나 연기하고 싶을 만큼 지쳤을 때 다시 힘내서 과정을 잘 마칠 수 있도록 서로 적극적으로 돕는다. 테이블 마스터뿐만 아니라 모든 운영진들이 수강자들의 성장과 배움을 위해 적극적으로 돕는다. 내가 가장 감동했던 부분 중 하나가 이것이었다. 아끼는 것이 아니라 아낌없이 주는 마음이 나의 마음을 많이 움직였고, 그런 배려 속에 나는 3개월의 3P코치 과정(3P바인더 심화과정)을 거치며 슬럼프를 극복해나갔다. 독서포럼 나비에서 마지막에 외치는 구호 "공부해서 남을 주자!"도 같은 맥락이다. 이 과정 중에 내가 배운 가장 큰 핵심가치는 '함께 성장', '나누며 성장'이었다.

지금의 나는 내가 가진 것을 나눌 수 있는 것이 얼마나 큰 기쁨과 행복을 느끼게 해주는지 안다. 그리고 이 가치는 지금 내가 하는 모든 일에 영향을 미치고 있다. 지난 9월, 그림책 활동가 과정에서 있었던 일이다. 전체 12회의 강의 중 나는 4번의 강의를 진행했다. 그때 내가 경험한 강의 사례와 실제로 강의에서 시작할 때 내가 사용하고 있는 방법들을 모두 알려드렸다. 그때 강의를 마친 후, 한 선생님께서 이렇게 말씀하셨다. "정말 많이 배웠습니다. 정성을 다해 모든 걸 나눠주시려는 마음이 느껴졌습니다. 정말 다 나누어주시는 느낌이었어요. 도움이 많이 되었습니다. 감사합니다." 그 이야기를 들으며 생각했다. 배운 대로 나도 어딘가에서 하고 있었다. 함께 성장하고 나누며 성장한다는 가치를 어느 순간 실천하고 있는 '나'를 느낄 수 있었다.

그리고 이런 나의 변화는 3P바인더에 고스란히 담기기 시작했다. 누군가를 돕고 싶은 마음이 사명에 구체화되었고, 꿈 목록에 이루고 싶은 것이 어느 순간 나를 넘어선 타인에게 선한 영향력을 주고 싶은 내가 보이기 시작한 것이다. 삶에서 중요하게 생각하는 '핵심가치'도 변해갔다. 2020년 11월에 쓴 가치와 최근 업그레이드한 '핵심가치'에 타인을 향한 마음과 시선이 담겨감에 나 자신도 이런 변화가 놀라웠다.

누구에게나 '꿈'이 있다. 나의 꿈과 내가 생각하는 '성공'의 방정식에는 3P에서 배운 함께와 나눔의 가치가 큰 부분을 차지하고 있다. 나는 어떤 사람이 되고 싶은가? 내가 정의하는 성공은 무엇인가? 나의 꿈에 우리가 담기고, 나의 성공에 공동체가 담긴 지금, 새로운 꿈을 꾸는 나를 발견한다. 이를 위해 새롭게 준비하는 것이 있다. 새롭게 준비하는 과정에 내가 선택한 그 길이 맞는지를, 먼저 그 길을 가고 있는 누군가의 뒤편에서 온전히 간접적으로 경험한다. 이 경험은 내가 가고자 하는 그 길로 더 가고 싶게 만들고, 그 누군가의 도움으로 그 길에 빠르게 도착하고 있음을 경험한다. 내가 그 길을 잘 갈 수 있도록

VISION

비전

2021년까지 강사로 활동한 분야의 지식과 지혜를 함께 복수있도록 서번바잉력을 만든다.

2023년까지 핵심분야를 튼튼히 하여 '석윤희 강의'의 The only 함을 구축한다.

2026년 부터 3년마다 강의책을 집필 하고 년 100회 이상 강의하는 스테디셀러 작가가 된다.

2030년까지 'The only 함'가 구축될 공간을 만들어 나의 전문성과 지혜를 나눈다.

즉, 사람들이 긍정성, 열정, 파트너십을 가지고 자신의 분야에서 선한 영향력을 갖춘
메신저로 성장할수 있도록 돕는 스승이 되겠다.

내가 ~ 되겠습니다. [To-be]

2020 년 12월 8 일 _____ 석윤희 _____

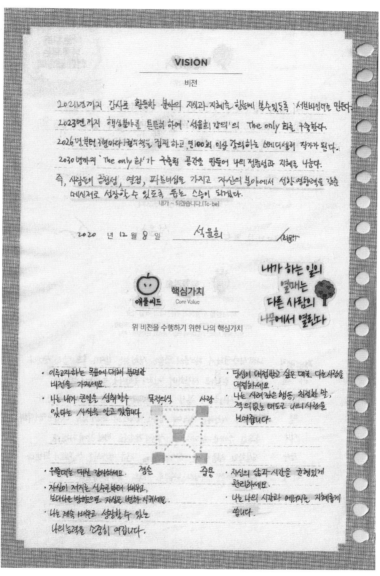

애플씨드 🍎 핵심가치 Core Value

내가 하는 일의 열매는 다른 사람의 나무에서 열린다

위 비전을 수행하기 위한 나의 핵심가치

· 이룩교과하는 목표에 대해 분명한 비전을 가지세요.
· 나는 내가 큰일을 성취할수 있다는 사실을 알고 있습니다.

목적의식   사랑

· 당신이 대접받고 싶은 대로 다른사람을 대접하세요.
· 나는 사려깊은 행동, 친절한 말, 격의없는 태도로 나의 사랑을 보여줍니다.

· 우쭐대는 대신 겸허하세요.   겸손   중용
· 자신이 저지른 실수로부터 배우고, 보다나은 방향으로 자신을 변화 시키세요.
· 나는 계속 배우고 성장할 수 있는 나의 능력을 신뢰히 여깁니다.

· 자신의 삶과 시간을 균형있게 관리하세요.
· 나는 나의 시간과 에너지를 지혜롭게 씁니다.

나를 이끌어준 누군가를 만난 것처럼, 나 역시 누군가 가고자 하는 길을 먼저 걸어본 길잡이로 나아간다.

그 길의 시작! 빨리 가려면 혼자 가고,
멀리 가려면 함께 가라는 말이 있다.
오늘도 난 누군가와 멀리 가기 위해 함께 길을 걷는다.

바인더, 인플루언서의 핵심은 기록이다

내 삶의 핵심가치는 실행, 성장, 상생이다. 내가 3P바인더를 통해 배운 삶의 철학이자 내 삶의 가이드라인이다. 실행력은 내 삶의 핵심 키워드다. 나는 한때 강의 중독자였다. 강의 중독자들은 자기계발과 내적 성장에 관심이 많다. 문제는 강의만 열심히 듣는다는 것이다. 배운 것을 성과로 만들지 못했다. 제대로 할 줄 아는 것은 없는데 눈만 높아지는 결과를 낳았다. 3P바인더를 쓰면서 알게 되었다. 자기계발 시간이 많았음에도 나의 성과는 보잘것없었다. 그 원인을 분석했다. 결론은 실행하지 않았다는 것이다.

매일 도전하고 실행했다. 그리고 매일 실패했다. 그러자 나는 매일 새롭게 성장하는 사람이 되었다. 스스로 할 줄 아는 것이 하나둘 늘어났다. 그렇게 시작한 것이 블로그였고, 3P바인더였다. SNS에 나의 콘텐츠를 기록했다. 이것은 3P바인더를 매일 쓰는 습관과 비슷했다. 사람들은 나의 실패경험과 도전한 이야기들을 좋아했다. 3P바인더에 기록하던 이야기를 블로그와 인스타에도 올렸다. 블로그와 인스타에 올린 포스팅을 포토비로 출력해서 바인더에 붙였다.

'적자생존', 적어야 산다. 기록은 역사가 된다. 조선왕조실록만 역사가 아니다. 내 삶의 주인으로서 나의 역사를 기록할 의무가 있다. 그 도구로 3P바인더는 유용한 동반자이다. 매일 하는 행동, 매일 하는 습관이 나를 만든다. 생각해보면 어제까지의 습관이 오늘의 나다. 습관이 중요하다고 하자면 꾸준함도 실력이다. 꾸준히 기록하는 습관은 업무성과에서도 중요하다. 1인기업으로 시작해서 지금까지 2년 반 정도의 시간이 흘렀다. 일머리가 있고 일 잘하는 직원의 특징은 기록한다는 것이다. 주요업무를 체크하고 기록하는 직원은 업무성과도 탁월했다.

코로나 덕분에 우리의 삶의 패턴이 달라졌다. 온라인교육 시장이 확대되었고 지식창업과 지식경영에 대한 수요도 커지고 있다. 지식경영이란 지식의 구조화, 지식의 카테고리(분류), 지식의 재구성으로 볼 수 있다. 지식을 구조화하기 위해서는 핵심 키워드를 찾아내고, 연관 키워드를 정리하며 핵심 메시지를 한 줄로 정리하는 습관이 필요하다. 그리고 지식을 분류할 수 있어야 한다. 이때 3P바인더에서 배운 업무 매뉴얼 제작 노하우가 도움이 되었다. 나의 역사를 기록하고 분류하면서 지식을 정리하고, 나만의 언어로 재구성할 수 있었다. 내적 성장과 외적 성장에 있어 독서습관과 3P바인더의 지식관리를 나만의 무기로 만들어나갔다. 그 무기의 색깔은 다 다르겠지만 누구에게나 유용한 무기가 될 것이다.

3P바인더 마스터 과정에서 꼭 거쳐야 하는 과정이 있다. 그것은 강규형 대표와의 면담이다. 모든 마스터에게 면담 시간은 특별한 시간이 되었다. 나 또한 강규형 대표와의 면담은 인생의 전환점이 되었다. 사회적 기여와 기버로서의 삶에 대해 반성하는 계기가 되었다. 그 이후부터 나눔과 상생에 대한 부분을 늘 바인더에 기록하게 되었다. 어떻게 기여할 것인가? 내가 잘하면서 다른 사람들을 도울 수 있는 부분이 무엇일까? 그래서 시작한 것이 무료 컨설팅이다. 지금도 매월 10명 정도의 고객들을 대상으로 무료 컨설팅을 제공한다. 나에게는 이 시간을 무료로 제공한다는 것 자체가 금전적 손해를 감수하는 것이다. 그럼에도 사람을 살린다는 마음으로 컨설팅을 제공한다.

부동산이나 자산관리는 컨설팅의 영역이다. 왕초보들에게는 솔루션이 필요하다. 아무리 알려줘도 늘 실패하는 패를 고른다. 정말 안타깝다. 그래서 무료 컨설팅을 통해서 하면 안 되는 것과 왜 안 되는지를 알려주는 일에 사명감을 느낀다. 자본주의 사회에서 자본주의를 제대로 이해하도록 돕는 것은 사람 목숨을 구하는 것만큼 가치 있는 일이라고 생각한다. 경제적인 위기는 가급적이면 경험하지 않는 것이 좋다. 상처가 크다. 그 상처와 슬럼프를 극복하는 것도 바인더. 회피하지 말고 기록해보자. 나 또한 힘들고 속상할 때 기록한다. 마음 그대로 표현하고 위로한다. 모든 것은 내 탓이다. 그리고 모든 것은 나를 위해 좋은 일이다. 그것을 바인더에 기록한다. 그리고 다시 용기를 낸다.

구글 캘린더가 아니라 3P바인더에 내가 직접 기록하는 것 중 하나가 바로 고객과의 무료컨설팅이다. 그 내용은 씽크와이즈로 정리하고 평생 회원은 컨설팅 영상도 녹화해서 제공한다. 고객의 성과에 대해 기록하는 것 또한 3P바인더의 가치와 부합한다. '공부해서 남을 주자' 구호와 함께 박수를 힘있게 친다. 몸으로 익히며 소리를 더한다. 부동산도 공부하자. 공부해서 자립하자. 자산관리 바인더 전문가로 성장하고 있다. 지금도 성장 진행 중이다. 매일 실패하고 매일 도전한다. 빨리 실패할수록 더 많이 성장한다. 실패의 역사도 기록한다. 과거 실패의 역사가 지금의 나를 만들었다. 그리고 늘 바인더와 함께했다.

성장과 상생은 한 몸이다. 나의 성장이 이웃의 나무에서 열매로 자라는 것, 그렇게 이웃의 성장에 이바지할 수 있다는 것이 뿌듯하다. 컨설팅을 받은 재노스쿨 수강생들이 수도권 대단지 아파트를 매수하고, 청약에 당첨이 되고, 원하는 토지를 저렴하게 계약했다. 바인더에 지식산업센터 분양계약 2건 기록하고 실제 계약까지 실행했다. 나와 함께 기록하고 성과도 공유했다. 바인더를 꾸준히 쓰면서 목표가 없는 삶에서 목표가 있는 삶으로 변화했다. 중장기 목표가 생기자 남들보다 더 큰 성과를 내기 시작했다. 성과가 나타나자 남을 도울 기회가 많아졌다. 나의 성과가 다른 사람의 나무에서 열리자 나를 찾는 사람들이 늘어났다. 이렇게 선순환이 시작되었다.

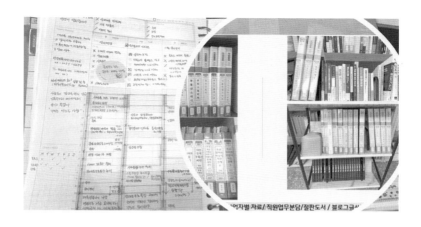

이어령 박사는 디지털과 아날로그를 자유자재로 활용하는 디지로그 역량을 강조했다. 디지털 바인더를 출시한 3P바인더는 미래사회에 필요한 디지로그 역량에 부합한 행보를 하고 있다. 디지로그 역량에서 바인더와 짝꿍이 될 SNS도 중요하다. 바인더는 나의 기록인데 이것을 공개적으로 확언하는 것이다. 블로그에 포스팅하고 공유하자 많은 이웃이 응원해주었다. 그것만으로도 힘이 났다. 힘이 난다는 것은 에너지가 모인다는 것이다.

이제는 온라인이 새로운 에너지다. "공부해서 남을 주자"는 '공부해서 공유하자'와 같은 의미다. 최근 인스타에 바인더 강의 셀프 후기, Life Plan 작성 사례를 공유했다. 인스타 친구들이 바인더가 궁금하다고 관심을 보였다. 인플루언서들은 매일 기록한다. 자신의 역사를 공유하면서 비즈니스까지 확장한다. 기록이 역사가 되고, 역사를 기록하는 사람이 인플루언서가 된다.

3P바인더를 기록하면서 쉼과 힐링 또한 성장을 위한 과정이라는 것을 깨달았다. 쉼과 힐링, 여가시간을 미리 확보하는 것이 중요하다는 것을 알게 되었다. 나의 일상 속에 성장과 쉼이 조화로울 때 균형 있는 삶이 된다. 예전에는 미처 알지 못했다. 그러나, 지금은 나의 실패와 좌절, 적절한 쉼이 성장을 위해 꼭 필요한 과정임을 안다. 3P바인더에 나를 기록한다는 것은 인플루언서가 되는 과정이었다.

바보야, 문제는 포트폴리오야!

"라떼는 말이야…"

이제는 금지어처럼 되어버린 "라떼는 말이야"는 꼰대들의 대표적 표현이다. 혹자는 이런 것을 "라떼Latte는 말Horse이야"라며 비꼬기까지 한다. 그러나 이 유행어가 본격적으로 알려진 것은 믿고 보는 배우 김병철이 출연한 광고가 공개되던 날부터라고 한다. 이 광고가 인상적인 것은 변화된 시대상을 표현하는 카피 문구 때문이다.

"시대가 변했다. 그래서 보험도 변했다! 어떤 인생을 살아가든 필요할 때 힘이 되도록 책임지는 인생 금융. 인생 금융 파트너!"

자기계발에 관심이 있는 사람이라면 이 문구를 들었을 때 역설적으로 스티븐 코비의 《성공하는 사람들의 7가지 습관》이나 《원칙 중심의 리더십》혹은 A. 로더 메릴·레베카 R. 메릴의 《균형 잡힌 삶을 살아라》가 생각났을 것이다. 실제로 우리는 변화에 민감해야 한다. 그러나 위의 작가와 책들은 변하지 않는 원칙이 있으며 성공한 사람들은 누구나 그 원칙을 붙들었다고 주장했다.

3P바인더의 첫 번째 핵심가치는 '자기경영'이다. 강규형 대표는 그의 책《성과를 지배하는 바인더의 힘》에서 "꿈과 비전을 종이에 쓰고, 시간과 지식을 관리하는 전략을 갖고, 매일 실천하는 시스템을 습관화한다면 어느 조직이나 단체에서도 환영받는 인재가 될 것"이라며 변하지 않는 원칙을 주장한다. 따라서 3P바인더의 핵심가치인 '자기경영'으로 '마인드 리셋Mind Reset'한다면 개인의 변화와 성장 그리고 성숙은 선물처럼 주어질 것이다.

연예인만큼 유명한 장경동 목사는 TV 프로그램에서 "기성세대는 옛날에 힘들었던 일과 지금의 좋은 환경을 모두 경험했기 때문에 무엇이 더 좋은지 알 수 있다"라고 했다. 그러면서 젊은이들은 지금 자기경험만 있기 때문에 무엇이 좋아졌는지 알지도 못한 채 힘든 것만 생각한다고 덧붙였다. 사람이 모든 것을 경험할 수 없기에 선인들의 지혜가 필요함을 적절하게 지적했다고 생각한다. 그러나 젊은이들로서는 다소 받아들이기 힘든 요소가 있다. 왜냐하면, 고통은 주관적이지 객관적일 수 없기 때문이다. 더욱이 기성세대들도 젊은이들과 같은 조건에서 현실을 산 적이 없지 않은가. 세대가 다르기 때문에 단순히 비교할 수 있는 문제는 아닐 것이다.

인생의 난관을 지혜롭게 잘 극복한 사례가 바로 세계적인 피겨의 여왕 김연아라 하겠다. 그녀는 자신을 무척 현실적인 사람으로 규정했다. 그래서 "실현 가능성이 적은 목표를 세우기보다는 작은 목표들을 그 순간순간에 잘 이뤄내서 이행해간다면 궁극적인 목표에 도달할 것이기에 그런 목표들에 더 집중했다"라고 한다. 어쩌면 이 말이 꼰대들의 말을 거스를 수 있는 중요한 근거가 되지 않을까. 왜냐하면, 모든 것을 경험하지 않아도 목표에 기반하여 하루에 성공하면 자신이 원하는 인생을 실현해 낼 수 있기 때문이다. 여기에 검증된 원칙을 기반한다면 성공의 가능성은 더욱 커질 것이다.

배우 최민수도 중학생 때 '좌심방 부정맥 결막증'이라는 진단을 받고 시한부 인생을 선고받은 듯 너무도 힘든 현실을 대면했다. 그러나 그는 오히려 몸이 아픈 것을 축복이라고 생각했다. 그에게는 이 땅에서 주는 모든 열매와 하늘에서 내리는 모든 것들이 매일 매일 새롭게 느껴졌다. 매일 아침이 늙어가는 것이 아니라 새로움으로 다가왔다고 했다. 피하지 말고 자신의 소중한 순간순간을 매일 느껴보라고 말했다. 이런 의미에서 나는 3P바인더의 두 번째 핵심가치를 '너의 시간을 알라'라고 생각한다.

'너의 시간을 알라'는 말은 무의미하게 시간을 흘려보내지 말라는 뜻이다. 자신이 어떻게 시간을 쓰고 있는지 알아야 한다. 그리고 한 발 더 나아가 그 시간의 의미와 가치를 부여하고 발견해야 한다. 이 일은 기성세대와 같은 경험이 없어도 가능하다. 자신에게 주어진 모든 순간에 감탄하고 감사하면 '너의 시간'이 보이기 시작한다. 그렇게 보인 시간 위에서 할 수 있는 과업을 실천하면 된다.

나는 시간관리란 자신을 만나는 일이라 생각하기에 주어진 문제를 회피하지 않고 연간계획 하에 월간과 위클리에서 실현할 수 있는 덩어리로 일을 세분화해서 직면한다. 조금 어렵게 말하면 흘러가는 크로노스의 시간 위에서 카이로스의 의미를 건져 올리는 것이다. 3P바인더는 연간계획을 단기계획으로 규정하는데, 이 말은 어떤 프로젝트든지 최소한 연간계획 안에서 월간과 위클리로 세부화해서 실천해야 한다는 의미다. 시간관리는 단순히 어떤 일에 몇 시간을 썼느냐가 아니다. 시간관리란 인생의 사건과 위기를 관리하는 것이다. 신이 주신 각자의 사명을 삶 속에서 실현함으로 세상과 개인의 삶을 이롭게 하는 것이다. '너의 시간'은 이렇게 알아갈 수 있다.

짐 론은《내 영혼을 담은 인생의 사계절》에서 자연계처럼 인생에도 봄, 여름, 가을, 겨울 사계四季가 있다고 한다. 따라서 자신이 어느 위치에 있는지를 확인하고 다음 계절을 준비하라고 그는 말한다. 물론 인생이 이론처럼 되지는 않는다. 그렇지만 문제해결의 최선은 모든 위험요소를 예측하고 예방하는 것이기에 그의 말을 되새길 필요가 있다.

3P바인더에서도 그 사계를 찾을 수 있을까? 물론이다! 자신의 위치를 발견하고 다음을 준비하는 일을 '포트폴리오'를 통해서 실현할 수 있다. '포트폴리오'는 삶의 흔적이면서 궤적이기 때문이다. 보통은

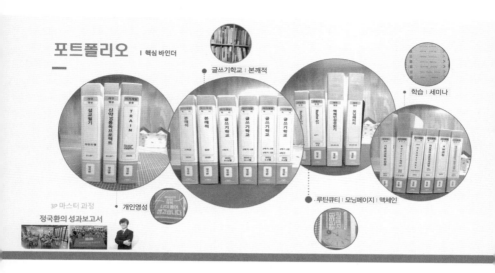

포트폴리오 ㅣ 핵심 바인더

글쓰기학교 ㅣ 본깨적

학습 ㅣ 세미나

3P 마스터 과정 개인영성

정국환의 성과보고서

루틴큐티 ㅣ 모닝페이지 ㅣ 맥체인

삶의 흔적들을 모아서 취업이나 진학의 용도로 포트폴리오를 사용한다. 하지만 3P바인더를 통해서 새로운 관점을 발견해 보길 바란다. 나의 이력이나 경력 혹은 실력 등을 통해서 나는 어떤 사람인지 그리고 어떤 일을 할 것인지를 예측하는 삶의 궤적을 그려보면 좋겠다. 그렇게 관점에 변화가 생기고 나면 삶의 모든 흔적이 소중해질 것이다. 버릴 것이 없기 때문이다. 이러한 이유로 나는 3P바인더의 세 번째 핵심 가치를 '포트폴리오'라고 생각한다.

인생은 죽음을 경험해 보지 못한 '하이 리스크High Risk'의 연속이다. 이 말은 올바른 방향성이 없다면, 다시 말해서 진북True north을 알지 못하면 방향성을 잃은 점들을 연결한 선분에 지나지 않는다. 3P바인더 사용자들은 바인더를 통해 어렵지 않게 포트폴리오를 남길 수 있다. 삶의 흔적을 모으기만 하면 되기 때문이다. 그러나 이 정도는 포트폴리오를 제대로 활용한 것이라 하기 어렵다.

포트폴리오는 삶의 족적이고 개인이 노력한 성과와 성장의 열매들이다. 이 성과물들이 하나씩 누적되면 어느새 방향성이 생긴다. 그것은 흔적을 통해서 진북을 가리키는 귀납적 방법이라 하겠다.

반면에 어떤 이는 비전을 먼저 세우기도 한다. 하지만 종교와 같이 진리를 제시하지 못한다면 그 계획과 비전은 불완전할 수 있다. 따라서 이를 보완하기 위해서 자신의 포트폴리오를 단순히 취업과 이직을 위해서만이 아니라 삶의 방향성과 진정성을 확인하는 도구로 사용하면 어떨까. 곧 단순한 흔적이었던 '필모그래피Filmography'들을 통해서 자기만의 진북을 가리키는 '포트폴리오Portfolio'를 발견하고 제시하는 것이다.

네 삶을 살라

서른아홉의 나는 스스로에게 '어떻게 살아야 잘 사는 것일까?'를 매일 물었다. 그때 마침 지인을 통해 알게 된 것이 3P바인더였다. 바인더를 쓰기 시작한 것이 우연만은 아니었겠다. 어떻게 사는 게 조금이라도 나은 삶일지 늘 생각해 왔다. 구하는 자에게 주신다는 신의 선물인가?

자신만의 일을 찾아라

3P자기경영연구소의 바인더 초급 과정에서 강규형 대표의 강의를 들을 수 있다. 강규형 대표의 방에 들어가면 삼면의 벽이 책과 바인더로 빼곡하다. 회사 일의 매뉴얼을 정리해 놓은 노트들과 책을 읽고 정리해 놓은 바인더들이다. 바인더를 만들어내는 과정을 하나하나 자세히도 기록해 놓았다.

3P바인더가 생겨난 계기는 이러하다. 강 대표가 손으로 그려 쓰던 업무용 양식지가 있었단다. 주위 사람들이 보고 그것을 나눠달라고 했다. 그리고 그 양식지를 묶어 수첩을 만들고 판매하기까지 되었다. 그 수첩이 지금의 3P바인더가 되었다. 대표님의 꼼꼼함과 성실함이 대단하다.

직장생활하며 주어진 일 이상을 열심히 했다는 강 대표의 이야기를 들었다. '적당히 일하고 말자' 생각하는 나같은 직장인에게 일에 대한 자세를 반성하게 하는 대목이다. 강 대표의 인생을 보니 그는 직장에서 누구보다 열심히 일하는 직원이었다. 어떤 상황에서도 효율성을 따져보고 개선하기 위해 스스로 노력했던 사람이었다. 주어진 일만 열심히 하는 그런 직원이 아니라 닥친 문제점을 해결하려고 노력하는 창조적인 직원이었다. 그 모습을 좋게 평가받아, 재직 중이던 이랜드에서 최연소 퓨마 본부장으로 자리를 옮기기도 한다. 그러나 그는 새로운 도전을 한다. 유명 보험 회사를 거치며 결국에는 3P자기경영연구소라는 자신의 회사를 만들어냈다.

직장 생활에서 주어진 일들을 빈틈없이 하는 것만으로 충분하다고 생각했다. 주어진 일을 열심히 하며 산다. 그러나 직장에서 하는 일들을 가지고 미래에 나만의 일을 찾을 수 있다는 생각을 해본 적이 없다. 3P바인더에는 강 대표가 담아온 일에 대한 철학이 녹아 있다. 직장 생활을 하는 과정에서 그는 자신의 비즈니스를 찾았다. 자신의 능력을 키우고 열정을 키워 자신만이 해낼 수 있는 유일무이한 영역을 만들어 가는 것. 자신의 고유한 가치를 찾아 키우는 것. 이것을 필요한 사람에게 전달하는 자신만의 '업'을 만드는 것. 그것이 바인더의 핵심 가치가 아닐까.

자신만의 시간을 찾아라

책을 읽고 글을 쓰기 위해 밤 열 시 반에 자고, 새벽 세 시 반에 일어난다. 글을 쓰고 나서 다섯 시 오십 분에 아침 수영을 하러 나간다. 40여 분 운동을 하고 집에 들어와 아이들에게 밥을 차려주면서 출근 준비를 한다. 여덟 시에 두 아이를 데리고 집을 나선다. 퇴근 후에 저녁을 먹고, 저녁 일곱 시 반부터 여덟 시 반까지는 아이들의 숙제나 공부를 봐준다. 하루가 금방 지난다.

일 년을 본다. 2~4월은 학기 시작 전후로 바쁜 시기이다. 특히 3월은 입학과 개학, 학생들과 적응 기간이라 바쁘다. 4~6월은 여러 행사로 살짝 바쁜 기간이다. 여름방학이 끝난 후 8~9월이 바쁘고, 12월에 한 해 마무리로 바쁜 시기이다. 일 년 내내 바쁜 느낌이다.

흘러가는 시간 사이에서 바인더는 '현재 내가 사는 시간'을 깨닫게 해준다. 일 년 중 어느 시기에 여유가 있을지, 하루 중 어느 때에 몰입이 잘 되고 효율적인지 알 수 있다. 시간을 기록하다 보면 내가 잘 쓸 수 있는 시간이 보이기 시작한다.

누구나 자기의 시간을 산다. 자기의 속도대로 산다. 똑같이 살면서 어떤 사람은 이룬 게 많고, 어떤 사람은 후회가 많다. 능력의 차이가 아니라 시간을 쓰는 방식의 차이다. 바인더를 쓰기 전에는 몰랐다. 바쁘게 살면 다 좋은 삶이라고 생각했다. 그러나 바인더를 쓰면서 깨달

2021 3P 마스터코치 수료

은 것은 자기만의 속도로 자기의 시간을 살아야 한다는 것이다. 그래야 자신만의 행복을 이룰 수 있다는 사실이다. 자기에게 편안한 시간이 있는데, 남들이 하는 대로 그 시간을 보내고 있으면 매시간이 힘들다. 시간을 기록하고 확인하는 과정에서 삶을 꼭꼭 씹어 삼키는 맛을 느낀다. 하고 싶은 일들을 바인더에 계획해서 진척시키고, 기록하면서 자신만의 시간을 찾아 사는 기쁨을 누릴 수 있다.

자신만의 비범한 인생을 살라

시간관리와 목표관리에 대해 강의한다. 선생님들과 독서모임을 하며 삶의 균형을 이야기한다. 작가가 되었고, 글을 쓴다. 라이프 코칭도 하고, 학습 코칭도 한다. 단순히 어떤 '타이틀을 더 갖게 되었다'가 아니라, 그 속에서 만족감과 행복을 느낀다.

3P바인더는 삶의 무기이다. 바인더 기초 과정부터 심화 과정까지 이수하면서 '책, 바인더, 관계'는 점점 나의 무기가 되었다. 평범한 내 삶을 비범하게 만들어 준 무기이다. 치열하게 책을 읽으면서 현재의 나를 바라보게 했다. 그리고 현재의 세상과 앞으로의 세상에 관심을 갖게 해주었다.

또 가치와 나눔에 대해 고민하게 해주었다. 시간과 목표에 관해 정리하고, 리더십과 내 조직에 대해 다시 생각해 보게 된다. 바인더로 정리하고, 적용할 것들을 빼곡히 적다 보면 어느덧 삶을 대하는 내 생각과 태도가 달라져 있음을 느낀다. 쑥 성장해 왔음을 느낀다. 그리고 그 과정을 같이하는 사람들과의 관계를 통해 내가 틀리지 않았음을 확인하며 나의 삶을 산다.

우리 각자는 모두 특별한 존재다. 《꽃들에게 희망을》에서 애벌레 한 마리 한 마리는 모두 그 생김이 다르다. 애벌레 탑 속의 어느 누구도 똑같은 생김새의 애벌레는 없다. 각자의 모습으로 살고, 각자의 시간을 산다. 나의 과거를 기록해 나의 현재를 파악하고, 나의 미래를 만들어 가는 삶. 평범함을 비범함으로 만들어주는 길이다. 바인더는 한 개인이 각자의 삶을 비범하게 만들어주는 길을 열어준다. 나의 비범함을 닦아내기 위해 오늘도 바인더에 삶을 적는다.

바인더는 그저 평범한 일반 사람을

평범하지 않은 비범한 사람으로 만들어주는

놀라운 기적을 만들어낸다.

평범함과 비범함의 차이는 바인더에 있다.

오늘도 평범하지 않은 나의 비범한 하루를 살고 싶어

바인더를 편다.

매일 내 삶의 작가가 됩니다

3P바인더를 열면 첫 페이지에 "하루하루가 쌓여 지금의 당신이 되었듯 한 장 한 장이 쌓여 당신의 이야기가 됩니다. 당신은 이 바인더의 저자입니다."라고 적혀 있다. 인생의 굴곡을 직접 자기 손으로 매일 기록하면서 바라보는 힘은 지혜를 선물로 준다. 과거를 정리하고 현재를 살아가는 기쁨을 느낄 수 있다. 불안이 아닌 기대하는 마음으로 미래를 준비하는 도구, 3P바인더를 많은 사람이 사용하면 좋겠다.

"3P바인더는 누가 써야 해요?"라는 질문에 "시간을 자원으로 만들고 싶은 사람"이라고 답한다. 즉, 오늘을 살아가는 모든 사람에게 필요하다. 시간을 소비하지 않고 생산적으로 만들고 싶은 사람들이다. '바쁘다'라는 말이 훈장이 돼버린 세상이다. 왜 바쁜지도 모르고 바쁘다. 시간을 통제하지 못하기 때문이다. 일의 목적이 없기 때문이다. 우선순위 없이 되는 대로 일하기 때문이다. 오늘의 행동이 모여 미래의 나에게 선물이 될 것이라는 믿음이 없기 때문이다. 바로 잡으려면 어디서부터 잘못됐는지 찾아야 한다. 그러자면 시간도 걸리고, 기존 습관을 고치기 위해 불편한 과정도 거친다. 시간과 싸우지 않고, 현명하게 이용하면서 평생 동료로 만들고 싶다면 자기 삶을 매일 기록하는 훈련이 필요하다.

"나 최서연의 사명은 최고의 자신을 찾는 이들에게 BBM^Book, Binder, Mindmap^을 통해 풍요로운 성장을 돕는 것이다." 매년 바인더 속지를 새로 옮기면서 사명을 적는다. 사명이 어렵게 느껴져서 배우고도 한참 동안 적지 못했다. 수십 권의 책을 찾아보고 공부했다. 나만의 사명을 찾았던 과정을 통해, 다른 사람들의 사명을 찾아줘야겠다는 꿈도 생겼다. 감사일기에 사명을 매일 적으며 하루를 시작한다. 오늘 읽었던 책을 인스타그램에 소개하는 것, 바인더 수업을 진행하는 것, 마인드맵으로 강의를 만드는 것, 모두 사명대로 사는 삶이다. 매일 꿈을 이루며 사는 중이다.

그러려면 Why부터 찾아야 한다. 찾았다면 기록해서 눈으로 보이게 해야 한다. 대부분 How만 찾는다. 방법을 아는 것은 누구나 배우면 할 수 있다. 왜 그 방법대로 매일 해야만 하는지 아는 사람만이 지속할 수 있다. 바인더를 배운 사람은 많지만, 꾸준히 쓰는 사람, 성과를 내는 사람이 소수인 이유도 마찬가지다. 따지고 보면 우리가 배웠던 모든 것이 같은 이유다. 어떤 사람은 무엇이든 배워서 바로 실천해서 돈을 벌거나, 자기 삶을 개선한다. 어떤 사람은 배우고만 있다. 이제는 그 악순환을 끊었으면 한다. 시간을 꿈의 친구로 만드는 작업부터 해야 한다. 매일 주어진 공평한 시간조차 제대로 활용하지 못하면서, 다른 일에서 성과를 낸다는 것은 말이 안 된다. 내 삶과 꿈을 잇는 도구로 '오늘이 나의 첫날'이라 생각하고 하루를 기록해보길 추천한다.

바인더 강의를 하면서 첫 시간에 꼭 이 말을 한다. 3P바인더의 의미를 모르면, 최서연 강사에게 배웠다고 말하지 말라고 말이다. 즉, 3P바인더의 정의부터 이해하고 있어야 한다. 3P는 Process, Performance, Professional의 줄임말이다. 3P바인더를 쓴다고 하면, 누구나 그게 뭐냐고 묻는다. 그럴 때 "플래너예요. 음. 친구가 써보고 좋다며 추천해주어서 저도 쓰고 있어요."라고 대답하면 쓰고 싶은 마음도 없어진다. 도구를 써야 하는 의미, 각 도구의 역할을 명확히 해야 한다.

"3P는 프로세스, 퍼포먼스, 프로페셔널의 약자예요. 프로세스를 개선하면 성과가 나고, 우리는 그런 사람들을 프로라고 부르죠. 저는 프로가 되기 위해서 바인더를 써요. 프로가 되려면 성과가 나야 하죠? 그러려면 기존과는 다른 방법으로 일을 해야 해요. 일 처리, 프로세스를 개선하는 거죠. 정리하면 3P바인더는 프로세스를 개선하도록 도와줘요. 매일 일과 삶을 기록하면서 나를 돌아보고 개선하면서, 더 나은 미래를 스스로 만드는 거죠."

이렇게 말하고 자신이 쓰고 있는 바인더를 보여주면 어떨까? 바로 이런 말이 나올 것이다. 어떻게 하면 자신도 이렇게 쓸 수 있는지 알려달라고 말이다.

서브 바인더

또 하나 3P바인더의 장점은 '20공'이라는 점이다. 시중에는 3공, 6공이 대부분이다. 몇 번 종이를 넘기다 보면 종이가 찢어져서 보관이 쉽지 않다. 20개의 구멍이 뚫린 종이는 튼튼하다. 또 구멍이 뚫렸다는 것은 어딘가에 보관해서 넣을 수 있다는 말이다. 관리도 가능해진다.

매일 가지고 다니는 메인 바인더의 자료는 수시로 보는 것이나, 업무에 바로 활용할 내용만 가지고 다닌다. 시기가 지난 자료나 보관해야 할 속지는 서브 바인더에 따로 넣는다. 이렇게 모인 서브 바인더가 50개도 넘는다. 여기저기 굴러다니던 보험증권을 A4 서브 바인더 한 권에 넣었다. 사업상 계약서를 주고받는 일이 많아졌다. 계약서만 따로 모아놓고 확인할 일이 있으면 바로 서브 바인더에서 찾을 수 있어 업무 효율성이 높아졌다.

중고등학교 때 썼던 다이어리가 옷장 깊숙하게 있었다. 버릴까 고민했던 애물단지를 보물로 만들었다. 구멍을 뚫어 일기장을 모았고, 지금도 가끔 받는 손 편지와 함께 정리하고 있다. 보험설계사를 할 때는 보험약관을 보기 좋게 정리해서 서브 바인더에 넣고 다니면서 고객 상담을 했다. 1,300일 넘게 쓴 일기도 모았다. 매년 읽었던 독서리스트, 여행 사진까지 일과 삶 모두 눈에 보이게 둔다. 이런 과정은 자료를 모으고 분류하며 확장하는 작업이다.

별 볼 일 없을 줄 알았던 삶, 왜 나만 되는 일이 없을까 한숨 쉬었던 날, 그동안 뭐 하고 살았나 자책했던 시간을 보냈다. 컴퓨터 안에 있던 자료를 출력해서 서브 바인더에 한 장씩 넣었다. 끄적거리며 적었던 주간계획표가 해마다 쌓여갔다. 과거를 돌아보고 자료를 정리하면서 오늘을 살아갈 힘이 생겼다. 그 힘은 매일 볼펜을 들고 기록할 정도만 있어도 충분하다.

주인공이 되고, 작가가 돼서
내 삶을 객관적으로 바라보고 기록하면
차원이 다른 인생을 살게 된다.

PART 5

3P바인더로
성공하기 위한
원칙

진짜 나를 만나는 시간

3P바인더를 매일 쓰기 쉽지 않았다. 듬성듬성 기록된 바인더를 보며 결심했다. 매일 기록하자! 기록이 목적이다 보니 기록하지 못한 날이면 기억을 더듬어 쓰기도 했다. 그러던 어느 날 문득 깨달았다. 기억을 적는 것이 정확한 기록이라고 할 수 있을까? 3P바인더를 쓰는 진짜 목적은 무엇일까? 3P바인더를 통해 미리 계획하고, 실행한 것을 기록한 후 계획한 대로 잘 실행되었는지, 실행되지 않았다면 왜 안 되었는지 피드백을 하는 것이다. 피드백을 통해 나를 솔직히 돌아보고, 개선할 수 있는 부분을 찾아 계속 수정하는 것이다. 지난 3년 간 사용해 오면서 지켜온 나만의 원칙이자 추천하는 원칙은 다음과 같다.

첫째, 솔직하고 정직하게 써야 한다. 특히 3P바인더의 라이프 스타일에 있는 '위클리'는 주간 스케줄 일정을 관리하는 부분이다. 매일 쓰는 부분으로 하루의 시간관리를 하기 위해 작성해야 하는 핵심부분이다. 월~수, 목~일로 목표를 나누어 기록하고 이를 바탕으로 계획을 세운다. 계획한 것을 실행하는 경우도 있고 실행하지 못하는 경우도 있다. 이때 잘 관리해야 할 것이 계획했던 것이 실행되지 않았을 때이다. 계획한 시간에 다른 일을 했다면, 혹은 하지 않았다면 계획한 내용에 줄을 긋고, 그 시간에 한 것을 다른 색깔의 볼펜으로 적어 놓는다. 그래야 그 시간에 계획한 것이 무엇인지 확인할 수 있으며, 계획한 것을 하지 못한 것에 대한 자기점검을 위한 피드백 시간 때 정확한 자기점검이 가능해진다. 이를 통해 계획한 것에 대한 실행 가능성을 계속 높이게 되는데 솔직하고 정직하게 쓰는 것은 향후 정확한 피드백을 실행하는 데 기초가 된다. 만약 시간 계획을 하지 못했다면 실행에 집중해 그 실행이 알찬 실행이 될 수 있도록 써야 한다.

둘째, 반드시 피드백 한다. 특히 매일 피드백 해야 할 부분은 주간 스케줄의 당일이다. 계획한 일을 잘 실행했는지, 다섯 가지 영역별로 컬러체크하여 실행여부와 주 업무와 보조 업무, 개인생활, 자기계발, 휴먼 네트워크 사이 균형이 잘 이루어졌는지 확인하는 것이다. 바인더는 늘 가지고 다니며 확인하는 것이 좋다. 특히 계획한 일의 시작시간은 대부분 제시간에 실행되는데 끝나는 시간에 변동이 있는 경우가 있다. 공식 일정, 강의 일정 및 강의 듣는 시간처럼 끝나는 시간이 정해져 있는 일은 문제가 되지 않지만, 언제 끝날지 모르는 회의, 연장 가능성이 있는 업무 등은 변동 가능성이 있는 일들이다. 이건 어쩔 수 없는 부분이다. 그렇기에 계획을 짤 때 시간의 여유를 두고, 이 변동으로 다른 일정에 차질이 생기지 않도록 빠르게 대처하는 것이 필요하다.

셋째, 바인더가 비대해져 관리하기 어려워지기 전에, 서브 바인더로 일부 섹션을 빠르게 옮긴다. 늘 가지고 다니며 확인해야 하는 내용은 제외하고 이미 끝난 프로젝트나 단순 메모는 서브 바인더로 옮겨야 바인더가 제 역할을 할 수 있다. 메인 바인더인 3P바인더의 속지를 서브 바인더로 옮길 때도 원칙이 있다. 하지만 상황에 따라 모두 적용하지 못하는 부분이 있다. 예를 들면 3P바인더 사용 시 주간계획표는 딱 해당 월과 그 앞뒤 월을 포함한 3개월분만 휴대하라고 제언한다. 그 이상은 볼 일이 거의 없기 때문이다. 맞는 말이지만 나같이 강의를 하는 사람은 일반적으로 해당 월을 포함해 향후 3~4개월까지 스케줄을 잡아야 하는 경우가 있다. 월간 스케줄을 사용해도 되지만 강의명, 시간, 담당자, 합의 내용을 모두 담기에는 월간 스케줄에 작성할 공간이 충분하지 않다. 이럴 때 조금 자신의 상황에 맞춰 대처하는 자세 또한 중요하다. 대신 한 달 내에 다시 참고할 자료, 진행될 자료를 제외하고 서브 바인더로 옮기는 융통성도 필요하다.

넷째, 매일 3P바인더를 작성할 시간을 따로 정해 놓는다. 하루 바쁘게 일하고 지내다 보면 가끔 바인더를 한 번도 못 넘기고 하루를 보내는 경우가 있다. 나의 경우는 외부 일정 없이 집에서 쉬는 날이거나,

반대로 일부러 외부 일정을 빼거나 잡지 않고 집에서 강의 준비를 하거나 일을 하는 경우이다. 이런 경우 며칠 지나게 되면 바인더를 들여다보다가 '이날 내가 무슨 일을 했지? 이날 왜 집에 있었지?'라고 혼자 고민하는 경우도 있었다. 이런 일을 방지하기 위해 나 자신이 특정한 메모를 하지 않더라도 특정 시간에는 바인더를 들여다볼 수 있는 환경을 만들어놓아야 한다.

나의 경우, 하루에 세 번은 꼭 보려고 노력한다. 우선 새벽에 일어나 씻고 책상에 앉았을 때이다. 이때 먼저 습관적으로 바인더를 보려고 노력한다. 자기 전 바인더를 덮는 순간 다음날 펼쳐보지도 않고 아침시간을 보낼 수 있다. 그래서 나의 경우는 독서대를 활용하여 자기 전 내일의 날짜가 담긴 바인더를 펼쳐두고 잠자리에 든다. 이렇게 해놓으면 아침에 잊는 일 없이 바인더를 보고 하루 일정을 확인하면서 시작할 수 있다. 두 번째는 점심을 먹기 5분 전이다. 이때 바인더를 점검하며 오전 시간을 어떻게 보냈는지 확인한다. 시간이 있으면 오전 일정에 대한 컬러체크까지 마무리한다. 이때 바인더 체크를 놓치면 저녁시간까지 못보고 지나갈 확률이 높다. 세 번째는 자기 직전이다. 자기 전 5분으로 세팅을 해놓으니 하루의 마무리도 되면서 다음 날의 계획까지 함께할 수 있어 효과적이다.

내가 바인더를 작성하는 이 세 번의 시간이 정답은 아니다. 자신에게 맞는 루틴으로 바인더 점검을 하면 된다. 단지 밀리지 않도록 쓰는 것이 중요하다. 만약 밀린다면? 만약이라는 가정은 하지 말자. 가정을 생활화하게 되면 자신에게 자꾸 예외상황을 만들어가게 되므로 최대한 자신이 정한 기본적인 원칙을 지키기 어려워진다. 자신을 위해 예외 조항은 넣지 않도록 한다.

　다섯째, 내 바인더와 타인의 바인더를 비교하지 않는다. 초기에 바인더를 쓰는 당시 같은 조였던 한 선배님의 바인더는 늘 정갈했다. 늘 규칙적이었고 계획해둔 일정대로 거의 모든 일정을 관리하고 계셨다. 또 다른 선배님은 붙이는 스티커를 이용하여 월간과 주간에 사진을 담아 시각화하셨다. 얼마나 바인더가 예쁘던지! 계획을 대부분 실행으로 마무리하는 정갈한 바인더! 눈에 쏙 들어오는 사진이 담긴 바인더! 이 두 바인더를 부러워한 적이 있었다. 그렇게 되고 싶어 몇 번 시도해보았으나 쉽지 않았다. 당시 잦은 회의와 끝나는 시간이 유동적인 스터디에 참여하고 있었고, 사진을 고르는 데도 스티커로 뽑는 데도 시간이 많이 들어 오히려 스트레스가 쌓여갔다. 내 것이 아닌 타인의 것을 따라 해보려 했더니 오히려 도움이 되지 않았다. 이후 다른 선배님들의 바인더는 어디까지나 참고할 뿐 내 스타일로 바인더를 채워가는 데 집중했다.

　그러다 보니 어느새 내 삶을 담은 최고의 바인더가 되었다.
　더 이상 누구의 바인더를 부러워하지 않는다.
　내 바인더가 있으니까.

테트리스처럼 3P바인더 쓰기

자신만의 원칙이 있다는 것은 그만큼 많이 사용해봤고, 그 방법으로 삶이 달라졌다는 말이다. 2016년도에 바인더를 처음 접했을 때의 느낌이 생생하다. 아직 바인더를 접해보지 않은 사람들에게 똑같은 감동을 느끼게 해주고 싶고, 한 번의 기분으로 끝나지 않도록 꾸준히 쓰는 방법을 알리는 것이 내가 해야 할 일이다. 지금부터 3P바인더를 쓰는 핵심 원칙을 소개한다.

첫 번째, 컬러체크다. 3P바인더를 처음 보는 사람도 눈길이 머무는 이유는 색상의 화려함 때문이다. 5가지 형광펜으로 업무, 개인을 구분해서 시각화한다. 컬러체크가 되지 않은 바인더 속지는 기본이 미색이다. 형광펜을 들고 자를 대면서 색을 칠하고 있자면 마음이 편안해진다. 수강생 중에는 자를 대지 않고 줄을 긋는 경우도 있다. 이유를 물어보니 시간을 아끼기 위해서라고 했다. 자를 대지 않고 형광펜을 칠하면 비뚤거리고 바인더를 봤을 때 깔끔하지 않다. 자를 대고 칠하는 것과 시간 차이도 얼마 나지 않는다. 컬러체크마저 시간이 없어서 대충한다면, 그건 문제가 있다. 기본부터 정석대로 해야 한다. 나는 자투리 시간을 활용한다. 미팅 전에 일찍 가서 대기할 때, 줌 온라인 수업 시작 전 수강생들을 기다리면서 컬러체크를 한다.

두 번째 핵심은 시간화살표다. 바인더 수업을 들으면 누구나 배우는 Plan, Do의 개념은 가계부의 예산, 결산과 같다. 이때 중요한 것은 계획된 일이 그대로 진행되지 않는다는 변동성을 인정해야 한다는 점이다. 계획한 대로 일이 되지 않는다고 해서 실패한 것이 아니다. 우리가 예측하지 못하는 상황은 언제든 발생하기 때문이다. 그런데 초보 사용자는 계획과 실행 간의 차이를 받아들이기 어려워한다. 그 차이를 줄이기 위해 개선해나가는 과정에서 우리는 시간관리를 배우게 된다. 그러려면 일정에 여유를 두어야 한다. 숨 쉴 틈 없이 바인더에 빼곡하게 일정을 잡아놓고 스스로 열심히 산다는 착각, 시간관리를 잘한다는 오해를 한다. 내가 통제할 수 없는 상황에 대한 변동성을 고려한다면 일정은 빡빡하게 잡으면 안 된다. 테트리스 게임처럼 공간의 여유가 있어야 모양을 바꾸면서 블록을 맞춰갈 수가 있다. 많은 계획을 세우기보다, 그날 꼭 해야 할 일 1~2개만 고정해놓고 나머지 일정은 테트리스 블록처럼 유연하게 맞춰가면 성취감도 생긴다.

세 번째, 위클리 라이트의 개념을 알아야 한다. 주간계획표 오른쪽 위에는 조그맣게 자동차가 그려져 있다. 수업 시간에 이 부분을 설명하면, 그런 이미지가 있었는지도 몰랐다는 분도 있다. 위클리 라이트는 주간계획표를 유지하게 해주는 힘이다. 3P바인더의 교과서 격인 《성과를 지배하는 바인더의 힘》에는 이런 예시가 나온다. 서울에서 부산에 가기 위해 자동차가 켤 수 있는 헤드라이트는 고작해야 1미터다. 그 불빛을 따라 계속 앞으로 나아가다 보면 결국 부산에 도착한다. 그런데 사람들은 부산까지 헤드라이트가 켜지지 않는다고 시작하지도 않거나, 1미터의 불빛을 믿지 못하고 중도 포기하기도 한다.

우리에게는 꿈이 있다. 꿈을 이루기 위해서는 매일 자신이 해야 할 일을 하고, 효율적으로 일하기 위해 공부도 한다. 원하는 삶에 다가서기 위해 매일 한 발자국씩 각자의 헤드라이트를 켜고 앞으로 나가야 함에도 사람들은 바로 당장 변하기를 원한다. 시간과 정성 없이 이뤄진 것은 금방 무너진다.

주간 일정은 월간을 토대로 계획되며, 월간은 연간, 연간은 꿈 리스트와 사명을 바탕으로 기록된다. 이것을 '얼라인먼트alignment'라고 한다. 정렬을 맞춰서 흐름이 끊기지 않게 해야 한다. 주변을 둘러보면 모두 열심히 산다. 그런데 왜 열심히 사는지 이유가 없으면 방황한다. 내가 살아야 하는 이유, 누구를 도울 것인지를 생각해봐야 한다. 각자 자신만의 재능이 있다. 재능은 찾아서 꽃피우는 것이다. 꽃은 씨를 뿌리고 물을 주는 과정을 거친다. 새싹이 나고 뿌리내릴 때까지 시간이 걸린다. 사명도 이런 과정을 거쳐서 찾게 된다. 오늘을 열심히 사는 이유는 결국 사명과 같다. 누구를 돕고 싶은지, 어떻게 돕고 싶은지, 그들의 삶이 어떻게 변하기를 원하는지 눈에 보이게 적어야 한다.

　네 번째 핵심은 피드백이다. 측정할 수 없으면 개선할 수 없다는 유명한 말이 있다. 피드백을 통해 매일 나는 성장한다. 기록하고 실행한 결과물을 토대로 어떤 점이 잘 됐고, 무엇이 부족했는지 돌아보는 시간을 갖는다. 시간이 걸리는 일이라서 몇 번 하다가 중도 포기하는 패턴을 반복했다. 매주 일요일 밤에는 주간 피드백을 한다. 어떨 때는 2시간 이상 걸리기도 한다. 한 주간에 놓친 일을 마무리 짓기도 하고, 다음 주 일정을 세우는 시간도 갖는다. 이렇게 하면 다음 주는 기름을 칠한 것처럼 일정이 여유롭게 진행된다. 피곤하다는 이유로 피드백하지 않는 날이면 실수가 생긴다. 한 번만 더 바인더를 보고 체크했으면 충분히 만회할 수 있는 일도 실수한다. 피드백의 핵심은 피드백할 시간도 일정에 배분해놓는 것이다. 시간이 나면 하는 일이 아니다. 최소 30분 이상 주말 밤은 자신과 대화하는 시간을 만들어놓고 피드백해야 한다. 또는 가정 일정에 따라 주말 새벽 아침도 오롯이 혼자만의 시간을 보내는 것도 좋다. 결국 실행과 피드백의 연속이다.

　다섯 번째, 서브 바인더를 10개 이상 만들어보자. 우리는 모두 움직이는 기업이다. 경력, 노하우, 삶의 기록이 데이터화 되어 있어야 한다. 업무일지, 여행 사진, 수료증, 졸업장, 독서 노트, 일기장 무엇이든 괜찮다. 누군가에게 보여주기 위한 자료는 의미가 없다. 내 삶이 드러나는 서브 바인더를 만들어야 한다. 누구에게 보여줘도 '와. 이 사람은 정말 나한테 말한 대로 살았구나' 하는 진정성을 느끼게 해야 한다. 3P 바인더 온라인 수업을 하다가 바로 책장에서 3년 전 주간계획표를 꺼내 보여주고, 5년 전 꿈 리스트를 읽어준다. 독서 노트를 어떻게 쓰냐는 질문에는 몇 년 전 내용부터 요즘은 어떻게 쓰고 있는지 펼쳐서 보여준다. 이것이 서브 바인더의 힘이다. 말이 아니라 눈으로 직접 보여주는 것이다.

테트리스는 모양과 색깔이 다른 블록을 한 줄로 만들어 없애는 게임이다. 블록을 잘 쌓으면 공간에 여유가 생긴다. 바인더도 사용 방법을 알고 제대로 쓰면 시간에 여유가 생긴다. 책을 통해 여러 방법을 확인하고, 그중에 하나라도 실천하면 분명 10초의 여유를 선물로 받을 수 있다. 거기서부터 시작하면 1분, 10분, 1시간으로 늘어난다. 그럴수록 삶의 주인이라는 자유로움을 느낄 것이다.

'꾸준함'이 변화를 만든다

'완벽하지 않아도 좋다! 다만, 힘을 좀 빼고 꾸준히 하는 것에 집중한다.'

바인더를 쓰는 데 있어 내가 가장 중요시하는 원칙이다. 완벽하게 쓰려고 애쓰는 것이 때로는 꾸준함에 방해가 되기도 한다. 3P바인더를 꾸준히 기록하고 실행하는 데 있어 피해야 할 세 가지를 소개한다.

첫 번째, 그날의 할 일들을 시간 배치할 때 일정을 지나치게 타이트하게 잡지 않는다. 많은 이들이 경험했겠지만, 자신이 아무리 완벽하게 플랜을 짜고 실행력이 뛰어나다 해도 외부상황에 의해서 지키지 못할 때도 있다. 만일의 경우를 대비해, 살짝 여유 있게 계획한다. 매 시간별로 할 일을 꽉 채우면, 중간에 하나를 못 지키게 되었을 때 다음 일정도 미루어지고, 급기야는 아예 손을 놓게 되기도 한다. 왜 나는 오늘 해야 할 일을 다 끝내지 못했는지 자신의 의지력을 탓하기도 한다. 하루를 놓치면 다음 날도 기운이 안 나고, 그러다 쉽게 며칠이 지난다. 나의 경험담이기도 하다.

어떤 때는 너무 바빠 며칠 연속 못 쓴 적도 있다. 하지만 오랜 기간 완전히 손을 놓은 적은 없었다. 그때를 지나 다시 기록을 이어갔다. 시간을 더 효율적으로 쓰기 위함인데, 실제 내가 내 일에 몰입하느라 시간을 잘 보냈다면 그것으로 만족했다. 때로는 하루를 빼먹기도 하고 쉬는 적이 있어도 괜찮다. 잠시 쉬면서 재충전하고 다시 힘내어 쓰면 된다. 작심삼일이 되기 쉬워서 3P바인더는 애초에 왼쪽 3일, 오른쪽 4일로 제작되었다. 며칠간 못 썼다고 큰일 나지 않는다. 다시 시작하면 되니 포기하지 않는다. 3P바인더의 핵심은 꾸준히 하는 것에 있다. 꾸준함이 나를 성장시키고 변화를 만들기 때문이다.

두 번째, 월간과 주간계획표에 일정을 하나도 빠짐없이, 디테일하게 전부 기록해야 한다는 생각에서 벗어난다. 칸이 적어 내용을 다 쓸 수 없다며 어떻게 다 기록하냐는 질문을 자주 듣는다. 나는 핵심 내용을 적되, 무슨 일을 해야 하는지 내가 알아볼 수 있을 정도로만 쓴다. 내용의 핵심만 적든지, 키워드로 적는 것이다. (단, 그 키워드를 보고 무슨 내용인지 떠올라야 한다.) 내용을 자세히 적어야 하는 중요한 일은 포스트잇에 적어 빈 여백에 붙여둔다. 심이 얇은 펜을 쓰는 것도 방법 중 하나이다. 나는 제트스트림 0.5mm를 사용하다가 현재는 0.38mm 3

색 볼펜을 사용 중이다.

세 번째, 타인에게 잘 보이기 위해 거짓으로 기록하거나, 바인더에 지나치게 많은 시간을 소비하며 스트레스 받는 것을 피한다. 이렇게 하지 않으면 바인더 쓰는 것이 부담으로 다가올 수 있다. 짧은 시간 내에 하지 못하니, 여유 있을 때만 쓰게 되고 이는 꾸준함을 방해하는 원인이 된다. 부담스럽게 되면 바인더를 안 펼치게 되고, 안 쓰는 기간 이 길어지면 멀어지게 될 수도 있다.

'꾸준히' 기록을 지속할 수 있는 나의 팁도 소개한다.(가장 기본적으로는 바인더를 애정하는 것이다! 그래야 어디든 휴대하고, 한 번이라도 더 펼쳐보게 된다.) 바인더 기록을 꾸준히 지속하기 위해 나는 두 가지의 환경 설계를 했다.

첫 번째, '바인더타임'을 설정하고 알람을 맞춰두는 것이다. 나의 바인더타임 알람은 매일 새벽 5시와 밤 10시, 매주 일요일 저녁 8시에 울린다. 직장인들은 점심시간 끝나기 5~10분 전 알람을 설정해 단 5분이라도 바인더 중간 점검을 하는 것이 좋다. 나는 점심시간에 미팅이 잦아지면서 점심 알람은 생략하고 있다. 대신 새벽과 저녁, 매일 2회 이상 울리는 알람소리에 바인더를 펼친다.

두 번째, 매주 월요일 새벽시간을 활용한다. 3P바인더를 쓰면서 내가 가장 중요하게 여기는 시간은 월요일 새벽이다. 매주 일요일 저녁, 한 주간의 피드백을 하고 다음 주의 계획을 세우는 것이 가장 좋다. 하지만 현실적으로 일요일 저녁시간을 사수하기는 쉽지 않다. 저녁식사 준비하랴 아이들 챙기랴 가족 경조사나 친목 모임이 있는 주라면 더욱 시간 확보가 어렵다. 따라서 일요일 저녁에 시간을 못 내었다면 모임도 없고 아이들도 자고 있는 새벽시간을 활용해 간단히 피드백 후, 새로운 한 주의 계획을 기록한다.(새벽기상을 하지 않는다면? 어떻게든 일요일 저녁시간을 확보한다. 일요일 내가 어찌할 수 없는 일정이 생긴 주에는 월요일에 일어나자마자 바인더에서 그날 가장 중요한 일이나 급한 일만이라도 얼른 기록하고 하루를 시작한다.) To-do List 칸이 비어 있다면, 시간이 많은 느낌이 들어 여유를 부리게 된다. 특별히 하는 일 없이 어영부영 시간을 흘려보내기 쉽다. 바인더 체크도 미리 못하고 하루가 시작된 날에는 중요한 일을 놓치는 일이 생기기도 한다.

매주 월요일 새벽, 기상 후 나의 바인더 활용 순서

첫 번째 : 꿈 리스트 확인

두 번째 : 긍정확언과 감사일기 쓰기

세 번째 : 주간계획표 작성

나는 새벽기상 후 곧바로 샤워를 한다. 새벽에 샤워를 하면 잠도 깨고 일의 집중도 또한 올라간다. 따뜻한 물 한잔을 마시고 곧바로 책상에 앉아 바인더를 펼친다. 제일 먼저 라이프 플랜의 꿈 리스트로 만

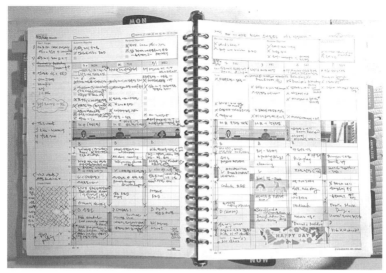

완벽하지 않아도 꾸준히 기록중인 주간계획표 중에서

든 드림보드 이미지를 보며 꿈이 이루어졌을 때를 상상해본다. 이어 긍정확언을 하고 세 줄 감사일기를 쓴다. 그리고 주간계획표를 작성한다. 월말이라면, 다음 달 월간계획표를 먼저 작성하고 주간계획표로 넘어간다.

완벽하지 않아도 좋으니 꾸준히 쓴다. 시간의 여유나 기분에 따라 내 바인더 안의 글씨는 예쁠 때도 있고, 나만 알아볼 수 있는 글씨도 있다. 미니 사진이나 예쁜 스티커가 붙여져 있어 볼 때마다 흐뭇한 페이지도 있고, 때로는 기록조차 뜸해서 썰렁한 부분도 있다. 하지만, 어

떠한 경우에도 기록을 이어 나갔다. 꾸준한 지속을 위해 '바인더타임'
을 만들어 알람을 설정하는 환경설계를 했다.

> 꾸준하게 기록하다 보니 성과가 나기 시작했고,
> 하나둘 꿈이 이루어졌고,
> 또 다른 꿈이 이루어진다는 생각에 설렌다.
> '꾸준함'이 나를 성장시키고 변화하게 한다.

함께하는 힘

나는 3P자기경영연구소 대표 강규형의《성과를 지배하는 바인더의 힘》을 친구들에게 선물하는 것이 좋다. 요즘은 인터넷 쇼핑몰에서 바로 책 선물을 보낼 수 있어서 편하다. 생각나는 분들께 전하는 중에 이왕이면 저자 사인이 든 책이면 더 좋아하지 않을까 했다. 3P 본사에 저자 사인본으로 부탁드렸다. 별나게 구는 김에 선물 받을 분들의 이름 목록을 보냈다. 받는 분들에게 감동을 주고 싶었다. 그런데 내가 생각하고 실천한 것에서 오는 기쁨도 컸다. 바인더를 쓰면서 찾아온 변화 중 하나다. 무언가 계획하고 실행하고 점검하기, 그리고 고쳐서 다시 해 보기.

선물 받는 사람들이 모두 바인더에 관심을 가지지 않을지도 모른다. 자기계발서를 좋아하지 않는 사람이 있을지도 모른다. 나도 한때 그랬다. 그러나 지금은 무엇보다 자기계발이 먼저고,《성과를 지배하는 바인더의 힘》이 자기계발 분야의 기본서라고 말하고 싶다. 그동안 내가 찾았던 삶의 지표가 이 안에 들어 있다. 그래서 선물 받는 사람들이, 어느 날 들춰보고 더 나은 삶을 사는 데 도움이 되면 좋겠다.

내가 이 책을 처음 읽을 때는 가치를 제대로 몰랐다. 3P독서경영 과정에서 배운 방법으로 책에 밑줄을 긋고 메모하며 읽다 보니 숨어 있던 내용들이 드러났다. 독서도 다 같은 독서인 줄 알았는데 책 읽는 법을 달리하니 새로운 것이 보였다. 바인더도 다이어리와 외형은 비슷해 보였으나 달랐다. 3P바인더에는 철학이 담겨 있다.

3P의 의미는 Process, Performance, Professional이다. Professional 은 탁월한 프로세스를 기반으로 지속적인 성과를 이루는 것을 말한다. Performance는 성과다. 목표를 향한 프로세스가 향상되면 생산성은 자연스럽게 높아진다. Process는 성과를 내려면 일하는 과정을 바꾸거나 강화해야 한다는 의미다. 이를 위한 도구가 바인더다. 목표는 장기, 중기, 단기순으로 일관되게 세워야 한다. 먼저 삶의 목적, 사명, 비전을 찾고 그에 따라 10년 단위 평생 계획, 1년 단위 연간 계획, 한 달, 일주일, 하루 계획을 세우는 것이 3P바인더 쓰기의 기본이다.

나는 먼 미래의 계획이 없어서 당장 눈앞의 근심에만 관심을 보이는 사람이었다. 하루를 살지만 무엇을 향해 가는지 몰랐다. 다들 이렇게 사는가 보다 했다. 어느 날 누구는 같은 인생을 사는데 많은 것을 이루고, 누구는 아닐까, 같은 시간을 사는데 왜 성취하는 것이 다른가 생각했다. 차이점을 찾았다. 내게는 뚜렷한 목표가 없었다. 오랫동안 목표를 찾지 못하고 살았던 내가 바인더를 만나서 인생 지도를 그렸다.

나는 정직하고 성실하게 살아 스스로를 잘 세우며 다른 사람들에게도 도움이 되는 삶을 살고 싶다. 이에 대한 구체적인 목록을 정하고 하나씩 실행하면서 살고 싶다. 간단한 이 기준을 세우는 데 한참이 걸렸다. 바인더를 쓰면서 내가 정한 삶의 목적을 기억하려고 애쓴다. 지금 내가 여기 있는 이유, 내가 일하는 이유, 책 읽는 이유, 이 글을 쓰는 이유를 생각해 보려 한다. 큰 맥락 속에서 나의 하루를 본다.

2021년 봄 3P코치 과정 중에 생각하지도 못한 늦둥이 셋째가 찾아왔다. 바인더를 성실히 쓰지 않아서 스케줄 관리가 잘 안 되었다고 농담 반 진담 반으로 말한다. 아이가 나타났을 때는 내 일상이 안정 궤도에 오른 때였다. 바인더를 사용하면서 일이 늘어나 처음으로 직원을 뽑았다. 막연한 생각 속에 있던 것이 바인더로 정리되었고, 꿈 리스트가 하나씩 이루어지고 있었다. 무엇보다 나 혼자의 숙제였던 엄마와의 관계가 나아져서 마음이 한결 편해졌다. 새벽에 일어나 책을 읽고 걷는 것이 자리를 잡아 일상이 촘촘히 채워지고 있었다. 지방에 사는 아줌마가 3P교육을 들으러 간다고 새벽 기차를 타고 서울까지 오가는 것도 좋았다. 12살, 7살이 된 두 아이를 남편에게 맡기고 온종일 집을 비울 수 있으니 새로운 세상이 열리는 것 같았다. 그런데 마흔 다섯 살에 셋째라니.

마침 강규형 대표와 개별 면담이 있었는데 "자녀가 최고의 성과입니다."라고 한다. 이 한마디에 힘이 생겨 더욱 기쁘게 아이를 맞을 수 있었다. 프로젝트 양식지를 꺼내, 셋째 맞이를 계획했다. 내가 사는 이유를 돌아봐도 나는 이 아이를 잘 받아들여야 했다.

3P코치 과정 중에 아이가 생긴 것을 알았고, 당분간 출산과 육아로 움직일 수 없다는 것을 알고 강사 과정으로 직행했다. 당분간 개인 시간을 내기 어려울 것 같아서 서둘렀다. 일과 육아, 거기에 임신과 3P 마스터 과정을 함께하면서도 흔들리지 않았던 것은 바인더에 쓴 나의 사명 덕분이다. 나의 사명은 다음과 같다.

> 일과 가정을 통해 나와 타인에게 선한 영향력을 끼치며, 항상 긍정적으로 사고하며, 건강하고 활기찬 삶을 살아, 세상의 귀한 일원으로 기여하겠습니다.

정보가 넘치는 세상이고 좋은 것이 넘친다. 바인더를 쓰지 않아도 자기계발서를 읽지 않아도 잘 먹고 잘 살 수 있다. 새벽기상하지 않아도 괜찮다. 그러나 나는 이 방법이 맞았다. 때로는 바인더 쓰기를 넘기고 늦잠을 잘 때도 있지만 3P바인더를 만나서 기준이 생겼다. 나의 사명을 찾았다.

바인더를 잘 쓰는 방법이 있다. 같이 쓰는 것이다. 인증 시스템을 추천하고 싶다. 나 혼자 쓰면 며칠을 안 쓰고 넘겨 버리기도 한다. 행동을 먼저 하면 마음이 따라온다. 먼저 바인더를 쓰고 그다음에 실행하는 것이다. 내 삶의 큰 목표를 기준 삼아서 오늘을 산다는 마음으로 하루를 채운다.

※덧붙이는 글

좋은 소식이 있다. 이 글의 제목을 '함께하는 힘'이라 했는데, 여태 껏 가족들이 함께하지 않았다. 그런데 최근 온 가족이 바인더를 쓰기 시작했다. 곧 중학생이 되는 큰아이가 겨울방학 동안 영어 캠프를 가게 되었다. 막연히 '6학년 겨울방학 때 영어 캠프를 갈 수 있으면 좋겠다' 했는데, 정말 실현이 되고 있다. 두 달 동안 가족과 떨어져 살게 되고, 중학생이 되는 시점이니 바인더를 써보자고 권했더니 선뜻 하겠다 한다. 3P청소년리더십 과정에서 배운 것을 드디어 우리 집 아이에게도 쓸 수 있게 되다니. 오빠를 따라 초등학교 1학년 둘째도 써보고 싶다 해서 아이들 바인더를 주문하고 강의를 시작했다.

그리고 드디어 남편도 바인더에 관심을 보이기 시작했다. 남편은 내가 무얼 하든 지지해주는 사람이라, 3P과정을 밟아가는 동안에도 가만 지켜봐주었다. 남편에게 맨 먼저 가르쳐주고 싶었으나 강요하지 않았다. 내가 모범이 되기를 바라는 마음이었는데 3년 만에 남편이 움직였다. 최근 일이 많아져서 힘들어 보이더니 해결책이 필요했던 거다. 곧장 남편이 쓸 바인더도 주문했다. 남편은 바인더 강의 1차시를 듣고 쓰기 시작했다. 이제 막 첫발을 뗀 우리 가족 바인더 쓰기, 제대로 '함께하는 힘'을 누릴 수 있겠다.

바인더의 고수가 되는 법

더는 쓰고 싶지 않았다

우연히 바인더를 만나고, 2개월 만에 바인더를 가르치는 코치가 되었다. 서너 달은 바인더 쓰는 재미로 회사에 다녔다. 갑자기 회사 일이 바빠지자 바인더는 잠시 머릿속에서 사라졌다. 그렇게 몇 주가 지났을까? 정신을 차리고 바인더를 폈을 때 주간계획은 텅 비어 있었다. 앞에 몇 장을 뒤적여 보았지만 마찬가지였다. 겨우 찾은 마지막 흔적은 반년 전의 것이었다.

'카톡!'

3P자기경영연구소에서 온 메시지였다. 연말을 맞아 '연간계획 페스타' 신청을 하라는 것이다. 지난해를 돌아보고 신년 계획을 세우는 시간이라고 했다. 이제 보기도 싫은 바인더였다. 잠시 고민하다가 밑져야 본전이라는 생각에 신청서를 작성했다.

언젠가 다시 시작해야겠다는 생각은 하고 있었지만, 기회를 잡기가 쉽지 않았다. 이 행사가 그런 계기가 될 수 있을 것 같았다. 지난해를 잊어버리고 깨끗한 종이에 새해를 설계하면 된다.

'그래. 다시 시작해보는 거야!'

계획은 했지만 돌아보진 않았다

'계획하고 실행만 하면 되지, 뭐가 걱정이야?'

그러는 사이 좋지 않은 습관들이 자리 잡았다. 늦게 자고 늦게 일어났다. 책을 읽지 않고 운동도 하지 않았다. 연초에 계획했던 글쓰기는 그만둔 지 오래였다.

'어디서부터 잘못된 걸까?'

이런 생각을 하면서도 폭주를 멈출 수 없었다. 늦잠은 계속되었고, 나를 위한 투자는 이루어지지 않았다. 그 자리는 밤늦게까지 계속되는 포털 뉴스 보기와 카톡 대화가 차지했다. 나를 믿을 수 없었고, 자신감을 잃어갔다.

구원의 손길은 다시 3P에서 내려왔다. 이번에 '주간계획 세미나'라는 것을 개설한다고 했다. 코로나 시대를 맞아 매주 한 번씩 하는 온라인 세미나였다. 한 주를 돌아보고 다음 주를 계획하는 시간이었다.

지난주를 돌아보다가 깜짝 놀랐다. 스스로 형편없는 일들을 반복하고 있었다. 아침에 일어나는 시간은 점점 늦어졌으며, 독서나 운동대신 스마트폰이 나를 지배하고 있었다.

이런 것들이 눈앞에 드러나면서 무엇을 어떻게 고쳐야 할지 조금씩 알 것 같았다. 다시 희망이 보이기 시작했다.

한 번 밀리면 계속 밀린다. 그러면 더 하기 싫어진다. 이런 심리가 어디에서 나왔을까? 실행을 가로막는 최고의 적은 완벽주의다. 잘해 나가다가 한 번 미끄러지면 모든 걸 포기해버린다. 마치 완벽하지 않으면 용납하지 않겠다는 식이다. 하지만 우리는 근본적으로 완벽하지 않다. 뇌과학자들에 따르면 인간의 뇌는 천성적으로 게을러지도록 설계되어 있다고 한다. 이는 생존 본능과도 관계가 있다. 한정된 에너지로 생명을 유지하기 위해 평소에 최대한 에너지를 아껴야 한다. 어찌 보면 작심삼일이 지극히 정상인 이유이다.

3P바인더 제작자 강규형 대표는 '완벽주의' 대신 '경험주의'를 강조한다. 완벽해지려고 노력하는 대신 실패해도 좋으니 일단 경험해보라는 것이다. 나도 그 말에 찬성한다. 어떤 사정으로 바인더가 밀렸다면 곧바로 과거를 잊어야 한다. 이미 지나간 시간은 사라진 시간이다. 그것에 얽매여 미래로 나아가지 못한다면 그것이야말로 큰 손해다. 훌훌 털어버리고 앞으로 나가야 한다. 그렇게 넘어진 자전거 바퀴를 다시 굴리기 시작한다면 자전거는 다시 앞으로 나아갈 것이다.

매일 쓰고 자주 보는 것도 중요하다. 그래야 습관이 되고 실제 생활에 활용할 수 있다. 눈에서 멀어지면 마음에서도 멀어진다고 했던가? 바인더도 그렇다. 매일 쓰지 않으면 쓰기 싫어진다. 자주 보지 않으면 일상이 시간을 지배하게 된다. 계획은 뒷전이고 눈앞에 급한 일이 우선이 된다.

그에 못지않게 중요한 것은 피드백이다. 앞으로 나아가다가도 한 번씩 돌아봐야 한다. 매일의 삶에 반복된 실수는 없는지, 더 큰 것을 놓치고 있는 건 아닌지 살펴봐야 한다. 점점 늦어지는 기상 시간, 사라져가는 자기계발 시간, 의미 없이 길어져 가는 야근은 없는지 살펴볼 필요가 있다. 일단 살펴봐야 고칠 것이 생겨난다. '개선'이야말로 바인더를 통해 얻을 수 있는 최고의 보물이다.

물론 피드백의 시간을 따로 내는 일이 쉬운 것은 아니다. 그럴 때 '주간계획 세미나'를 활용하면 좋다. 매주 일요일 8시에 온라인으로 모여 한 주를 피드백하고 다음 주를 계획한다. 많은 이들에게 본보기가 되는 3P바인더의 훌륭한 강사이자 주간계획 세미나의 진행자인 윤혜성 마스터는 이야기한다. "비록 온라인을 통해 이루어지는 느슨한 연대이지만, 그 결과는 무시할 수 없을 정도로 강할 것"이라고…. 이곳에서 서로의 한 주를 묻고 답하는 즐거움도 상당하다. 이러한 시스템을 잘 활용한다면 어렵지 않게 한 주의 피드백을 이어갈 수 있다.

바인더의 고수가 되는 법은 의외로 간단하다.

첫째, 매일 정해진 시간에 조금이라도 쓰는 것이다. 그리고 그것을 자주 보는 것이다. 이를 반복하다 보면 바인더가 습관이 된다. 어느 순간 삶의 일부가 되어 있는 것을 발견할 수 있다. 이것이 진정한 실력이다.

☐ 중요안건 ☑ 진행중 ☒ 완료 ☐ 취소 ☐ 연기 / 위임

Don't Forget
- ☐ 일찍 일어나고 일찍자기   ✕
- ☐ 운동으로 15키로 빼기   ✕
- ☐ 긍정만 받아들이기   ✕
- ☑ 내 목표는 100번 되새김   ✕
- ☐ 이 소중한 시간 (나에게 특별한 주시)을 꼭 활용하자!

Objective Business
- : 회계에서 완성
- 도시공사 : 전황증거
- 자원 : 재무상황 등

☑ 청소 (월수금)
/ 헬스 1주 3회
☒ 프리센션 : 서브바인더
☒ 사령 수정
☒ 책쓰기

Work
☑ 독서 4권

SUN 日	MON 月	TUE 火	WED			
	1 헬스	2 박진우 약방	3 /1 교회 8화차	4 마음	5 영광가기	6
7 입추	8 책소요미 40개 장성 (Bobby Dazzler 에서) 생각의비만제출	9 실석 방화식 391 (연회비) 사무실	10 마음,	11	12 다음이 MT 11:30도착 전충동서(김현) 러초모일 건강특강(보호) 병자리	13 진충동서(지호) 강연(맹시) 적광진동서 공연,웃음 길승오,강의
14 입추	15 광복절	16 알씨	17 7.15 마음	18 여행	19	20
· Closing 강의(강경) : 나비의비전 이경태, 장연성석	출발 (21:15) → 브리지트 호텔 보라카이드 (1박) 재무상황, 사령	브리지트 호텔 → 멜리아 (1박) 동보이, 액션보	멜리아 (2박) 호텔이마톤	멜리아 (3박) · 바이더 정리 · 사회이와 해석 · 적충비캄(4억)	멜리아 (4박) · 수영장 (사회수영중요) · Spa · 호텔으(pms 발레풀)	귀국 · 아침해변산 · 수영 · a la carte
21	22 ,	23 처서 책쓰기특강 (강성격 도움)	24 책쓰기	25 책쓰기완료 독서	26 정부연대표 면담 바인더 제작	27
28	29 방화식	30 미수를 고려완료 (용체상비 둘재, 허버커피)	31 3P코치인증			
선사리법도제출						

둘째, 바인더 쓰기가 밀렸을 때는 '전진법'을 생각한다. 넘어지더라도 앞을 바라볼 뿐 뒤를 돌아보지 말라는 것이다. 과거는 과거일 뿐 중요한 것은 내일이다. 넘어진 부분에 얼른 줄을 긋고 다시 걸어가야 한다. 완벽주의 대신 경험주의의 달인이 되어야 한다.

마지막으로 일주일에 한 번 정도는 피드백이 필요하다. 지나간 한 주를 돌아보며 '개선'할 것은 없는지 살펴보는 것만으로도 나를 한 단계 업그레이드시킬 수 있다. 이때 '주간계획 세미나', '연간계획 페스타'와 같은 시스템을 활용한다면 꾸준히 피드백을 이어갈 수 있다.

이 세 가지만 기억해도 바인더를 활용하여
계획과 실천, 개선을 이어가는 진정한 바인더의 고수가
될 수 있을 것이다.

본질을 꿰뚫어 볼 수 있는 분별의 지혜를 갖자

"강사님, 이럴 땐 어떤 칼라로 체크해야 해요?"

정말 사소한 것까지 원칙을 정하고 정의를 내려야 직성이 풀리는 수강생을 만난 적이 있습니다. 형광펜으로 사용한 시간의 블록을 컬러로 의미를 부여하고 피드백을 할 때도 자를 이용해 네모 반듯하게 테두리를 그리던 분입니다. 주간양식지 뒷장에 형광펜이 비치지 않도록 적합한 농도의 전용 형광펜을 집요하게 찾아내기까지 했습니다. 저는 강점에 긍정과 적응이 있어서 형광펜이 삐뚤게 그어져도 별로 눈에 거슬리지도 않고 '그럴 수 있지' 하고 넘어가는 편입니다. 시간관리에서 컬러체크의 본질적인 의미는 시각적 감각을 이용해 강력한 시간사용 피드백을 하는 것입니다. 컬러체크를 통해 내가 보낸 시간에 대한 평가와 반성과 개선 여부, 성찰의 시간을 갖고 생산성과 만족도를 더 개선시키자는 뜻이 담겨 있습니다. 저 역시 처음에 사용한 시간과 컬러가 의미하는 시간 사용 영역의 경계가 명확하지 않아 고민이 되기도 했습니다. 시간이 지나니 누가 답을 줘서 끼워 맞추기보단 내가 기준을 정의하자는 마음이 생겼습니다. 그때부터 내가 보낸 시간에 대한 선택도 책임도 내가 져야 한다는 생각을 하게 되었습니다. 도구 사용의 본질을 한 번 더 생각하니 스스로 선택할 수 있는 분별력도 갖춰졌습니다.

처음 자기경영에 대해 배우고 의욕이 앞섰을 때 완벽하게 해내고 싶었습니다. 하루도 건너뛰지 않고 매일 기록하고 체크하는 행동만으로도 만족스럽고 보람찬 하루를 보낸 것 같았습니다. 어쩔 때는 주객이 전도되어 해야 할 일이 있는데도 밀린 기록과 피드백을 하고 있는 제 모습을 볼 때 "뭣이 중헌디"를 안 외칠 수 없었습니다. 하루라도 건너뛰면 하루를 잘못 보낸 것 같은 불편한 마음에 잘못 살고 있다는 염려와 죄책감까지 느낄 때도 있었습니다. 빼곡히 잘 짜인 일정과 현란하게 체크된 주간계획표를 보며 잘 살고 있다는 착각을 하던 시기도 있었습니다. 잘 쓰다 못 쓰다 반복하는 시간을 통해 얻게 된 깨달음은, 시간경영을 잘한다는 것은 태권도 선수가 품새를 반복해서 연습하듯 삶을 대하는 자세의 기본기를 갈고 닦는 시간에 있다는 것이었습니다. 시간 사용의 주체성, 시간 사용에 대한 선택과 책임의 훈련, 보내는 시간의 몰입도를 높이는 훈련의 시간들이었구나 깨닫게 되었습니다. 처음부터 완벽하게 잘해나갈 수 없고 반복된 훈련이 필요한 것이었습니다. 또 완벽주의 때문에 거기에 휩쓸려 본질을 놓쳐서도 안 되는 것이었습니다.

또 범하기 쉬운 실수가 타인과의 비교였습니다. 같은 수업을 같은 강사님께 배우고 같은 훈련과정을 거쳤는데 본인의 업에서 성과로 잘 이어지고 꿈 리스트에 올렸던 목표들을 하나씩 이뤄나가는 사람들을 볼 때 상대적 박탈감을 느꼈던 때도 있었습니다. 어떤 차이가 있었던 걸까? 원인을 찾아보기도 했습니다. 처음에 들었던 생각은 절실함의 차이구나였습니다. 간절함의 크기가 달랐음을 느꼈습니다. 성경말씀에도 심령이 가난한 자가 복이 있다고 합니다. 마음이 곤고하고 어떤 수단과 방법으로도 벗어날 수 없는 환란과 고통 가운데 있을 때 하나님만이 해답이 되어주시고 그분만을 붙잡을 수밖에 없는 순도 100%의 믿음의 사람이 복이 있다는 말씀입니다. 저에게 상대적 박탈감을 줬던 전문가로 탁월해진 사람들의 공통점도 절실함과 간절함이었습니다. 이것밖에 해답이 없다는 생각에 최선을 다해 본인 생각에 불순물을 섞지 않고 될 때까지 해보겠다는 마음가짐으로 정진해 나가는 모습을 보여줬습니다. 어떻게 나의 간절함을 끌어올릴 수 있을까 고민한 끝에 'Why'에 집중하기 시작했습니다. 내가 간절할 수밖에 없는 이유를 생각했고 그런 목표를 잡았고 한 주 한 주 마음이 흐트러질 때 삶의 당위성에 대해, 왜 최선을 다하는 삶을 살아야 하는지에 대해 돌아보고 다시 마음을 다잡는 되돌아보기 시간을 가졌습니다.

자기 자신을 경영한다는 기본 중의 기본기를 잘 닦을 때 온전히 내 삶의 주인공이 되어 삶의 의미와 진정한 행복과 성취감을 맛볼 수 있었습니다. 목표를 달성한 찰나와 같은 순간을 위해 매일 매일의 과정을 놓치며 살았던 날들이 많았습니다. 이제는 동사형 꿈을 살아가고 있는 과정에서도 충만한 행복과 보람과 성취를 맛보는 빈도를 늘려가고 있습니다. 본질을 놓치고 행위에만 집중하며 잘하고 있다는 착각에 빠졌던 시간, 완벽주의에 빠져 결점이 보일 때 지레 포기해버리고 자신을 비난했던 시간, 타인과 비교에 빠져 의욕을 상실하고 자기 불신으로 합리화했던 시간이 있었습니다. 이런 시간들이 있었기에 바로 되잡으려는 노력도 할 수 있었습니다. 제가 3P바인더를 통해 자기경영을 하면서 빠졌던 늪에 누군가도 빠져 있다면 앞서 경험한 저의 이야기가 빠져나올 수 있는 단초가 될 수 있길 바라봅니다. 나만의 자기경영 이유와 본질을 꿰뚫어 볼 수 있는 분별력을 갖기 위해 오늘도 기본기를 닦으며 정진해 보려 합니다. 처음에는 고수의 방법을 배워 기본기를 닦고 시행착오를 줄여 나가지만 그 뒤에는 나만의 유니크한 방법으로 탁월성과 차별적 경쟁우위를 갖춰 누군가의 롤모델이 되어 줄 수 있을 것입니다.

오늘도 태권도에서 품새로 기본기를 닦듯
3P바인더에 나의 선택을 기록으로 남기고 주어진 자원을
효율적으로 사용해 추구하는 핵심가치(도전, 성과, 사랑)를
실현해 보려 합니다.

오늘의 습관이 내일의 당신이다

3P바인더는 매일의 꾸준함으로 습관을 형성하게 한다. 첫째도 매일, 둘째도 매일, 눈으로 보고 읽고 써야 한다. 쓸 시간이 없다면 목표를 읽고 말하는 것도 좋다. 잠들기 전에 하는 습관은 이번 달, 이번 주, 다음 주 플랜을 확인하는 것이다. 타임 스케줄의 전체와 부분을 융합적으로 읽는 사고가 중요하다. 바인더 유저로서 노션, 구글 캘린더, 에버노트, 씽크와이즈, 네이버카페 등을 병용하고 있다. 그럼에도 3P바인더는 여전히 나의 첫 번째 비서다. 직접 들고 다니고, 손으로 기록한다는 것은 키보드 자판으로 기록하는 것과는 다른 의미다. 바인더에는 지식관리, 기록관리 영역이 있다. 나의 지식을 관리하는 습관, 글로정리하는 습관은 콘텐츠라는 이름으로 재생산된다. 그리고 SNS 이웃들에게 확산된다.

습관에서 중요한 것이 정리력이다. 3P바인더를 사용하면서 내 주변이 하나둘 정리되기 시작했다. 불필요한 시간 낭비를 줄이게 되었고, 불필요한 만남도 정리하게 되었다. 정리하는 습관이 길러진다는 것, 그리고 매일 삶을 정리한다는 실행원칙은 3P바인더 유저들에게는 필수 원칙이다. 예전에 내 사무실을 보면 완전히 카오스 상태였다. 혼돈과 무질서 그 자체였다. 바인더의 정리습관이 목표 시간관리뿐 아니라 공간의 정리력까지 확장되었다. 뒤죽박죽이던 사무실 서류들은 서브 바인더의 세네카 주제를 통해 분류되고 정리되었다. 세네카의 컬러별로 책장에 분류해두자 직원들의 업무효율이 높아졌다. 서류를 찾는 불필요한 시간 낭비가 줄어들었고, 기존 서브 바인더를 샘플로 새로운 업무 매뉴얼을 제작할 때도 시간이 단축되었다.

3P바인더에서의 세 번째 원칙은 '남과 비교하지 말자'이다. 애니어그램을 배우다 보면 에너지가 좋을 때 강조되는 강점과 위기상황에서 강조되는 단점이 있다. MBTI에서도 서로 다르게 태어난 사람들의 성향에 대해 분석해준다. 우리는 다르다. 바인더 유저들도 각기 다른 성향을 지니고 있다. 바인더 유저들의 연말 축제가 해마다 열린다. 문제는 이 축제에 출품된 우수사례를 보고 좌절하기 쉽다는 것이다. 우수사례에서 우리가 배울 것은 내가 적용할 수 있고 확장할 수 있는 아이디어다. 관점을 바꾸어 접근한다면 바인더 유저들의 연말 축제는 보물창고다. 학원 원장들이 바인더를 학원업무에 적용한 사례들이 많고 실제 성공사례도 많다. 사람을 다루고, 사람의 성장을 돕는 일에 바인더 활용법이 효과적이라는 증거다.

바인더 유저로서 나답게 쓰는 노하우를 찾아내는 것이 핵심이다. 누가 가르쳐줬다기보다는 과제를 하면서, 마스터 과정 동기분들의 사례를 들으면서 나만의 사용법을 만들어낼 수 있다. 바인더의 본질은 변하지 않는다. 다만, 쓰는 스타일이 다를 뿐이다. 우리는 틀린 게 아니라 다를 뿐이다. 그래서 3P바인더도 비교하지 않았으면 좋겠다. 누가 더 잘 쓰는 건 없다. 나의 비서로 잘 활용하면서 성과를 내는 것에 집중하기를 바란다. 나는 사업매출에 집중하는 데 바인더를 잘 활용하는 사람이다. 그것을 알려주는 일을 사명으로 생각한다. "바인더 쓰고 돈 벌었어요"라고 말하는 수강생들을 배출하고 싶다.

마지막으로 강조하는 원칙은 바로 성과다. 도구로서, 비서로서 3P 바인더를 어떻게 잘 활용할까 고민이 많았다. 시간관리와 지식관리 도구로 3P바인더를 사용하는 데 집중했다. 그러다 문득 '3P바인더를 통해 만들어 내는 성과는 무엇인가?'라는 질문이 들었다. 혹여 3P바인더를 사용하면서도 여전히 성과를 내지 못한다면 스스로 원인을 찾아낼 필요가 있다. 주부라고 하더라도 가정의 일을 잘 운영해서 가족들의 화합과 평화에 이바지한다든지, 대학생이라면 학교생활을 체계적으로 관리한다든지, 분명히 성과가 있을 것이다. 정량적으로 측정할 수 있는 성과도 있겠지만, 그렇지 않은 정성적 성과도 있을 것이다.

성과를 수익화와 동일시할 수는 없지만, 사업체를 운영하는 대표거나 학원장이거나 1인기업 대표라면 수익화 또한 간과해서는 안 된

메인 바인더 월간, 주간

다. 3P바인더를 통해 자기경영의 본질을 알고 시간의 주인이 되고 목
표달성을 꾸준히 한다면 수익화는 저절로 따라온다. 바인더의 주인이
누구냐에 따라 수익화 부분이 중요한 포인트가 될 수도 있다. 그렇다
고 수익화만이 모든 잣대의 기준은 아니다. 목표, 시간, 지식, 기록의
자기경영 역량을 성장시킨다면 성과는 확실하다.

매년 11월이면 다음 해의 매출목표를 수립한다. 월 1억이라고 바
인더에 썼고 그 당시 수강생들과 함께 나누었다. 실제 다음 해 1월 월
매출 1억을 달성했다. 내년 목표를 미리 기록하고 실행하는 데 집중

했다. 그러자 바로 성과를 얻었다. 매월 똑같은 성과를 내지는 않았다. 성과가 목표한 만큼 나오지 않을 때도 있다. 그럴 때는 늘 피드백을 통해 원인을 분석한다. 상황을 만들지 않았거나, 목표에 집중하지 않았거나, 시간 계획이 어긋났을 때는 성과가 잘 나타나지 않는다는 것을 알게 되었다.

샌드라 서처의 《신뢰를 팔아라》에서는 믿음으로 압도적 성공을 거두는 기업들의 비밀을 알려준다. 이 책 3장의 제목은 '모두의 이익에 기여하라'이다. 선한 동기로 시작하여 사회에 기여하는 기업이 되라는 메시지이다. 마케팅이나 비즈니스를 하지 않는 사람에게도 이 메시지는 중요하다. 관계의 중요성이다. 성과와 실적 못지않게 중요한 것이 성품이고 인품이다. 이것은 매출보다 더 어려운 일이다. 이를 위해 매일 습관화한 것 중 하나는 감사일기를 쓰는 것이다. 내 안에 원망, 질타, 시기의 감정이 솟아오르지 않도록 미리미리 처방을 내린다.

매일 아침 감사일기를 바인더에 쓰는 시간은
스스로 힐링하는 시간이다. 마치 명상과도 같다.
감사 습관은 나를 더욱 단단하게 성장시킨다.

정직과 성실이 3P바인더를 만든다

"어? 문 닫았네…."

이른 아침 우유를 사기 위해 동네 슈퍼마켓으로 향했다. 최근에 어떤 이유인지는 모르겠으나 동네 슈퍼마켓들이 문을 늦게 연다. 언제나 그랬듯이 슬픈 예감은 왜 틀리지 않는지…. 첫 번째 도착한 곳은 천막이 내려진 채 문이 닫혀 있었다. 서서히 불안해지기 시작했다. 집에서 우유를 달라고 외치는 아이들의 소리가 들리는 듯했다.

다급한 마음에 조금 빨리 뛰었다. 나는 아침 달리기를 매일 30분씩 한다. 그래서 이 정도 거리는 문제가 되지 않았다. 그런데 두 번째 도착한 슈퍼마켓의 문도 아직 잠겨 있었다. 서서히 긴장감이 올라왔다. 예상 밖의 상황이 전개되니 마음만 급해졌다. 더 빠르게 달려 다른 슈퍼마켓으로 향했다. 이상하리만치 가빠진 호흡에 그만 페이스Pace를 놓치고 말았다. 돌고 돌아 도착한 네 번째 가게에서 겨우 필요한 것을 샀지만 이미 지쳤다. 터벅터벅 걸어갈 수밖에 없었다. 당황하니 호흡이 가빠졌고 평소처럼 달리지 못했다. 당황하면? 페이스를 놓치게 된다!

3P바인더를 사용할 때 페이스를 유지하는 것이 관건이라고 생각한다. 바인더 사용자들은 예상했던 성과가 나오지 않더라도 평정심을 유지해야 한다. 자료 정리의 해답이 없더라도 자신의 콘텐츠를 꾸준히 개발하고 개선하면서 양식지 개발과 자료 분리를 해야 한다. 사명 선언문에 따라 장기계획을 세우는 것이 무의미해 보여도 연간, 월간, 위클리 계획의 '얼라인먼트'를 유지하고 묵묵하게 위클리를 실천하며 지속해 피드백해야 한다. 이것이 당황하지 않고 페이스를 유지해서 성장하고 성과를 남기는 방법이다.

페이스를 유지한다는 것은 자신의 철학과 가치 그리고 스티븐 코비가 말한 '자신의 목소리' 즉 '내면의 목소리'를 듣는 것이다. 3P바인더를 들고 다니면 유난을 떤다는 표정으로 쳐다보는 주위의 시선을 종종 받게 된다. '디지털 시대에 웬 벽돌을 들고 다니나' 하는 말도 들을 수 있다. 그러나 기억하라. 아날로그의 최대 장점은 불편함과 가시화라는 사실을.

디지털 시대는 편리를 추구한다. 아이러니하게도 사람은 편해지면 게을러진다. 컴퓨터가 발명된 이후에 끝난 적이 없는 해묵은 논쟁을 하자는 것이 아니다. 우리가 쓰는 도구를 바르게 이해해야 길을 잃지 않고 당황하지 않는다. 이는 수첩이 4세대에 걸쳐서 현재의 단계까지 성장한 것과 무관하지 않다. 바인더는 제4세대에 해당한다. 이 말은 바인더가 단순한 시간관리와 목표관리가 아니라 '가치관에 기초하여 행동을 관리하고 그날의 스케줄schedule에 정말로 하고 싶은 일'을 실행할 시간을 배치하고 실천함으로 목표에 접근하고 인생을 바꾸는 도구라는 뜻이다.

더욱이 3P바인더는 여기에 서브 바인더를 장착함으로 아날로그의 한계를 극복하고 지식관리와 독서경영으로 무한성장의 교두보를 마련한 도구라 하겠다. 이런 역사를 안다면 디지털은 바인더를 쓰는 근본 이유에 답을 줄 수가 없다. 왜 그런가? 디지털 역시 도구에 불과할 뿐 가치관에 영향을 미치는 근본적인 원인은 아니기 때문이다. 굳이 말하자면 전자화된 서브 바인더라 할 수 있을 것이다.

거듭 말하지만 '당황하면? 페이스를 놓치게 된다!' 3P바인더는 '가시화'를 통해서 길을 잃지 않게 할 수 있는 강력한 도구이다. 머릿속은 단순하게 하고 바인더는 꼼꼼하게 가시화시켜야 한다. 중요한 정보는 필요할 때 찾아볼 수 있어야 한다. 따라서 모든 메모는 어디에 기록이 되고 어디로 보내야 하는지에 대한 프로세스가 있어야 한다. 그 꼼꼼함이 3P바인더를 살찌운다. 그 이후에 바인더 사용자가 해야 할 일은 창의적인 일에 몰입하는 것뿐이다.

많은 사람이 워라밸을 꿈꾼다. 어쩌면 이 달콤한 유혹이 삶의 균형을 인위적으로 배분시켰는지도 모르겠다. 일, 가정, 자기계발, 신체, 영성의 보편적인 영역에서 계획을 수립할 수 있다면 자기경영의 상당한 수준을 갖췄다고 할 수 있겠다. 그러나 이렇게 인위적으로 삶의 영역을 구분할 때 의외로 개인의 처지와 형편, 역량 등을 고려하지 않는 실수를 범하기도 한다. 더욱이 연령대에 따라서 집중해야 할 일들이 다름에도 균형이라는 함정에 빠져서 중요한 일을 하지 못하거나 투자하지 못할 수도 있다.

대학생들의 공부를 예로 들어보자. 어떤 이들은 중간고사와 기말고사만을 위해 공부하는 것 같다. 그래서 시험 기간이 끝나고 나면 보상심리가 발동해서 한동안 유흥에 취하기도 한다. 그러나 생각해보자. 진짜 공부는 전공 너머의 전공이다. 시험공부가 목적이 되면 인위적으로 쉬어야 한다는 강박관념에 사로잡힐 수도 있다. 하지만 과연 그런가? 여유가 있다는 것은 새로운 것을 볼 수 있는 축복이다. 반면에 나태해져도 되는 충분한 근거를 제공하는 함정이 되기도 한다. 따라서 '일과 삶의 균형'은 공부했기에 쉬어야 하는 물리적 맞춤이 아니라 자신을 성장시키고 성숙시키기 위한 후퇴Retreat이어야 한다.

3P바인더가 제공하는 평생계획, 중기계획, 단기계획과 일일계획은 방향성과 에너지 관리를 배분할 수 있게 한다. 그런데 이러한 계획의 완성도를 높이는 방법은 무엇일까? 나는 '정직과 연습'이라고 생각한다. 실로 3P바인더 사용자들은 정직하게 기록하고 성실하게 연습하고 연구하고 실천해야 한다. 왜 그렇게 해야 할까? 정직하게 기록하고 실천하는 습관을 통해서 개인의 업무처리능력Capacity을 사실적으로 파

악할 수 있기 때문이다. 그리고 이 능력을 개인이 알아야 현실적인 계획도 세울 수 있게 된다.

세계적인 리더십의 대가 존 맥스웰과 세계적인 시간관리 전문가 로타르 J. 자이베르트는 실행이 아니라 '시간 활용에 대한 계획'을 먼저 세웠을 때 전체 소비시간은 줄어들고 성과는 증대한다고 했다. 3P 바인더는 블루타임Blue Time 때 이 일을 한다. 따라서 3P바인더 사용자들은 매일 아침, 점심, 저녁의 블루타임을 통해서 정직하게 피드백하고 계획해야 한다. 그러한 연습이 자신의 시간 활용 능력과 업무 처리 능력 그리고 루틴Routine하게 반복되는 업무 환경에서의 예측 능력을 뛰어나게 향상시킬 것이다.

마지막으로 프로젝트 개념의 이해와 능력을 3P바인더에 녹여내자. '프로젝트'란 하나의 주제 아래 여러 가지가 통합된 것으로 계획과 수행능력을 종합적으로 요구하는 것을 말한다. 3P바인더를 쓴다는 것은 단순히 목표를 설정하고 성취하는 것이 아니다. 자신의 사명에 따른 비전을 세우고 가치관과 역할에 기반해서 실천하는 것이다. 이러한 가치관이 목적이 되어 평생계획에 중대한 영향을 미친다.

중장기 계획은 연간계획을 도출하게 되고, 월간계획은 연간계획을 승계한다. 나는 연간계획과 월간계획 사이에 'Goal List'와 '4분기 계획'의 양식지로 브릿지Bridge를 걸어서 실천력을 더 높이고 있다. 그리고 치열한 삶의 흔적이 기록되는 위클리지를 통해서 계획을 실천하고 있다.

이런 노력이 삶을 한 방향으로 정렬시키고 조화를 이루게 한다.
프로젝트를 3P바인더에 실현한다는 것은
이렇게 자신의 목표와 활동을 명확하게 인식하고
가시화시키는 것을 말한다.

바인더를 내 것으로 만드는
네 가지 원칙

2019년 중반부터 바인더에 끄적거리기 시작했지만, 2020년에도 바인더는 일정을 적는 데에 주로 사용할 뿐이었다. 육아 휴직 중이라 특별한 일이 없어 적을 만한 내용이 없다는 핑계 아닌 핑계를 댔다. 기껏해야 책 읽을 분량을 나누어서 날짜별로 적어놓거나 한두 달 앞서 있는 일정들을 월간 기록에 적어놓는 정도였다.

2021년 복직 직전 3P자기경영연구소를 찾아갔다. 3P자기경영연구소에서 많은 사람을 만났다. 바인더를 주물럭거리는, 아니 정확하게 말해 '시간을 주물럭대는' 그런 사람들을 만났다. 이렇게 많은 사람이 시간을 값지게 쓰고 있다니. 믿기지 않았다. 그동안 시간이 마치 무한한 것인 양 사용하고 있었다는 사실을 깨달았다. 일정만 적어놓던 나의 바인더가 초라하게 느껴졌다. 시간을 꼼꼼히 기록하고 그렇게 만든 시간을 자기를 위한 시간으로 온전히 사용하고 있는 모습이 경탄

할 만했다. 나도 그렇게 바인더를 가지고 놀고 싶었다. 시간을 내 것으로 만들고 싶었다. 그래서 2021년 초, 바인더 코치 과정을 시작했고, 여름부터 가을까지 마스터 과정을 이수했다. 마스터 과정에 입과하고 참여한 워크숍 첫날을 잊을 수 없다. 1박 2일의 일정이었고 그날 함께 마스터 과정에 참여하고 있던 윤 선배와 같은 방을 배정받았다.

자신의 비즈니스를 하라!

놀랐다. 윤 선배는 나처럼 교사였단다. 초등학교에서 교감으로 명예퇴직 분이라니. 사람이 달리 보였다. 사업을 한다 했다. 서울 인근의 좋은 건물을 산다고 했다. 나보다 훨씬 앳되어 보이는데 도대체 이 명퇴한 교감 선생님의 나이가 얼마나 되는지 아리송했다. 돈 많이 버는 사업가 냄새가 물씬 난다. 과거와 완전히 다른 삶을 살고 있는 듯해 보인다. 강의장에서 만나는 강사분들의 바인더가 아닌, 같은 마스터 과정 수강생인 윤 선배의 바인더를 보았다. 입이 떡 벌어졌다. 두툼한 윤 선배의 바인더. 호텔 방의 누르스름한 불빛 아래에서 바인더를 펴 놓고 윤 선배는 하루를 정리하고 있었다. 피곤했지만, 나도 바인더를 멋쩍게 뒤적거렸다. 나는 여전히 초보 바인더 유저. 윤 선배는 이미 바인더 고수. 바인더 고수가 도대체 왜 마스터 과정에 들어와 있는 걸까? 점점 더 궁금해졌다.

다음 날 새벽 5시. 윤 선배가 부스럭댄다. 나도 일어났다. 윤 선배가 하는 아침 프로그램이 있다며 같이 참여하겠냐고 하였다. '이건 또 무슨 소리야.' 좋다고 끄덕였다. 노트북을 챙겨왔다니. 무엇을 하길

래? 윤 선배는 노트북을 호텔 방 바닥에 놓고 줌을 켜 본인의 아침 요가 프로그램을 진행한다. 본인 프로그램의 수강생들을 위해 새벽 루틴 프로그램을 따로 운영하고 있을 정도로 열정파다. 새벽 5시! 새벽부터 자기 프로그램을 철저하게 지켜내는 모습이 인상적이었다. 윤 선배를 만나며 자신만의 비즈니스를 해야 바인더를 이백 퍼센트 잘 쓸 수 있다는 사실을 깨달았다. 자기 비즈니스를 해야 진정한 자신의 목표를 설정할 수 있다. 그리고 그에 맞는 시간 기록을 할 수 있다. 주어진 일들을 내가 해야 할 능동적인 일들로 내면화시키는 과정을 거쳐야 삶을 능동적으로 산다. 그래야 주도적으로 목표와 시간을 설정할 수 있다.

바인더에 꼼꼼히 시간을 기록하라!

너무 뻔한 말처럼 들린다. 하지만 기록한다는 것이 좀처럼 쉽지 않다. 처음 2~3년간 가장 힘든 부분이 매일 바인더에 똑같은 일상을 기록한다는 그 자체였다. 지루했고, 똑같은 일상을 기록하느라 드는 시간이 더 아깝다고 생각했다.

지난주에 선생님들과 '시간관리 워크숍'을 진행했다. 바인더에 자기의 시간을 기록해보는 시간이었다. 쓴 시간을 기록했고, 시간의 성격을 나누어 보며 어떤 일에 얼마만큼의 시간을 쓰고 있는지 점검했다.

"이걸 적는 게 더 일이 되겠는데요?"

나도 그렇게 생각했다. 처음 바인더를 쓰는 사람이라면 누구나 드는 의문이다. 그러나 때로는 한심해 보이는 일이 꾸준함이 되고 꾸준함은 탁월함을 만드는 토대가 된다. 기록하는 과정이 있어야 낭비가 보이고 절약할 부분이 보인다. 일 년의 계획, 월간, 주간, 일간의 계획을 적는다. 그리고 그 기간이 끝나면 반드시 피드백한다. 계획대로 잘 되었다면 잘 된 이유를 기록하고, 계획대로 잘 안 되었다면 잘 안 된 이유도 기록한다. 기록해야 나의 뇌가 반응한다. 무조건 기록한다.

수강생 중에 이런 이야기를 하는 분이 많다.

"친구 만나는 시간이 하나도 없어요. 너무 팍팍하게 살았나 봐요. 주말에는 친구를 만나야겠어요."

기록해야 어떤 곳에 얼마만큼의 시간을 쓰고 있는지 보인다. 그래야 잊고 살았던 시간을 찾고 친구를 찾을 수 있다.

삶에서 중요한 것을 생각하라!

'중요한 것을 먼저 하라'는 바인더의 핵심 철학이다. 바인더 초보일 때 '중요한 일'을 먼저 하라고 하여, 업무를 가장 먼저 해야 한다고 생각했다. 당연히 업무가 내 생활에 먼저라고 생각했기 때문이다. 업무를 내 주 업무로 삼아 달리다 보니, 바인더 쓰기의 본질이 아니라는 생각이 들었다. 내 삶을 전체적으로 다시 바라봐야 했고, 10년 단위의 목표지점을 세우고 인생 전체에 대한 목표와 비전을 세워야 비로소 중요한 것이 드러나 보인다. 자기 인생의 비전, 꿈을 그려 보면서 올 한 해 내 삶에서 중요한 것이 무엇인지, 오늘 어떤 일에 우선순위를 두고 살아야 하는지 생각해 보았다. 맨 첫 줄에는 내 삶에서 중요한 '그것'을 먼저 했는가를 묻는다. 그 시간이 모여야 결국 중요한 것

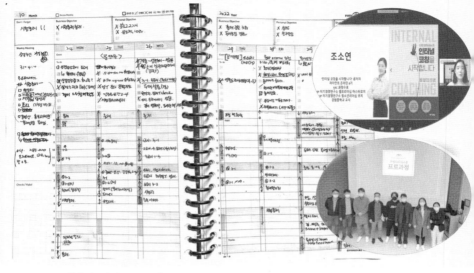

2022 책출간, 강의, KAC코치

을 하는 '내'가 되니까,

자신과 약속을 지키라!

바인더에 쓰지 않으면 계획 중인 일도 잘 안 한다. 하지만 적으면 하게 된다. 바인더에 적어놓았다는 것은 나와 약속을 했다는 뜻이다. 다른 사람은 모르니까.

바인더는 약속을 지키게 만드는 도구이다. 바인더를 보기 좋게 예쁘게 쓰려고 하니 스트레스가 된다. 또 많은 일을 하려고 하니 스트레스가 된다. 남들은 시간관리도 척척 되는 것 같은데, 나는 왜 이 모양

일까. 자괴감이 밀려왔다. 짜증이나 바인더를 접은 때도 있었다. 그러나 이제는 안다. 시간관리는 더 많은 일을 해서 빽빽한 바인더를 내보이려고 하는 게 아니라는 것을. 내 삶을 이 일 저 일로 가득 채우려 하는 게 아니라는 것을. 시간을 효율적으로 사용하고, 삶의 우선순위를 정하는 것. 그에 맞는 집중된 삶을 살고자 하는 게 핵심이라는 것을 이제는 좀 알 것 같다.

바인더를 가지고, 내 삶의 핵심 가치를 찾아
풍요로운 삶을 더욱 누리고 싶다.
중심을 잃으면 넘어진다.
중심을 잃지 않는 방법은 자신과의 약속을
하루하루 지켜내는 것이다.

PART 6

3P바인더로
달라진 미래

부동산도 지식경영이다

나의 존재가치Mission를 한 문장으로 표현하면 "지식경영과 자산 컨설팅으로 매일 1% 성장하려는 이웃을 돕는다." 바인더 맨 첫 장에 해마다 작성하는 문장이다. 존재가치를 잃어버리면 꿈은 의미가 없다.

나 윤서아는 고객의 자산증식과 건강한 삶을 돕기 위해 존재한다.
나 윤서아는 자산관리 메신저로 고객들의 성공투자를 컨설팅한다.
나 윤서아는 투자습관 코치로 고객의 경제적 자유를 돕는다.

내 삶의 사명을 수립하면서 선한 영향력을 전파하기 위해 재노스쿨 커뮤니티를 만들었다. 두 해 전 오픈한 톡방과 네이버 카페를 통해 씨앗고객들이 모여들었다. 재노스쿨은 재테크노마드창업스쿨의 약자다. 나의 도전으로 시작해서 이제는 고객들과 함께 성장하는 학습의

장이 되었다. 우리는 지치지 않는 열정으로 지금까지 함께하고 있다. 아파트 청약, 법인투자, 지식산업센터, 4대 연금 등 부동산과 금융 분야의 강좌가 메인 콘텐츠이다. 온라인 수익화, 1인 창업, SNS 마케팅, 독서법, 자기계발 영역의 강좌들도 늘 인기가 많다.

부의 영역에서 끊임없이 도전하는 학습 태도는 쉽지 않다. 부동산과 금융 분야에서 꾸준히 수익을 낸다는 것은 어려운 일이다. 어렵지만 누구나 바라는 일이다. 부동산은 투기가 아니다. 정부와 언론을 통해 배운 자본주의는 간혹 본질과 다른 경우도 많다. 나의 존재가치는 부동산도 지식경영이라는 관점에 귀결된다.

3P바인더로 나의 역사를 기록하는 일은 꾸준함을 필요로 한다. 꾸준함도 실력이다. 성공은 결과가 아니라 매일 실천하는 과정과 경험에 있다. 매일의 성과가 모여서 결국 성공이라는 열매를 얻는다. 실패의 경험은 더 소중하다. 작은 실패들은 나를 더 성장시키는 계기가 된다. 이삼십대의 나는 자기계발에만 치중한 나머지 건강을 잃는 실수를 저질렀다. 건강과 여가는 내 삶에 사소하게 취급되는 영역이었다. 워크홀릭으로 편협한 삶의 패턴을 반복했다. 삶의 균형이 무너질 때 건강도 함께 무너진다는 것을 바인더를 쓰고 나서야 알게 되었다. 내 삶의 균형을 잡는 것, 바인더를 통해 가능하다. 바인더를 쓰면서 균형 있는 삶에 집중하게 되었다. 이제는 나눔과 봉사, 건강과 여가, 가족들에게 시간을 내는 삶을 살고 있다.

나의 사명과 존재가치를 정하고 나니 표류하던 삶에 항해가 시작되었다. 서로 다른 성격의 사업들이 하나의 본질 속에 담아졌다. 자산관리, 부동산 투자, 지식창업, 민간자격증, 출판업 등은 외형으로는 다른 성격으로 보인다. 인생 로드맵을 정리하고 나니 같은 궤에 속한다는 것을 알았다. 일의 속도도 빨라지고, 업무 효율성도 올라갔다. 나와 같은 목표를 가진 사람들, 매일 성장하고 싶은 사람들을 돕고 있다. 부동산도 지식경영이라는 생각으로 접근하고 나니 쉽게 가르치는 것도 가능해졌다.

지금 이 순간 매 순간 나 스스로 결정한다. 내가 결정하지 않으면 결정을 당한다. 내 마음과 환경의 변화가 온 우주를 변화시키는 시작점이다. '나중에'가 아니라 '지금 당장' 작은 것부터 시작한다. 미래에 거창한 목표를 꿈꾼다면 지금 작은 실천에 집중하는 습관이 중요하다. 현재 매일 실천하는 행동으로 나의 미래를 설계한다. 많이 나누고 공헌하는 사람이 리더다. 현재 오늘 해야 할 일, 중요한 일부터 실천하는 것으로 하루를 시작한다. 그렇게 매일 성장한다. 3P바인더 마스터가 되면서 바뀐 나의 삶의 변화다.

성공하기 위한 비결 중 'Becoming'이 있다. '되어가기'다. 나는 앞으로 무엇이든 되어갈 생각이다. 지식경영의 선구자도 되어갈 것이고, 부동산 투자의 리더도 되어갈 것이다. 이웃들이 닮고 싶은 삶을 내가 스스로 살아보겠다. 그리하여 나의 고객들이 나를 복제하도록 자산관리시스템을 만드는 것이다. 부동산 상승장에서는 미친 듯이 오르는 집값을 쫓아가고, 하락장에서는 언제 그랬냐는 듯이 관심을 두지 않

는다. 하락장에도 진정한 투자자들은 계약을 한다. 하락장에 더 많이 공부한다. 어떤 상황에도 자본주의와 부동산에 관한 공부를 지속하도록 돕는 일을 하고 싶다.

부동산 투자도 철저한 지식경영의 한 분야이다. 누구나 자산관리 컨설팅을 받는 시대가 올 것이다. 나는 학교를 떠나 학교를 세웠다. 재노스쿨에서는 실제적 경험을 통해 수익화를 만들어내는 공부를 계속할 것이다. 인생테크 전략파트너로 자산관리를 돕는 메신저 역할을할 것이다. 재노스쿨에서 자산을 배가시키는 고객들이 많아지길 기대한다. 나의 자산관리 컨설팅 행동규칙은 이러하다.

첫째, 이타심으로 사업을 한다. 이웃을 널리 이롭게 하는 마음, 그것이야말로 비즈니스의 시작이다. 이웃의 나무에 열매가 맺히도록 돕는 마음으로 고객을 대하라.

둘째, 대접받고 싶은 대로 대하라. 당신이 만나는 모든 이웃을 존중하라. 이웃을 섬기는 방식이 내 삶에 대한 태도다. 특히, 이웃의 직위와 권세에 영향을 받지 않도록 조심하라.

셋째, 많이 듣고 적게 말하라. 교만한 사람은 말이 많아진다. 겸손한 사람은 더 많이 경청한다.

부동산이 궁금하고 자산가가 되고 싶은 사람들을 돕는 일을 하고 있다. 3P바인더에 벌고 싶은 돈을 기록하고 바인더 유저 자산가들이 많아지는 데 기여하는 삶을 살고 있다. 부동산도 배워서 남을 주자.

미래는 '내가 꿈꾸고 기록한 대로' 만들어 가는 것!

"내가 태어난 것은 분명 이유가 있고, 나는 세상에 기여할 특별한 가치를 지니고 있다."

해마다 바인더 꿈 리스트 위 여백에 적는 문구이다. 3P바인더를 만나 내가 세상에 기여할 수 있는 가치는 무엇인지, 나눌 수 있는 재능은 무엇이 있는지 고민하고 또 고민했다. 세상까지는 아니어도 가까이 내 주변부터, 이웃이나 지인들에게 도움이 되는 가치가 무엇일까 수없이 되뇌었다. 꿈을 이루기 위해 중장기 목표를 세우며 라이프 플랜도 작성해 보았다. 인생의 목표가 생기자, 사명을 한결 수월하게 찾을 수 있었다.

'나는 변화와 성장을 갈구하는 엄마와 자녀들이 3P바인더를 통해

꿈과 비전을 갖고 시간을 밀도 있게 쓰며 좋은 습관들을 형성하는 데 기여한다.'

내 삶의 사명대로 살고자 폭넓은 독서와 함께 다양한 교육을 받았다. 시간을 쪼개어 꾸준히 독서를 하면서 교육과 강의를 신청하고 수강하며 배운 것은 실행했다. "배워서 남 주자!" 배워서 나누면 나 혼자가 아닌 함께하는 많은 사람들에게 도움이 되니 교육에 과감히 투자했다. 나에게 꽤 비싼 투자를 했지만, 아깝지 않았다. 내가 얻을 가치가 지불한 가격보다 훨씬 클 거라는 확신이 있었기 때문이다.

'이 세상 최고의 투자종목은 바로 나 자신이다!'

– 워런 버핏

지난 3년간 내 바인더에 제일 많이 적혀 있는 문구이기도 하다.

나에게 투자하고 매일 조금씩 노력하는 과정에서 변화와 성장에 도움이 되는 강력한 도구들도 하나 둘 장착하게 되었다. 탁월한 시간관리 외에도 꾸준한 새벽기상, 감사 습관, 독서 습관, 기록 습관 등이다. 이 도구들에 온라인 교육 프로그램과 독서모임을 운영하면서 얻은 경험과 노하우로 타인의 성장을 돕는 코치로서 나에게는 두 가지 미션이 있다.

❶ 엄마들의 꾸준한 바인더 기록과 시간관리, 영어공부, 새벽기상 습관과 독서 습관을 돕는다.
❷ 자녀들의 바인더 쓰기와 시간관리, 신문읽기 습관과 독서 습관을 돕는다.

3P바인더를 통해 시간관리가 되고 성과를 내기 시작하면서 자신감이 생겼고, 성취감을 느꼈다. 여러 꿈이 이루어졌고, 이는 행복으로 이어졌다. 나의 노하우를 나누어 다른 이들의 꿈도 실현되자 행복이 배가 되어 돌아왔다. 일단 시작해본다. 그리고 꾸준히 기록해보자. 그러기 위해서는 완벽함과 조급함을 버리고 힘을 조금 빼는 것이 도움이 된다. 기적은 단시간에 일어나지 않는다. 매일 하는 그 작은 일들이 자신을 성장하게 한다. 가끔은 힘들고 아주 바쁜 시기도 있지만 어떤 상황에서도 꾸준히 지속하고 있기에 내가 변화하고 성장한다고 믿는다.

어느 날 오후, 당시 여덟 살이었던 딸이 침대에서 뒹굴거리다 이런 말을 했다.

"엄마, 나 평일에는 학교 다니고 학원도 가고 너무 바빠. 난 주말이 여유 있고 너무 좋아! 내 인생은 주말에 있어. 그리고 엄마 인생은 바인더에 있어!"

8세 딸아이의 말이 어찌나 인상적이던지… 그때의 기억이 여전히 생생하게 떠오른다. 바인더를 늘 책상 위에 펼쳐두고, 틈틈이 바인더에 끄적이는 행위, 줌으로 바인더 강의를 하는 모습, 바인더를 애정하는 마음이 아이 눈에도 다 보였나 보다. 머지않아 내 아이들에게도 바인더 교육을 할 것이다. 바인더를 통해 아이들과 함께 성장하는 삶을 꿈꾼다. 내 아이들이 바인더를 쓰고 활용하면서 유용한 점, 강력한 부분, 힘들거나 실패한 경험들은 다른 학생들에게도 나누어 그들의 성장 역시 도울 것이다.

어느새 12월이다. 나는 다시 꿈을 꾼다. 작년과 마찬가지로 내년의 큰 그림을 그리고, 나의 꿈 리스트에 새로운 꿈들을 기록한다. 쓰다만 플래너를 보며 한숨짓던 내가 이제는 연말이 되면 새해의 꿈들을 기록하고 목표를 설정한다. 3P바인더에 기록했던 꿈들이 이루어져 현실이 되는 것을 여러 번 체험하고 나니, 어떤 꿈은 당장은 아니더라도 언젠가는 이루어진다는 것을 믿는다. 3P셀프리더십 마스터코치 교육까지 모두 이수한 후, 강사로서 바인더 프로교육을 하면서 수강생들이 꿈을 이루었다는 피드백도 많이 듣는다. 새집으로의 이사, 경력단절에서 재취업, 원하는 곳으로 이직, 회사에서 승진, 작가로 데뷔, 자녀와 해외에서 1년 살기, 제주도 한 달 살기 등 기쁜 소식을 전한다.

해마다 꿈꾸고 기록하고 이루는 삶!
3P바인더에 꿈을 기록한 후 여러 꿈을 이루었고, 현재도 진행 중이다. 앞으로도 얼마나 더 많은 꿈이 이루어질지 기대된다. 나를 설레게 하는 비전도 갖게 되었다. 전업주부에서 생산자의 삶을 살고 시간을 밀도 있게 쓰며 1인기업으로, 독서 리더로 활동 중이다. 기획하고 기

록했던 다양한 프로그램과 프로젝트들을 진행하고 노하우를 나누며, 내가 꿈꾸고 기록한 대로 미래를 현실화 하고 있다. 3P바인더를 만나며 하고 싶었던 일들을 하며 새 삶을 살게 되었다. 미래는 내가 꿈꾸고 기록한 대로 만들어 가는 것이니까.

소중한 나의 3P바인더에 기록한 '2023 꿈 리스트' 중 하나는, 이 책이 새해에 출간되어 더 많은 이들이 3P바인더를 만나고, 그들의 꿈이 이루어지는 것이다!

나누면 커진다

처음 나에게 바인더의 존재를 알려준 그 언니는 바인더 독학생이
었다. 바인더 교육을 받지 않고 10년을 쓰면서 많은 성과를 내고 있다.
그런 언니에게 내가 강의를 하게 되었다.

3P자기경영연구소 셀프리더십 교육 중에 시간관리 부분을 다른
사람에게 강의하는 미션이 있다. 바인더 초보였던 내가 이미 바인더
를 10년째 쓰고 있는 언니를 교육생으로 맞았다. 그야말로 교학상장^敎
^{學相長}의 시간이었다. 3P 과정으로 아침 시간의 가치를 알기에, 우리는
주말 아침 7시에 만나기로 했다. 첫 학생을 맞은 나는 설렜고, 언니는
이미 오랜 시간 사용하면서도 챙기지 못한 부분을 발견하고 채워 나
갔다.

교육 중에 언니에게 들은 이야기가 있다. 공무원은 정기적으로 부
서 이동이 있어서 그때마다 업무 승계를 한다고 한다. 어떤 사람은 A4

종이 한 장으로 요약해서 넘기는데, 언니는 바인더 안에 정리해서 주면 모두 놀란다고 한다. 몇 년간 일하면서 쌓은 노하우가 많을 텐데 그 귀한 자산을 나누지 못하는 것은 국가적 손실이다. 바인더 시스템을 여러 일터에 확산시킬 수는 없을까. 전문가의 노하우를 제대로 전달하고 보관하며 활용할 수는 없을까. 내게 꼭 필요한 정보인데 제대로 전달되지 않으면 시간도 돈도 에너지도 낭비다. 어쩌면 나도 저 언니처럼 내가 알고 있는 것을 다른 사람에게 전해서 그 사람에게 도움이 될 수 있을 것 같다, 아니 되어야겠다. 그래서 생각한 것이 원장님들을 위한 바인더 교육이다.

나는 영어 프랜차이즈 가맹점을 운영하고 있다. 올해로 가맹 5년 차. 나만의 브랜드를 만들어 보겠다면서 가맹 없이 혼자서 '수업안'을 짜보았으나 역부족이었다. 실력도 시스템도 없었다. 그러다 내가 바라던 영어 원서 프로그램을 알게 되어 가맹했다. 그런데 아쉬운 점이 있다. 이전에 알아봤던 프로그램들은 의무적으로 정기 교육에 참가해야 한다는데, 내가 가맹한 곳은 그런 조건이 없다. 처음에는 따로 시간을 내지 않아도 되니 편하겠다고 생각했는데, 갈수록 교육 부분이 아쉽다. 본사는 콘텐츠만 공급하니, 학원 시설을 갖추고 운영하는 것은 알아서 해야 한다. 기본 수업 매뉴얼이 있으나 그것으로는 부족했다. 혼자 연구해야 했다. 자영업자가 해야 할 당연한 몫이지만 교육 시스템이 더 있으면 좋겠다.

나는 본사의 표준 수업안이 궁금했고, 프로그램을 개발하고 사용하시는 대표님의 이야기가 듣고 싶었다. 그래서 비정기적으로 열리는 교육을 연이어 찾아갔다. 1년 남짓한 시간에 대표님을 7번 만났다. 내가 사는 밀양에서 대전, 부산, 남양주까지 갔다. 그때는 남양주까지 지하철이 열리기 전이라 가는 길이 더 멀었다. 그래도 계속 찾아간 것은, 한 번 교육에 하나라도 더 알고 오겠다는 마음 때문이었다.

앞서 말한 대로 본사는 원재료에 기본 레시피만 제공한다. 나머지 디테일은 개인이 채워야 한다. 그래서 새로 가맹하는 원장님들은 질문이 많다. 나는 그런 원장님들을 도와드리고 싶다. 원장님들의 수업 노하우, 운영 방식이 있어도 새로운 프로그램을 도입하면 초기에 어려움을 겪는다. 충분히 알아보고 가맹을 했지만 직접 수업에 적용해 학생과 학부모님으로부터 긍정적 피드백을 받고, 제대로 결과를 내는 과정을 만드는 데 시간이 걸린다.

나 하나를 가꾸어 나가는 것, 한 집안을 가꾸어 나가는 것과 마찬가지로 학원 하나를 운영하는 것은 어쩌면 종합 예술가가 되는 것과 같다. 신규 원장님들은 보통 학원 강사 일을 하거나, 개인 과외 수업을 하다가 처음 자기만의 사업장을 꾸리는 경우가 대부분이다. 그동안 해오던 일의 연장이라 다 아는 일인 줄 알았는데, 시작하고 보면 처음 마주하게 되는 일이 많다. 결정해야 할 것도 많다. 여기저기 조언을 구해도 최종 선택은 내가 하고, 그에 따른 후속 조치도 스스로 해야 한다. 위치 선정, 인테리어와 하드웨어는 기본, 수업을 어떻게 운영할 것인지, 학부모 학생 강사님과의 소통 어떻게 해야 할지 등 챙겨야 할 것이 많다.

다행히 내가 처음 학원을 열었던 2008년에 비해, 지금은 학원 경영에 대한 책과 정보가 넉넉해서 거기서 도움을 받을 수도 있다.

그럼에도 나는 신규 원장님들을 위해 내가 할 일이 있는 것 같다. 대단하지 않지만 내가 그동안 경험한 학원 운영에 대한 이야기를 나누고 싶다. 특히 내가 가맹한 프로그램과 연계해서 전하고 싶은 것들이 있다. 프로그램 도입 초기에 내가 간절했으니까, 소소한 질문거리를 풀 곳이 없었으니, 그 과정을 먼저 겪는 내 경험을 전하고 싶다. 그리고 무엇보다 학원 운영을 위해 먼저 챙겨야 할 것이 '나'라는 것을 말씀드리고 싶다. 자기관리가 되어야 그 다음도 잘 된다. 그 자기관리의 좋은 툴이 '바인더 쓰기'다.

'수신제가치국평천하'

언제나 나를 다듬는 것이 먼저다. 나의 내면과 외면을 함께 잘 다듬는 것이 먼저다. 마음처럼 되지 않을 때 종이 위에 지금의 고민을 내놓으면 해결책이 보일 때가 있다. 바인더를 매개로 나 홀로 고군분투하는 원장님들을 만나고 싶었다. 신기하게도 기회가 닿아 온라인으로 원장님들에게 바인더 교육을 한 적이 있다. 정규 과정이 아니라 많은 내용을 전할 수는 없었다. 이럴 때는 보통 '꿈 리스트' 작성을 먼저 한다. 내가 처음 바인더를 알게 되었을 때, 꿈 리스트 빈칸을 메우는 것이 막막했다. 내 이야기를 내 놓는 것을 주저했다. 그런데 종이 위에 쓰고 나니 길이 보였고 해내게 되었다. 어떻게 살고 싶은지, 그렇게 되기 위해서 지금 무엇을 해야 하는지, 나를 어떻게 가꿀 것인지, 나를 어찌 챙길 것인지. 내 삶에서 중요한 것이 무엇인지 생각하게 되었다.

매일매일 그날의 일을 해내다가 혼자 소진되지 않아야 한다. 많은 것을 혼자 해내야 하는 원장님들과 함께 바인더 쓰는 법을 나누고, 학원 시스템 잡기를 해보고 싶다.

내 것을 나누어도 내 것이 줄지 않는다. 배워서 나누면 더 커진다. 함께하면 더 오래 하고 멀리 갈 수 있다는 것을 몇몇 모임을 통해 경험했다. 내 꿈 리스트에 있는 책 쓰기를 3P마스터 17기 동기들 덕분에 하고 있다. 나 혼자라면 이런저런 이유를 대며 하지 못했을 것이다. 함께하는 사람들이 있으니 하고 싶었던 일을 해보게 된다. 학원인으로 산 지 20년이 넘었다. 하고 싶은 일이 계속 생기기도 한다. 이런 경험을 더 많은 사람들이 하도록 돕고 싶다.

홀로 고군분투하는 학원 종사자 분들에게
조금이나마 내가 할 일이 있을 것 같다.
학원인으로서 소임을 다하고 있는 여러분들과 꿈을 나누고,
함께 이루어 가고 싶다.

이제는 날아오를 때

'남수단의 슈바이처'

영화 〈울지마 톤즈〉의 주인공 이태석 신부를 이르는 말이다. 내전으로 폐허가 된 남수단의 작은 마을 톤즈는 절망 그 자체였다. 의사이기도 했던 그는 병원을 지어 죽어가는 주민들을 치료하고 학교를 세웠다. 전쟁으로 상처받은 주민들을 치료하는 데 음악이 효과가 있다는 사실을 알게 된 그는 학생들을 선발하여 밴드를 구성했다. 밴드는 유명해졌고 정부 행사에 초청되기도 했다. 하지만 이러한 활동 중에 자신의 건강은 제대로 돌보지 못했다. 결국, 대장암 판정을 받고 48세를 일기로 영면했다.

그렇게 잊히는 것처럼 보였다. 하지만, 최근 그의 일기를 다룬 영화 〈부활〉이 개봉되었다. 그가 세상을 떠난 지 10년 뒤 톤즈 마을은 어떻게 변화했을까? 그의 제자 중 의사가 된 사람은 57명이었다. 남수단

작은 마을 허름한 학교에서 국립 의대생이 그만큼 나온 것이다. 이외에도 공무원, 대통령 경호원, 언론인 등을 합하면 70명의 제자를 찾을수 있었다.

더 중요한 것은 이들이 의사가 된 이유는 먹고 살기 위해서가 아니었다. "신부님 때문에 의사가 되었고, 신부님처럼 살아가겠다"라는 것이 그들의 말이다. 이들이 진료하는 모습은 특이했다. 환자가 오면 어디가 아픈지 묻기 전에 손부터 잡았다. 가는 곳마다 손을 잡고 개인적인 이야기를 나눈 뒤 진료를 시작했다. 그 이유를 물었더니 제자들이 말했다.

"신부님이 해오던 진료 방법입니다."

이들은 신부님의 삶을 그대로 살고 있었다. 어느 날은 이들이 한센인 마을에 가서 진료 봉사를 하고 있었다. 60명 정도 사는 마을이었다. 의사가 없다 보니 주변 마을에서 소식을 듣고 300명 가까이 모였다. 12년 만에 처음 진료를 받는다는 환자에게 "의사가 당신의 손을 잡았을 때 기분이 어땠나요?"라고 물었다.

"이태석 신부님이 저희 곁에 돌아온 것 같았습니다."

단순히 제자들이 좋은 일을 하는 것이 아니었다. 이태석 신부의 사랑이 제자들을 통해서 이어지고 있었다. 이것이 바로 〈부활〉의 의미였다. 나를 희생하고 세상을 살린다는 것은 쉽지 않은 일이다. 하지만 그가 보여준 경청과 공감, 진심으로 대하는 태도, 공동체를 소중히 여기는 마음은 그렇게 멀어 보이지 않았다. 실천이 결국 모두를 행복하게 만들고 있었다.

내 바인더에도 사명이 적혀 있다. "다른 사람들, 특히 어려움에 부닥친 사람들을 돕고 소통하는 것." 쉽지 않은 일이다. 이태석 신부가 본이 되어준 사명이기도 하다. 단순히 머릿속에 생각만 하고 있다면 이 사명을 이룰 확률은 0에 가깝다. 하지만 바인더에 적힌 사명이라면 반드시 이루어질 사명임을 확신한다. 물론 남을 돕는 위대한 사명 앞에 내가 먼저 바로 서는 것이 우선이다. 단단히 중심을 잡아야 다른 사람에게도 손을 뻗을 수 있다. 이를 위해 자신을 예리하게 다듬어야 한다. 자신을 다듬는 일이야말로 사명을 가진 모두에게 꼭 필요한 일이다.

우선 기본이 흐트러지지 않도록 규칙적인 삶을 일으켜 세워야 한다. 일상에서 해야 할 일은 늘 많다. 여기에 매몰되면 삶의 균형이 무너지고 일의 노예가 되기 쉽다. 따라서 사명과 장기 목표에 따라 매일의 삶을 계획하는 것이 필요하다. 우선순위에 따라 소중한 것부터 실천해나가야 한다. 일찍 일어나 아침 시간을 활용할 수 있다면 더욱 효과적인 하루를 보낼 수 있을 것이다.

다음은 지적인 부분이다. 맷돌에 적절한 재료를 넣지 않고 돌리면 돌가루만 나온다고 한다. 대신 좋은 재료를 넣고 돌리면 훌륭한 음식 재료를 만들어낼 수 있다. 예리한 판단력과 지혜를 갖추기 위해서는 좋은 책을 읽고 쓰는 것이 필요하다. 이를 위해 평소에 읽을 만한 책의 제목을 바인더에 기록해두고 연간과 월간 계획에 배치한다. 매일

일정한 페이지를 읽어나갈 수 있도록 일일 계획에서 페이지와 시간을 구체화한다. 읽은 내용을 삶에 적용할 수 있도록 읽은 것과 깨달은 것, 실천 방안을 꾸준히 기록해나가면 된다. 이렇게 쌓인 지식은 삶의 강력한 도구가 된다.

영적인 면에서 온전함을 유지하는 것도 필요하다. 바쁜 일상에 앞서 하루를 기도나 묵상으로 시작한다면 좋은 에너지 속에서 하루를 보낼 수 있게 된다. 주간계획의 일정 시간을 이 부분에 할애해 놓는다면 실천은 더욱 쉬워진다. 신체 건강 역시 중요하다. 건강이 무너지면 모든 게 무너진다고 한다. 건강은 건강할 때 챙겨야 한다. 아침, 저녁으로 가벼운 스트레칭은 신체 균형 유지에 도움이 된다. 적절한 유산소 운동과 근육 운동, 충분한 수면과 고른 영양 섭취도 빠뜨릴 수 없다. 스트레스 관리를 위해 음악이나 영화 감상과 같은 취미도 월간 계획에서 빼먹지 말아야 한다. 바인더 왼쪽 아래의 Check 난을 통해 하루에 수행해야 할 루틴들을 적고, 이를 달성할 때마다 표시한다면 습관화에 큰 도움이 된다.

끝으로 업무적인 면에서도 바인더는 훌륭한 가이드가 된다. 중요한 일을 빠뜨리지 않도록 일정을 미리 계획하고, 실행할 때에는 뒤돌아보지 않고 계획대로 실천한다. 이렇게 하면 계획 단계에서는 더욱 깊게 고민하고, 실행 단계에서는 시간과 에너지를 아낄 수 있다.

영업하는 사람이라면 하루에 만날 인원을 미리 정해둔다. 예를 들어 하루에 3명을 만나기로 했다면 이를 주간계획에 적는다. 특정 일자에 구체적으로 만날 사람을 배치한다. 이러한 계획과 실천이 루틴화된다면 그 힘은 강력해진다. 처음에는 겨우 1~2명을 만날지도 모른다. 때로는 만날 사람이 아예 없을 수도 있다. 하지만 이를 인식하고 노력하는 것만으로도 목표의 달성은 점점 가까워진다. 시간의 문제일 뿐이다. 시간이 흐를수록 습관이 되고 능숙해지면서 영업 능력은 더 좋아질 것이 틀림없다.

이처럼 정신적, 영적, 육체적, 업무적인 면에서 자신을 단련해나가는 일은 매우 중요하다. 벌목공이 하루도 쉬지 않고 나무를 베느라 톱날을 갈지 않는다면 어떻게 될까? 처음에는 쉬지 않고 일하는 덕분에 생산량이 많아지겠지만, 어느 순간 그 생산량은 급격히 추락할 것이다. 톱날을 가는 것은 장기적인 생산 능력을 키워나가는 핵심적인 일이다.

2022년 카타르 월드컵 16강에 올랐을 때 손흥민 선수가 한 말이 있다. "중요한 것은 꺾이지 않는 마음". 원대한 사명의 달성을 위해서도 꺾이지 않는 마음은 중요하다. 특히, 매일 톱날을 가는 일은 장기적인 관점에서 꼭 필요하다. 그 일에 3P바인더가 함께한다면 결코 쉽게 꺾이지 않을 것이다.

이제는 따뜻하고 원대한 사명을 가진 당신이
날개를 펴고 드넓은 창공을 향해 날아갈 시간이다.

자신의 삶에 최고 전문가가 되어
꿈꾸는 삶을 살 수 있기를

셰르파 서성미 코치, 이름 앞에 수식한 셰르파Sherpa는 히말라야 산맥을 등반할 때 함께 동행하며 짐꾼 역할도 하고 길 안내도 해주는 티베트족 직업인을 뜻하는 말입니다. 코치라는 어원은 헝가리 마차에서 유래되었습니다. 현재 위치에서 원하는 위치까지 운반해주는 수단을 뜻합니다. 마차를 뜻하는 의미와 셰르파는 유사한 개념입니다. 저를 오랫동안 지켜본 지인 중에 셰르파가 아니라 셰퍼드 같다는 이야기를 한 분이 있습니다. 한번 물면 놓지 않고 목적지까지 어떻게든 데리고 가는 저의 강한 의지가 가끔 그렇게 보였겠다는 생각이 들기도 했습니다.

저 자신에게 저 역시 좋은 셰르파가 되어주려 노력했습니다. 2016년 아이 셋 키우는 워킹맘이 처음으로 꿈 리스트라는 것을 적어봤습니다. 당시에는 적으면서도 이렇게 되면 정말 좋겠지만 지금 상황에

선 안 되는 것도 너무 당연해 이런 생각을 하며 기록했던 것입니다. 거기에는 작가 되기, 강사 되기, 북카페 운영, 사무실 갖기, 독서모임 리더, 해외학회 다녀오기, 가족과 해외여행 다녀오기 등이 있었습니다. 평소 떠올려 봤던 꿈도 있었고 쓰고 잊어버린 꿈 리스트도 있습니다. 6년이라는 시간이 지나 되돌아보니 많은 것들이 이뤄져 있었습니다. 지금도 업데이트 해가는 꿈 리스트가 있고 하나씩 진행해가는 여정에 있습니다. 나에 대한 희망의 끈을 놓지 않았을 때 믿어주고 도전할 수 있었습니다. 나를 믿어주는 근거를 마련해야 했던 시기들도 있었습니다. 아주 작은 미션으로 만든 습관 챌린지를 통해 하나씩 완료하며 작은 성취감을 맛봤습니다. 그런 성취감들이 모여 자부심을 갖게 해줬고 더 큰 도전을 할 수 있는 자원의 밑거름이 되어줬습니다. 스스로 이런 환경을 설정하기 어려울 땐 함께하는 사람들 속에 저를 밀어넣기도 했습니다. 그들의 열정과 긍정 파워의 후광을 빌리기도 했습니다. 지금은 그런 도움을 줄 수 있는 리더의 자리에서 이제는 제가 그런 역할을 해야 할 차례다 생각하며 기여하고 있습니다.

우리는 누구나 내 삶과 내가 하는 일에서 누구보다 나를 잘 아는 전문가입니다. 완전성을 추구하며 창의적으로 문제를 해결하려는 의지와 해답을 가지고 있고 그러기 위해서 파트너를 필요로 합니다. 이것이 코칭의 철학입니다. 제가 살면서 실현하고 싶은 핵심가치인 사랑, 도전, 성과를 지향하고 있어 공감하는 부분이기도 합니다. 과거에 저는 내 삶의 전문가라는 인식이 없었고 내부에 해답을 가지고 있는 창의적인 존재로 믿지 못했으며 도와줄 사람은 아무도 없다고 생각했던 때가 있었습니다. 그때 내 삶의 주인공은 나라는 이야기를 아주 식상하게 생각하고 그렇게 믿지 않았던 자신을 발견했습니다. 그런데 '이렇게 살면 안 되겠다'는 강한 문제의식도 생겼습니다. 그렇게 내 삶의 주인공으로 살아가는 무대와 연출을 도와줬던 것이 3P자기경영연구소 셀프리더십 교육과정이었습니다. 다 갖춰진 연극무대에 꼭두각시 배우로 연기하는 것이 아니라 무대 세팅부터 스토리라인까지 새롭게 판을 짜는 주인공이자 연출자가 될 수 있도록 도움을 받았습니다. 이제는 누군가의 삶에도 영향력을 끼칠 수 있는, 롤모델이 되는 코치가 되고자 합니다.

각자 자신의 삶에서 최고의 전문가가 되어 내가 목표하는 삶, 실현하고 싶은 가치를 무엇으로 어떻게 펼쳐나갈 것인지 계획하고 실행에 옮길 수 있도록 돕는 삶을 평생 현업으로 삼고자 합니다. 그렇게 살고자 다짐하는 동료들이 있고 지금도 그 길을 먼저 가고 있는 스승님과 선배들이 있고 함께하는 코치들이 있기에 든든하고 외롭지 않습니다. 나에게 가장 좋은 선물인 스스로 좋은 코치가 되어주는 것, 또 누군가의 삶의 문제, 도전해야 할 과제 앞에 함께 의미를 탐구하고 해결책을 발견하는 데 경청과 질문과 피드백으로 도움을 줄 수 있는 코치가 더 많아지는 세상을 꿈꿔봅니다. 대한민국 1가정 1코치 만들기.

"수신제가치국평천하"라는 말이 있듯이 오늘도 나를 갈고 닦으며 나로부터 비롯되는 선한 영향력을 끼치는 하루를 소망합니다.

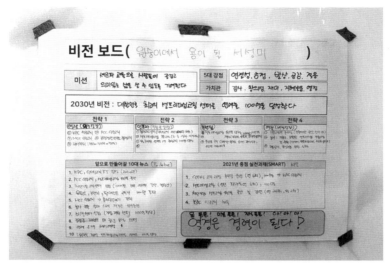

비전보드

셀프리더십의 시작은 나라는 사람을 분석하고 바르게 인식하는 데서 시작합니다. Who에 대한 충분한 고민과 분석과 인식 뒤에 나아가고자 하는 방향에 대한 Why를 고민하고 어떤 일들로 내 삶의 본질을 실현해 나갈 것인지 결정할 수 있습니다. 세상의 기준과 주변인들의 기대감 충족을 위해 '나'는 없는 삶을 살았습니다. 과거의 나를 모두 부정하는 것이 아닙니다. 과거의 선택지 속에도 나라는 사람의 특징과 원하는 바가 담겨 있었습니다. 제가 사명으로 생각하는 사람들의 삶의 문제를 함께 탐구하고 해결책을 찾는 일에 헌신하겠다는 일은 과거 17년간 재직했던 제약회사 연구원이라는 삶을 통해 훈련이 되었다고 생각합니다. 과거에는 과학적인 접근 방법으로 풀어나갔다면 이제는 코치라는 직업적인 접근 방법으로 기여하고자 합니다. 우리 모두는 내가 살아왔고 살아갈 삶에서 가장 전문가입니다.

내 삶의 주인공이 되는 일은 어떤 선택을 해도 책임질 수 있는 내가 되어 가는 일이라 생각합니다. 주어진 시간이라는 자원을 어떻게 사용할 것인지 선택하는 것부터 자기경영의 시작이라 생각합니다. 사소하지만 아침에 잠자리 이불을 정리하는 것으로 하루를 시작하는 것도 해야 할 일을 완료했다는 성취로 하루를 시작할 수 있습니다. 우리 모두는 자신의 사생활에서 최고의 전문가입니다. 어떤 사람의 조언과 충고보다 자각과 성찰에서 올라온 해답이 나에게 찰떡같은 솔루션을 줄 수 있습니다. 코칭 철학에서 말하는 우리 모두는 내부에 해답을 갖고 있으며 창의적이고 온전한 사람이며 성장을 위해 파트너십이 필요할 수 있습니다. 전문 코칭 서비스를 매번 받아 볼 수 없다면 3P바인더로 셀프코칭도 가능합니다.

목표한 바, 현재 모습, 어떻게 달성할 수 있을지 고민,
실행에 옮기고 피드백하는 일까지 3P바인더 기록으로
코치 고용의 효과를 얻을 수 있답니다.
코치 한 명 고용해 보지 않겠습니까?

오늘도 난 새로운 꿈을 꾼다

"석윤희 마스터님, 이번 코치 기수 테이블 마스터로 함께해주실 수 있을까요?"

테이블 마스터는 3개월의 3P바인더 심화과정인 코치 과정 참여자들이 이 과정을 마칠 때까지 도움을 주며 3개월간 동행하는 팀의 리더다. 보통 6~8인이 한 조를 이루는데 4회의 조모임과 개별 상담을 통해 코치 과정을 잘 마칠 수 있도록 돕는다. 나 역시 코치 과정에 참여했을 때 테이블 마스터의 관심과 지도 덕분에 과정을 잘 마칠 수 있었다. 그래서 참가자들에게 테이블 마스터의 역할이 얼마나 중요한지 잘 알고 있다. 언제부터인가 테이블 마스터로 나와 같은 시간관리 초보자를 돕고 싶은 생각이 들었다. 그래서 '코치 과정 테이블 마스터 되기'를 꿈 목록에 적었는데 이 꿈이 이루어진 것이다.

3P바인더를 사용한 지 3년이 되었다. 슬럼프를 극복하기 위해 쓰기 시작했던 3P바인더! 지금은 내 인생의 하프타임을 제대로 뛸 수 있게 도와준 최고의 파트너가 되었다. 예전에 한 마스터님이 이런 말씀을 하셨다.

"우리는 천만 클럽의 사람들입니다. 3P프로 과정을 거쳐 3P코치 과정까지 했지요. 하지만 이것이 끝이 아니지요. 3P마스터 과정까지 마치려면 비용이 만만치 않지요. 강의만 듣는 게 아니잖습니까. 바인더도 사야지요. 바인더 값도 만만치 않아요. 거기에 다른 과정도 더 듣게 되잖아요. 이래저래 따져보니 천만 원이 훌쩍 넘더라고요. 하하하!"

함께 웃었지만 생각해보면 틀린 이야기는 아니었다. 며칠 전이 생각난다. 3P마스터 동기 선배님들과 공저 책을 쓰기로 하고 자료 수집에 들어갔을 때 내가 정확히 3P자기경영연구소에서 언제 어떤 교육을 받았는지 정확하게 알고 싶어졌다. 그래서 담당 과장님께 연락을 드렸더니, 정말 감사하게도 내가 들은 과정과 구매이력을 엑셀파일로 보내주시면서 카톡에 메시지를 남겨주셨다.

"석윤희 마스터님, 참 많은 과정을 들으셨네요.^^"

참 많이도 들었다. 3P마스터 과정뿐만 아니라 제대로 독서하는 본깨적 독서법을 배우고 익히는 3P독서경영 리더과정, 청소년들이 꿈과 비전을 세우고 자기주도 학습계획을 세울 수 있도록 돕는 청소년 리더십(비바앤포포) 코치 과정, 놀이 코칭을 활용하여 초등학생들에게 자신에 대한 긍정성과 자기 주도성을 높일 수 있도록 돕는 초등 리더십(놀샘 보물찾기) 코치 과정까지 3P자기경영연구소에서 진행되고 있는 대부분의 과정은 다 들었다. 이 모든 과정을 그 짧은 시간에 해내다니! 3P코치 과정에 들어온 이유는 시간관리를 통한 슬럼프 극복이었지만 그 이외의 과정은 배워 놓으면 내가 만나는 성인과 청소년들을 도울 수 있다는 확신 때문이었다.

3P마스터 과정을 통해 3P셀프리더십 강사로 활동하면서 주변사람들에게 시간관리, 기록관리, 지식관리, 목표관리 하는 법을 전달하고 있다. 독서경영 리더과정을 통해 오랜 시간 책에 줄을 쳐본 일은 거의 없었던 내가 빨간색과 파란색, 검은색 볼펜을 사용하여 독서하는 습관을 만들었고, 본께적 독서법을 통해 목적 있는 독서모임을 만들 수 있는 동력과 발판을 만들었다. 이 과정을 통해 책을 제대로 읽을 수 있게 되었고, 지금은 독서모임을 운영하며 독서 코칭을 통해 한 발짝 더 나아가고 있다. 그리고 청소년들이 자기주도 습관 도구인 3P바인더를 이용하여 스스로의 삶을 바인더에 담아가는 주도적인 어른으로 성장할 수 있도록 돕고 있다.

이런 경험을 통해 또 다른 목표가 생겼다. 바로 꿈 목록에 적었다. '바인더로 성장하는 가족 만들기 프로젝트'. 가족 구성원 모두가 자신들의 꿈과 비전을 공유하고, 독서를 통해 소통하고 성장할 수 있도록 돕기 위한 프로그램으로 곧 진행할 예정이다. 장기 프로젝트로 계속해서 진행할 이 과정을 차근차근 준비하고 있는 것이 지금 나의 모습이고 이 모든 것이 나의 3P바인더 비전이라 할 수 있다.

3P바인더에는 "자신의 진로를 찾고 싶은 성인과 청소년들이 자신

의 진로를 찾는 데 도움을 주는 일에 헌신한다."는 나의 사명이 담겨 있다. 사명을 찾기 전에는 배워놓으면 필요할 것 같아 배우고 있는 것들도 많았고, 자격증을 따게 되자 자연스럽게 강의로 연결되는 것들이 대부분이었다. 하지만 사명을 찾은 이후에는 그 사명에 맞는 배움을 찾아갔고, 나의 사명을 실천하는 강의와 일들로 나의 일상을 채워나갔다.

꿈 목록 역시 마찬가지다. "될까 안 될까 망설이지 말고 써라!" 이 말을 듣고 머릿속을 스치고 지나가는 생각들을 모두 담았다. 쓴 것뿐이었는데, 꿈 목록들이 하나 둘 이뤄지고 있는 것을 보며 이것이 내가 경험하는 기적이 아닌가 생각해본다. '내가 작가가 될 수 있을까?'라는 생각을 했지만 작가 되기를 썼다. '작가가 되면 저자 특강은 해야겠지?'라는 생각에 저자특강 하기도 연달아 적었다. 인성 교육을 전문적으로 하는 강사가 되고 싶다는 소망도 적었다. 그랬더니 몇 달 후 '인성 전문 강사'라는 이름으로 강의를 나가게 되었다. 나만의 프로그램을 만들고 싶다는 소망을 적어놓았더니 일 년 후 '소금행진'이라는 나만의 작은 온라인 프로그램을 만들게 되었다. 새벽 4시 30분 기상하기를 적었더니 6개월의 적응기간을 거쳐 이 시간에 기상하는 습관을 들이게 되었고, 체중감량을 하고 싶다는 소망을 적었더니 목표한 만큼의 체중을 줄일 수 있었다.

이런 성공경험은 '나는 생각하는 것을 이루어 낼 수 있는 사람이다.'라는 자신감을 갖게 해주었고, 이것은 다양한 도전으로 이어졌다.

나 자신에 대한 신뢰가 얼마나 중요한지 깨닫게 된 것이다. 그리고 언제부터인가 내가 경험한 것들을 나누고 싶다는 생각을 했다. 나와 같은 슬럼프를 겪고, 자신의 진로에 대해 치열하게 고민하고 있는 누군가에게 도움을 주고 싶다는 생각을 하게 되자 '해결하고 싶은 문제가 있는 사람을 도와줄 수 있는 좋은 방법에는 무엇이 있을까?'라는 질문을 하게 되면서 그 방법을 찾게 되었다.

3P바인더에 적은 작은 꿈들이 이루어지자 더 많은 꿈을 꾸게 되었다. 3P바인더는 나의 일상을 기록하는 것을 뛰어넘어 미래를 디자인할 수 있는 도구다. 3P바인더라는 자기경영 도구를 잘 활용하여 내 삶의 진짜 주인공으로 더욱 도약하는 나를 꿈꾼다. 내년을 위한 새로운 꿈을 꾸다 보니 벌써 내년 바인더에 내년을 위한 계획과 일정을 적고 있는 나를 발견한다.

오늘도 난 더 나은 내일을 위해 여전히 바인더를 쓴다.

나는 '사람을 세우는 사람'이다

"주의 폭포 소리에 깊은 바다가 서로 부르며 주의 모든 파도와 물결이 나를 휩쓸었나이다."(〈시편〉 42:7)

나에게 1999년 봄은 아직 추웠고 어두웠다. 얼마 남지 않은 군 생활이었지만 기대와 흥분 대신 우울했었다. 어떤 사건으로 인해 자살 충동도 있었다. 앞에 언급된 성경 구절이 당시의 복잡한 심경을 잘 표현해 주고 있다. 나는 바다와 인접한 곳에서 근무했었다. 밤이 되면 파도가 넘실대고 알 수 없는 빛이 바닷속에서 반짝이며 아름다움을 연출했었다. 그러나 심리적으로 불안했던 나에게 그 아름다움은 오히려 삶의 희망을 끊는 유혹이었다.

'신앙'과 '일기'는 그때의 위기를 넘길 수 있게 했던 힘의 근원이었다. 근무지 인근에는 100년이 넘은 한 교회가 있었다. 나는 매일 아침과 저녁으로 기도를 드리고 그때의 감정과 생각을 일기에 남겼다. 나중에 알고 보니 이것이 바로 '치유하는 글쓰기'였고 '기록관리'였다. 나는 그렇게 회복되었고, 지금까지 23년째 일기를 쓰고 있다. 나의 자기경영은 너무 비장하지만 죽음 앞에서 시작되었다. 그래서일까 나는 방법론보다는 본질을 추구하는 경향이 크다.

대학 생활은 불편함이 일상이었다. 돈을 벌어야 했고 공부도 해야 했다. 자주 밤을 새웠고 자주 밥을 굶었다. 몰려드는 문제를 혼자서 해결하기란 녹록한 일이 아니었다. 그래도 신앙이 있었고 노트가 있어서 위로와 힘을 얻을 수 있었다. 그런 이유로 나는 청년·대학생들에게 조금이라도 힘을 줄 수 있는 일을 하고 싶었다.

3P바인더 프로과정에서는 사명과 비전을 세우는 시간을 가진다. 미국의 대표적인 신학자인 조나단 에드워즈는 20살 때에 '결심문'을 작성하고 전 생애를 통한 생애적 목표를 설정해서 '열정적으로 거룩함을 추구하는 삶'을 살았다. 우리는 에드워즈의 자서전과 결심문과 일기들 속에서 그것을 실천한 모습을 확인할 수 있다. 이렇게 '사명과 비전'은 개인의 삶에 중대한 영향을 미치는 위대한 것이다. 나는 이 가치를 알기 때문에 3P바인더에서 제공하는 기본적인 진술을 삶의 본질적인 의미를 추구하는 일로 승화시키고자 노력하고 있다.

본질의 중요성은 스타 강사에서 3천억 원의 교육 전문 기업 의장이 된 현승원 의장의 사례에서 찾을 수 있다. 그의 책《네 마음이 어디에 있느냐》에서 현승원 의장은 "매출보다 본질이 먼저다.""본질에 집중하면 나머지는 채워진다."라고 주장하면서 본질을 강조한다.

나는 앞에서도 언급한 것처럼 청년·대학생에 관심이 많다. 이는 나의 경험과 무관치 않다. 이 시기에 가장 풍성한 복이 시간이며 동시에 가장 하대받는 것도 시간일 것이다. 우리의 삶은 단 한 번밖에 없고 단 하나밖에 없다는 진리를 조금이라도 일찍 깨달을 수 있다면 얼마나 좋을까. 그래서 인류의 고전인 성경은 "우리에게 우리 날 계수함을 가르치사 지혜의 마음을 얻게 하소서"(〈시편〉 90:12)라고 말씀하신다.

우리는 세월을 아껴야 하고 삶의 목적과 이유를 분별해야 한다. 이를 위해서는 지혜가 필요하다. 성장과 성숙은 우연히 되는 것이 아니며 저절로 되는 것도 아니다. 변화에는 시간을 들여야 하며, 시간을 투자해야 한다.

3P바인더는 새벽의 중요성을 강조한다. 그리고 중요한 일에 우선순위를 세우고 실천하며 매일, 매주, 매달, 매해 정기적으로 평가해서 계획에 반영하라고 한다. 결국, 자기경영은 자기 자신과의 싸움이며 환경과의 싸움이고 가치관과 철학의 싸움이다. 3P바인더 사용자가 가진 가치관과 추구하는 목표는 고스란히 3P바인더에 남게 된다. 그리고 인생의 마지막을 그것으로 결산할 수 있을 것이다. 그래서 나는 청년들에게 인생의 사계절을 안내하고 공동의 선을 추구하는 소중한 가치를 자신의 인생 속에 실천할 수 있도록 돕고 싶다.

성장이란 무엇인가? 나는 성장이란 개인이 어떤 것과 관계를 맺고,

이러한 관계가 점점 깊어져 간다는 것으로 생각한다. 따라서 올바른 것과 관계를 맺고 깊이를 더해갈수록 인생은 더욱 풍성해질 것이다.

한스컨설팅 대표인 한근태 작가는 어느 인터뷰에서 '왜 책을 읽어야 하는지'에 대해서 말했다. 그중에 인상적인 대목은 "소위 명품 대학을 졸업하고 유학을 다녀오고 대기업에서 고위직에 있어도 책을 읽지 않으면 물질적으로는 충만한지 모르겠으나 정신적으로 피폐하고 어휘와 사고의 수준에 문제가 있다."라는 말이었다. 과연 그렇다. 무지한 사람은 확신이 넘친다. 더욱이 명문대를 나오고 공부하지 않으면 옛 추억에서 벗어나지 못하고 잘못된 확신에 휩싸인다. 그런 사람은 깊이 있는 인생이 되지 못할 것이다.

〈이상한 변호사 우영우〉에도 출연한 '한국 지리 일타 강사 문샘' 유튜버 문상훈 씨도 자신의 채널에서 유튜브가 세상을 망치고 있다고 했다. 그는 그 근거로 "책은 상상력을 여지로 주면서 간접체험을 통해 사고력을 길러주지만, 유튜브는 이익을 추구하는 기업으로서 생각하지 않게 만드는 차이점이 있다."라고 했다. 나는 문샘의 주장에 격하게 동의한다. 아울러 이 시대의 청소년과 청년들이 귀 기울여야 할 대목이기도 하다. 깊이 있는 인생이 되기 위해서는 바른 것을 생각해야 하고 바른 것과 관계를 맺어야 한다.

청년 세대는 축적하는 시기가 아닌가. 지식의 축적, 경험의 축적, 커리어Career의 축적 등 아주 중요하고도 소중한 것을 축적하는 시기이다. 이런 면에서 3P바인더는 지식관리와 독서경영을 강조한다. 독

CGS(크리스천글로벌스쿨)

강의 모습

서야말로 모든 아이디어에 신선하고 확신을 주는 근거를 마련해준다. 그렇다면 소중한 것을 축적하기 위해서 근간이 되는 독서를 시작하는 것은 어떨까.

나는 3P마스터 코치로서 청년 세대에게 당장에 필요한 커리어뿐만 아니라 평생의 커리어 스케치를 그릴 수 있는 동반자가 되어 그들의 자립을 돕고 싶다. 물론 나 혼자 할 수 있는 일은 아니다. 상대의 동의가 있어야 한다. 하지만 불가능하지도 않다. 이렇게 글을 쓰고 있는 지금도 한 청년에게 연락이 왔다. 나는 그에게 아무런 대가 없이 내가 가진 정보를 나누었다. 전화를 끊으면서 원했던 답을 얻고 힘을 내는 모습을 보는 것은 너무나도 보람된 일이다.

한 사람 한 사람에게 관심을 가지고

내가 먼저 경험한 것을 나누다 보면

어느새 나는 '사람을 세우는 사람'이 되어 있을 것이라

확신할 수 있다.

삶의 비전 찾기, 삶의 균형 잡기

"선생님, 아빠가 실직하셨대요."

작년 가을 어느 주말 저녁, 우리 반 민재가 대화를 걸어왔다. 울고불고 난리다. 고2 사내아이가 담임한테 전화해 아버지가 실직하셨다고 앞으로 어떻게 사냐고 울고불고했다. 다행히 민재가 부모님의 말씀을 잘못 이해해 벌어진 에피소드로 끝났지만, 민재는 며칠을 힘들어했다.

태어나면서 어머니를 잃고 아버지, 할머니와 넉넉하지 않은 형편에 방황하던 성훈이도 있었다. 또 부모님이 헤어지면서 마음 아파하던 영미도 있었다. 자신의 인생이 어떻게 될까봐 매일 불안하고, 안정되지 못했던 여러 학생이 있었다. 부모님의 부재, 가정 내 대화의 부족, 사춘기 시기의 고민, 미래에 대한 불안, 또래 관계의 힘듦 등이 청소년들에게 흔히 보이는 고민이다.

고등학교를 졸업하면서 대학 진학을 하지 않는 시훈이도 있었다. 졸업하면서 바로 취업 준비를 하거나, 바로 공무원 시험 준비를 하는 학생도 있다. 대학을 가려고 모두 목숨 걸듯 들이대지만은 않는다. 정답이 없는 세상이다. 코로나를 겪으며 학교와 배움의 경계가 모호해졌다. 전적으로 학교만 의지해 공부하는 학생은 요즘 시대에는 많지 않아 보인다. 인터넷 발달로 공부할 수 있는 것들이 넘쳐난다. 어쩌면 아이들이 앉은 곳이 학교이고 배움터일 수 있다. 널린 게 지식인 것 같은데, 반대로 꼭 알아야 하는 것을 모르는 아이들도 많다. 이런 시대 속의 학교에서 학생들에게 사회의 어떤 모습들을 보도록 이야기해야 할지, 참 어려운 과제이다.

불안하지 않으려면 목표를 잘 세워야 한다. 목표를 세우고 시간을 잘 사용하면 어렵지 않게 작은 목표들을 달성할 수 있고 자신감이 생긴다. 자신감이 생기면 자발적으로 움직일 힘이 생긴다.

어른들도 갈팡질팡한다. 사회가 급변하고 있다는 것을 누구보다도 잘 알고 있다. 누구도 미래사회에 어떻게 대비해야 하는지 정확하게 알 수 없으리라. 사회 경제적 어려움은 가정의 어려움이 되고 아이들의 어려움이 된다. 부모들도 바쁘다. 직장 일도 하고 청소년기의 아이들도 보살펴야 하는 부모의 역할은 누구보다 힘들다. 일만 하고 가정에 소홀해 아이들과 멀어지는 부모의 이야기도 심심치 않은 드라마 소재다. 일에만 몰두하고 운동 등 건강 관리에 소홀하다가 병에 걸리는 사람들도 있다. 일과 삶의 균형을 맞추며 사는 것이 참 어렵다.

균형은 중요하다. 일에 지쳐 번아웃 되는 사람들이 심심치 않게 보인다. 번아웃은 사람의 의욕과 생산성을 저하한다. 직장에서의 만성 스트레스를 관리하지 못하여 생기기도 한다. 스트레스는 건강에 무리를 준다.

"갱년기가 이기나 사춘기가 이기나 두고 보자!" 청소년기 자녀를 둔 부모들이 아이와 다투고 나서 하는 우스갯소리이지만, 그 속에 담긴 뼈아픈 부모의 힘듦이 느껴진다. 청소년기 아이들 키우는 게 녹록지 않다.

3P바인더를 접하고 시간관리를 하면서, '인생', '삶'이라는 긴 시간을 보게 되었다. 시간이 유한함을 느낀다. 누구라도 시간의 한계를 뛰어넘을 수는 없다. 내가 내 시간의 끝점에 섰을 때 지나온 시간을 마주하며 부끄럽지 않아야겠다. 눈물 나도록 즐겁게 지냈노라 하며 웃고 싶다. 그 마지막 점을 염두에 두고 삶의 목적을 만들어야겠다. 3P 바인더에 내 삶의 목표와 내 삶의 방향을 기록해 본다. 기록하여 삶의 균형감을 유지하는 것은 한쪽으로 치우치지 않게 만드는 유일한 길이다.

'청소년들과 부모들이 자신의 가치를 깨닫고, 비전 있는 삶을 자기 주도적으로 살도록, 바인더와 책을 통해 돕는 조력자가 되는 것!' 내 삶의 방향이다. '필요한 이들이 행복한 삶을 주도적으로 살도록 돕고 싶다'라고 생각하니, 나부터 내 삶을 주도적으로 사는 사람이 되고 싶다.

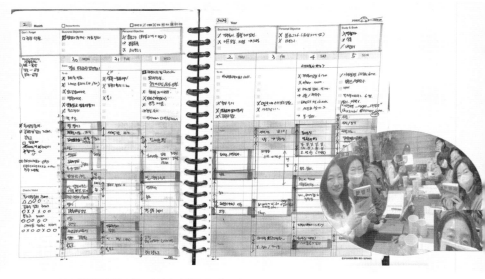

2023 워킹맘성장스쿨, 가치같이성공 독서모임

    생각에서만 그치면 안 될 것 같아 필요한 것들을 배웠다. 청소년 바인더 교육, 성인 바인더 교육을 받고 강의를 시작했다. 인터널 코칭 과정을 이수하고 코치 자격을 취득해 '일과 삶의 균형'에 관해 이야기 하는 라이프 코치가 되었다. 독서모임을 만들고 월 한두 권의 책을 읽으며 함께 성장하는 문화를 만들어 가고 있다. 학생들에게 시간, 목표 관리를 통해 자기주도 학습을 하자고 이야기한다. 긍정적으로 생각하자고 아이들에게 좋은 책들을 소개한다. 코칭을 했던 경험들을 모아 공저 책을 내고 작가도 되었다. 생각해 보니 이 모든 일이 멋진 청소년을 키워내고자 하는 내 바람을 실천으로 옮긴 과정이었다.

매일 넘어지는 일상을 산다. 그러나 바인더가 나의 시간을 잡아준다. 딴 길로 가고 싶을 때, 바인더에 적어놓았던 나의 꿈과 목표가 나를 한눈팔지 않게 만든다. 내가 조금 더 배우고 노력하면 이웃에게, 학생들에게 전해줄 수 있는 것이 더 많다.

손흥민 선수의 아버지, 손웅정 씨의 책을 중3 아이들에게 읽어주었다. 두세 아이들의 눈빛이 흔들림을 느낀다. 한둘의 아이라도 자신의 삶을 진지하게 생각하며 어떻게 살아야 하는가 주도적으로 생각해 가기를 바란다. 바인더로 생겨난 '지속하는 힘'의 위력을 알기에 삶을 충실히 해야 한다는 메시지를 학생들과 이웃에게 전한다. 삶에 충실하기 위해 바인더에 목표와 시간을 적는다. 내가 혼란에 빠지더라도 이제는 바인더가 방향을 알려 줄 것이다.

> 인생은 자전거를 타는 것과 같다. 균형을 잡으려면 움직여야 한다.
> – 알베르트 아인슈타인

내 삶의 균형을 잡기 위해 바인더에 적고 움직인다. 아이들과 남편과의 균형을 잡기 위해 또 적고 움직인다. 누구나 거치는 혼란스러운 청소년기, 교사도 힘들지 않다고 하면 거짓이다. 혼란한 청소년기를 잘 보내도록 도우며 그들을 걸출한 인재들로 키워내야 한다. 그게 다음 세대에 대한 우리 어른의 책임이다.

"배워서 남 주자."라고 배운다. 내가 배운 것들 나와, 학생, 이웃을 위해 아깝지 않게 쓰고 싶다. 나눔은 늘 가장 남는 장사이다.

균형 잡힌 인재들을 키우기 위해

매일의 시간을 쌓고 균형 잡힌 삶을 유지하며 실천해 가는 것.

내 삶의 큰 바탕이다.

삶과 꿈을 잇는 바인더

11월 말이면 나는 바인더를 들고 호텔로 간다. 한 해를 리뷰하고, 다음 해 바인더를 세팅하기 위해서다. 꿈 리스트를 정리할 때, 한 해를 잘 살았다는 마음이 든다. 2016년부터 매해 이룬 꿈을 누적해서 적고 있다. 될까 안 될까 고민하지 않고 아이처럼 설레는 마음으로 적었던 꿈이 하나씩 이뤄지고 있다. 2016년 터키 여행, 2017년 독서모임 리더 시작, 2018년 씽크와이즈 강사, 유튜브 구독자 1천 명, 2019년 TV 출연, 교보문고 저자 강연, 2020년 〈책 먹는 여자〉 굿즈 판매, 1인기업 코칭 시작, 2021년 인터뷰 100명 달성, 빅리치 캠퍼스 운영, 유튜브 구독자 1만 명, 2022년 〈책 먹는 살롱〉 출판사 등록, 댄스 배우기, 작가 친구 100명 만들기 등 쓰면 이뤄지는 삶은 계속되고 있다.

앞으로도 바인더에 꿈이라는 씨앗을 심고, 실행을 통해 열매 맺는 삶을 살려고 한다. 기록이 아니라 삶으로 보여주는 하이 퍼포머가 되고자 한다. 그러려면 평생 공부를 해야 한다. 현재의 삶과 미래의 목표를 연결하려면 시간 활용이 필수다. 나와 타인의 성장을 돕는 시간관리 전문가로 살고 싶다. 바인더 수업을 하면서 안타까웠던 점은 수강생들이 목표를 세우지 않는다는 것이다. 더 정확히 말하면 목표 세우는 법을 알지 못하거나 어려워하는 경우다. 나도 마찬가지로 3P바인더 마스터가 돼서야 목표 설정의 정확한 의미를 알게 됐다. 그래서 수강생들에게 내 사례를 이야기해 주고 있지만, 바로 고쳐지기 어려운 부분이다. 시간이 걸리는 일이기 때문이다. 강사로서 포기하지 않고 '시간'이라는 자본을 '돈'으로 만들어내도록 돕고 싶다.

"올해 목표가 뭔가요?"라고 물으면 건강하기, 다이어트 하기라고 말한다. 이것이 잘못된 목표다. 목표에는 숫자가 들어가야 한다. 그래야 평가할 수 있다. 건강해졌는지, 다이어트는 성공했는지 어떻게 평가할 수 있을까? 3킬로 감량하기, 55사이즈 입기처럼 수치화해야 한다.

목표 설정 예시

아이와 시간 보내기 - 퇴근 후 아이와 30분 놀아주기, 자기 전에 10분 책 읽어주기

엄마한테 효도하기 - 주 1회 통화하기, 월 1회 용돈 보내드리기

책 읽기 - 매달 1권씩 출퇴근 지하철에서 읽기

운동하기 - 출근 시 지하철 계단 이용하기, 아침 기상 후 스쿼트 30개 하기

추상적인 개념을 쪼개서 숫자로 표현하면 목표는 명확해지고 이룰 확률이 높아진다. 어떻게 하면 목표를 설정하고 꿈을 이루도록 도울지 고민했다. 2018년부터 바인더 수업과 모임을 꾸리고 있다. '바뽀'는 바인더 뽀개기의 줄임말이다. 바인더 습관 만들기 프로그램으로 매달 진행하고 있다. 현재는 바인더 수강생 중 강사가 된 코치들과 함께 운영하면서 바인더 사용의 성공적인 정착을 돕고 있다. 2019년부터는 '바라다(바인더라이프하다)'라는 월간 피드백 모임도 하고 있다. 그뿐만 아니라 새로 접하게 된 바인더 정보는 유튜브에 올리고, 시간이 맞지 않아 강의 수강이 힘든 분들께는 온라인 강의 영상도 제공하고 있다. 지금처럼 꾸준히 바인더 모임을 운영하고 확장하면서 시간 공부의 즐거움을 알리려고 한다.

바인더를 통해 이룬 것도 많지만, 해보고 싶은 일도 남아있다. 시간 관련 책만 100권 넘게 봤다. 수천 명의 수강생에게 강의했던 노하우를 접목해서 나만의 시간관리 책을 써보고 싶다. 모든 일에는 적절한 시기가 있다는 것을 알기에 서두르지 않으려 한다. 사명 찾기 도우미도 내 목표 중의 하나다. 꽃마다 태어나는 시기가 있고, 각자의 색과 향기가 있다. 각자 불리는 이름도 있다. 꽃은 꽃 자체로 아름답다. 우리 모두도 꽃인데, 사람들은 자신의 향기도 모르고 남이 가진 것만 부러워한다. 태어난 이유, 자신이 세상에서 무엇을 해야 할지 알지 못하기 때

MISSION

미션(사명)

나 최서연의 사명은
최고의 가성을 짓는 아들에게
BB 머그한 플로한 성강을 돕는 것이다

~ 해서(~ 로서) 기여(제공) 하겠습니다.

22 년 11 월 28일 ___최서연___ (서명)

기억에 대한 나 희망 스티 #2.

역할기술

위 사명을 수행하기 위한 나의 역할기술
남편, 아내 / 아버지, 어머니 / 아들, 딸, 형제 가족구성원 / 직업인 /
친구, 이웃, 사회인 / 종교단체 역할 / 동호회, 단체일원 / 기타

배우임 막상 반망 & 끈기로 밥는 그런 가정이 되겠습니다.
강아   푼요한 생강을 돕는 강아가 되겠습니다
작가   마느한는 슬한 전짜는하게되
딸   엄마의 거강선려고 막내딸 딱게요
동강   언서들을 존중하는 동까이 되겠습니다
이웃   또많수영하는 아주 되겠습니다
일푹고익사르려메·너 최신의, 믿마는 지를
            고진조를 제신하겠습니다.

사명

문이다. 남에게 인정받으려 하기 전에 스스로 사랑해줘야 하는데 그렇게 하지 못한다. 꽃이 피고 지는 것도 365일 시간이 걸린다. 자기 삶에는 그런 노력 없이, 정답만 찾는 경우도 많다. 그만큼 사명을 찾는다는 것은 중요하고 어려운 일이다. 좋은 말, 멋진 단어만 가져다 쓴다고 사명이 되는 것은 아니다. 초등학생 아이도 알아먹을 수 있도록 쉬워야 하며, 한 문장으로 외울 수 있어야 한다. 봉사가 눈을 뜬 것처럼 사명을 찾으면 인생이 밝아진다. 망망대해의 등대처럼 길을 잃지 않도록 해준다. 사명에 대한 갈급함이 10권 이상의 책을 보게 했고, 수강생 500명 이상의 사명 찾기를 도와주는 결과를 낳았다. 시간은 한정돼 있고, 내 몸은 하나다. 방법을 고민하다가 온라인 강의를 만들었다. 클래스유 홈페이지에서 '나 사용 설명서, 사명 브랜딩으로 1인기업 시작하기'를 통해 공부할 수 있다.

마지막으로 디지털 바인더 전문가가 되는 것이다. 3P바인더는 디지로그 종합체다. 종이를 들고 다니기 때문에, 아날로그라고 생각할 수도 있지만 아니다. 컴퓨터에 있는 자료(디지털)를 출력하면 아날로그가 된다. 또는 나만의 속지를 만들어도 디지로그가 구현된다. 아날로그의 단점은 모든 바인더를 들고 다녀야 한다는 불편함이다. 2016년부터 작성한 바인더를 수업에서 보여주는 방법은 캐리어에 가득 넣어 가져오는 수밖에 없다. 자료를 검색하고 싶어도 서브 바인더를 다 들춰봐야 한다. 이런 불편함을 해소해주는 것이 디지털 바인더. 현재는 월간계획표만 디지털로 사용하고 있다. 1년 정도 집중적으로 공부하고 사용하면서 이 분야에 TOP이 되는 것이 목표다.

3P바인더를 만나 이룬 꿈도 많지만, 마르지 않는 샘물처럼 내 꿈은 늘어나고 넘쳐난다. 아직 가보지 않은 길이지만, 기대되는 이유는 바인더라는 도구가 있기 때문이다. 시간이라는 친구가 있기 때문이다. 포기하지 않고 즐길 준비가 됐기 때문이다.

삶과 꿈을 이어주는 바인더로 오늘도 꿈길을 걷는다.

3P바인더에 꿈을 기록했고, 비전을 갖게 되었다. 꿈을 이루고 비전을 실행하기 위한 구체적인 목표가 생겼다. 시간관리가 되고 성과를 내기 시작하면서 여러 꿈이 이루어졌고, 이는 행복으로 이어졌다. '함께'의 힘으로 '꾸준히' 기록해보자. 기적은 단시간에 일어나지 않는다. 매일 하는 작은 노력들이 자신을 성장하게 한다. 3P바인더를 꾸준히 사용하면서 꿈을 현실화하고, 1인 기업가로 엄마들과 자녀들의 성장을 돕고 있다. 이 책을 통해 3P바인더를 만나 성장하고 꿈과 비전을 갖고 꿈을 이루길 소망해 본다.

_ 권혜란

제 바인더의 역사는 코로나와 함께합니다. 코로나가 시작할 때 처음 만나서 지금까지 3년을 함께했습니다. 바인더는 코로나 기간 동안 제가 무너지지 않고 더 튼튼해지도록 도와주었습니다. 그동안 마음속으로만 하고 싶다 한 것들을 밖으로 꺼내 놓게 하고, 해내도록 만들어 주었습니다. 제 바인더 이야기를 펼치도록 도와주신 3P 마스터 17기 동기분들, 고맙습니다. 동기분들 덕분에 꿈 리스트에 있던 '책쓰기'에 가위표를 칩니다.

_ 박송미

3P바인더를 8년째 사용해 오면서도 정작 그 가치에 대해 깊이 있게 생각해 보지 못했다. 이번 공저 작업을 통해 바인더에 대해 '단순한 일상의 기록을 넘어선 지식관리의 도구', '목표와 계획이 조화된 성장의 도구'라는 나름의 정의를 세워보았다. 매일 정해진 시간에 조금이라도 쓰는 습관, 혹시 진도가 밀려 있다면 거기서부터 다시 시작하는 용기, 일주일에 한 번 정도는 지나온 길을 돌아보는 피드백, 이 세 가지만 기억한다면 바인더는 당신에게 최고의 성공 파트너가 되어줄 것이다.

_ 박원태

3P자기경영연구소 본사를 방문할 때면 3P(血) 스피릿을 수혈 받으러 왔다고 말하곤 했습니다. 집필을 하며 지금의 내 모습이 있기까지 셀프리더십을 펼치게 해준 3P바인더의 의미를 되짚어봤습니다. 경주마처럼 열심히 평균의 삶을 목표 삼아 달려왔던 삶이었습니다. 이런 내 삶에 STOP 버튼을 누르게 해줬고 목표를 재설정할 수 있게 도와준 고마운 친구가 3P바인더입니다. 앞으로는 누군가의 삶에 이런 영향력을 끼치는 사람이 되고 싶습니다.

_ 서성미

코칭을 통해 알아차린 것을 3P바인더에 담으며 '나다움'을 찾았다. 어떤 사람이 되고 싶은지, 무엇을 하고 싶은지 끊임없이 스스로에게 물었다. 늘 3P바인더에 기록하다 보니 잘한 것과 개선할 것을 빠르게 알아차릴 수 있었다. 개선을 위해 주변 환경을 바꿨고, 도움이 필요하면 먼저 그 길을 가고 있는 누군가에게 도움을 요청했다. 지금은 이 성장 경험을 바탕으로 자신의 진로를 찾고 싶어 하는 사람들의 진로를 찾는데 도움을 주고 있다. 내가 가는 이 길이 누군가의 꿈을 이루는 디딤돌이 되길 바란다.

_석윤희

재노북스 출판사를 오픈하고 평소 좋아하던 인플루언서 두 분을 저자로 모시게 되었다. 재노북스 출판사 공동저서를 기획하면서 고민이 많았다. 그러던 중 3P바인더 마스터 17기 공동저서 제안을 받았다. 이은대 작가와 함께하는 공저 프로젝트라서 무조건 참여하기로 결정했다. 부동산개론서, 아파트청약분양권, 퇴사후 창업에 관한 책을 단독저서로 각기 다른 출판사와 계약하게 되었다. 2022년 바인더에 연간목표로 '종이책 3권 단독저서로 출간한다'를 기록했었다. 그리고 계약을 2022년에 모두 했으니 반은 이룬 셈이다. 쓰면 이루어진다. 지금 당장 3P바인더를 구매하고 연간목표를 쓰기 바란다.

_윤서아

3P프로 과정에 입문하면 성공 요소로 '정직'을 배운다. 치열한 자기계발 시장에서 '정직'을 성공요소로 만난 것이 너무나 반가웠다. 마스터가 되어 세미나와 코칭을 진행할 때 성공의 수단으로서 정직이 아닌, 정직 자체가 성공임을 전했다. 3P바인더는 인생의 다양한 의미를 찾아가는 하나의 도구이다. 요즘 같은 시대는 누구의 지시도 받고 싶지 않지만 자기가 진정으로 원하는 것이 무엇인지 모르는 경우도 많다. 3P바인더는 저자를 닮은 생물이기에, 3P바인더에 기록하는 순간 자신만의 의미를 발견할 것이다. _정국환

바인더를 쓰기 시작한 삼 년 동안의 시간을 정리해 보았다. 책을 쓰는 동안 그간의 내 삶을 정리해 볼 수 있었음에 감사하다. 이 길이 맞는 길인지 의심도 했다. 요즘 세상에 누가 종이 다이어리를 쓰나 하겠지만, 이제는 나를 통해 바인더를 쓰기 시작한 분들이 있어 더 정진하려 한다. 바인더를 쓰면서 일과 삶이 조화된 기쁨을 누린다. 내가 바라던 삶, 내가 꿈꾸는 삶을 살고 싶다. 나에게 주신 재능대로 있는 힘껏 살아보고 싶다. 바인더와 책과 코칭을 통해 자기 삶의 목표와 비전을 찾는 청소년들과 부모들을 돕고 싶다. _조소연

매일 마주하는 바인더인데도, 공저를 쓰면서 바인더를 바라보니 감사한 마음이 들었다. 3P바인더 덕분에 내 삶을 통제하는 힘이 생겼고, 미래를 기대하는 희망이 자랐다. 글을 쓰면서 지난 기록을 들춰보며 지나왔던 시간이 기적 같기만 하다. A5 사이즈의 작은 종이 속에는 우주보다 큰 세상이 있었다. 자기계발하면서 가장 잘했던 일이 바로 3P바인더를 배운 것이고, 강사가 된 것이다. 그 마무리로 마스터 17기 동기들과 공저까지 할 수 있어 감사하다.

_ 최서연

3P바인더에 관한 정보나 샘플을 보려면
왼쪽 QR 코드를 스마트폰으로 찍어보세요.